بسم الله الرحمن الرحيم

İstanbul-1440/2019

Nureddin YILDIZ

1960 yılında Trabzon'un Of ilçesinde doğdu. Hafızlığını ve ilk dinî eğitimini babası Hilmi Yıldız Hocaefendi'nin yanında tamamladı. İstanbul-Gaziosmanpaşa İmam Hatip Lisesi'ne devam ederken değişik gazetelerde haftalık yazılar ve tercümeler kaleme almaya başladı. Aynı zamanda kürsü hatipliğine devam etti. Öğrencilik yıllarında Milli Türk Talebe Birliği ve Akıncılar Teşkilatı'nda aktif görevler üstlendi.

İmam hatip lisesinin ardından Marmara Üniversitesi İlahiyat Fakültesi'nde bir dönem eğitim gördükten sonra Mekke Ümmü'l-Kura Üniversitesi'ne geçiş yaptı. Burada Usul-u Fıkıh bölümünü bitirdi. Mekke'de bulunduğu süre içerisinde hadis hocalarından özel dersler ve icazetler aldı. Suriyeli muhaddis Abdulfettah Ebu Gudde, Hindistanlı âlim Ebu'l Hasen En-Nedvi ve Osmanlı ulemasının son devir temsilcilerinden Mehmet Emin Saraç Hocaefendi, icazet aldığı hocalarından bazılarıdır.

İstanbul'a döndükten sonra sürekli içinde bulunduğu eğitim ve sivil toplum faaliyetlerine yeni bir ivme kazandırdı. Hafızlık ve din eğitimi alanında değişik kurum ve kuruluşlarda grup eğitimleri verdi.

Teşkilatlanma bilinci ve sivil toplumculuk alanında özel çalışmalarda bulundu. Tercümelerin yanında özgün eserler kaleme almaya başladı. Başta Senabil Hizmet ve Kültür Vakfı olmak üzere birçok sivil toplum örgütünün kuruluşuna katıldı. Hâlen birçoğunun yönetim, denetleme ve istişare kurullarında görevleri bulunmaktadır. Son olarak da Sosyal Doku Derneği'nin kuruluşuna fikrî öncülük yaptı.

Tebliğ ve irşat faaliyetleri kapsamında çocuk ve gençlerin eğitimi, örnek aile modeli, İslam ahlakı, teşkilat eğitimi, ümmet bilinci vb. konularda yüzlerce seminer ve konferans vermiş, hâlen vermeye devam etmektedir. Çeşitli dergilerde düzenli olarak yazıları yayınlanmaktadır.

Senabil Hizmet ve Kültür Vakfı ve Sosyal Doku Derneği'nde çalışmalarını sürdürmektedir. Evli ve dört çocuk babasıdır. Dünya Müslüman Âlimler Birliği ve Türkiye Âlimler Birliği'nin ilk üyelerinden olup sohbetleri **sosyaldoku.com** üzerinden yayınlanmakta, **fetvameclisi.com** adresinden de sorulara cevap vermektedir.

Telif Eserleri:

1) İşi Vaktinden Çok Olanlar (4 Cilt)
2) Rahmetin Kapısında
3) Mü'min Kimliğimiz
4) Edep ve Amel
5) Dinimize Hizmetin İç Sorunları
6) En Sevgiliden Uzanan Dallar (2 Cilt)
7) Ramazan Risalesi
8) Anahtar Cevaplar
9) Hani Din Hepimizindi?
10) Kıblegâh Evler
11) Baldan Tatlı Sözler
12) Medine Raporu
13) Bu Zamanın Sabrı
14) Aile Davamız
15) Geminin Neresindeyiz?
16) Mahrem Cevaplar
17) Namaz Muhasebesi
18) Hâlimizin İzahı
19) Hanımlar İçin İnciler
20) Mektubunuz Var
21) Mü'min Ev
22) Arş'ın Gölgesindeki Genç
23) Doğal Aile
24) Elbette Allahuekber
25) Mücahide Kadın
26) Bir Umut Bir Mektup (3 Cilt)
27) Hür Yürekli Genç
28) Şehzadebaşı Sohbetleri (2 Cilt)
29) Hacı Bayram Sohbetleri
30) Bu Çağa Rapor
31) Mağaradan Arş'a
32) Sünnet Neden Garip?
33) Bu Ümmetin Genci
34) İslam'dan Hayata Ölçüler
35) Bu Ümmetin Kızı
36) İnternet Fıkhı
37) Bu Ümmetin Fidanları Çocuklarımız
38) İslam'dan Hayata Ölçüler-2

Tercüme Eserleri

1) Medine Toplumu *Prof. Dr. Ekrem Ziya Ümeri*
2) Düzeltilmesi Gereken Kavramlar *Muhammed Kutup*
3) Kur'an'da Resûlullah *Prof. Dr. M. Ali Haşimi*
4) İslam İnancı *Muhammed Kutup*
5) İslami Çalışma Metodu *Mustafa Muhammed Tahhan*
6) Kur'an ve Sünnet'e Göre Müslüman Kadının Şahsiyeti *Prof. Dr. M. Ali Haşimi (Heyet)*
7) İslam Fıkıh Ansiklopedisi *Prof. Dr. Vehbe Zuhayli (Heyet)*
8) Sosyal Bilimler Ansiklopedisi *(Heyet)*
9) Et-Tefsirul Münir *Vehbe Zuhayli (Heyet)*
10) Bulûğu'l Merâm Şerhi *Nureddin Itr (Heyet)*

Tahlil Yayınları: 30

Nureddin Yıldız Kitaplığı: 20

Yayın Editörü
Hilâl Furkan

Kapak Tasarım
Kenan Özcan

İç Tasarım
Furkan Selçuk Ertargin

Sanat Danışmanı
Abdülbaki Kömür

1. Baskı : Ağustos 2011
9. Baskı : Nisan 2019

Baskı - Cilt
Şenyıldız Matbaacılık
Sertifika No: 11964 Tel: (0212) 483 47 91

ISBN
978-605-87768-6-9

İletişim Adresi
Kartaltepe Mah. 60. Sok. No: 50 Bayrampaşa/İSTANBUL
Tel/Faks: (0212) 417 77 75

tahlilyayinlari.com
editor@tahlilyayinlari.com

Hâlimizin İzahı

Nureddin Yıldız

TAHLİL
YAYINLARI

Hamdimiz Salavatımız

Ey Rabb'imiz!

Bizi iman edenler arasında yaratmakla ne büyük bir ihsanda bulundun.

Cennetine giden yolda bulunmamızı bize lütfetmen ne büyük bir nimet! Bunu senden başka kim yapabilirdi? Kim bizi, kasıp kavrulan insanların arasından alıp çıkarabilirdi? Kim bize bunun başlı başına bir nimet olduğunu öğretebilirdi?

Ey Rabb'imiz!

Sana hamdetmek bizim seçeceğimiz kelimelerle olur mu hiç? Sen ancak Sen'in öğrettiğin kelimelerle övülebilirsin. Sen'i tesbih etmek, sana hamdetmek ancak en güzel isimlerinle mümkündür.

Sana hamdlerin en güzeli ile hamdederiz. Üzerimizdeki nimetini tamamlamanı niyaz ederiz. Eksiğimizi mağfiret buyur. Bizi en güzele hidayet et.

Ey Rabb'imiz!

Peygamberin Muhammed'e salat ve selamımızı bildir. Bizi O'nun Ümmet'inden olmanın izzeti ile yaşat. Ashabına, ehlibeytine bizden salat ve selam kıl.

Ey Rabb'imiz!

Bizi O'nun Şeriat'ı üzere sabit tut. O'nun Sünnet'inin hizmetçileri olarak yaşat.

İçindekiler

Ön Söz Yerine

Bu kitap, yaşadığımız sorunlardan bir bölümünü konu edinmektedir.

Sorunlarımızın sayılması yerine yapmamız gerekenler açısından ele alınmaktadır meseleler. Sorunlarımızın tamamı da ele alınmış değildir. Bazı başlıklar üzerinden bir "Ne yapmalıyız?" araştırmasının sonuçları vardır.

Kimi konulara tafsilatlı bakılmış kimileri de bir iki paragrafla sınırlandırılmıştır. Bu sınırlandırma da kasten yapılmıştır ki dikkat çekici olsun.

Bu kitaba ön söz yerine Resûlullah sallallahu aleyhi ve sellemin hadisleri arasında "iyi mü'min, hayırlı mü'min" benzetmeleri ile O'nun nazarında övgüye layık bulunan mü'minlere ait vasıfları sıralamayı tercih ediyorum. O'nun "iyi, hayırlı, güzel" dediği vasıflar aradığımız kayıplarımızdır. Hâlimizi daha iyi tasvir edebilecek ne olabilir? O'nu ve O'nun getirdiklerini arıyoruz. Zira kurtuluş, O'nun gösterdiği yöndedir. Yapılması gereken de O'nun bize gösterdiklerini elde etmemizdedir. Uzun sözlere gerek yok. Kendimizi yokuşlarda beyhude susuz bırakmamıza da gerek yok. O ne dediyse Allah Teâlâ söylettiği için dedi. Neyi gösterdi ise emredildiği için gösterdi. Zaman ve enerji kaybına gerek yok. O'nu ve hidayetini gösteren kaynaklar elimizdedir.

İnsanların en iyisini O göstermiştir. İşlerin en iyisini de O göstermiştir. En kesin sonuçlar da O'nunla elde edilebilir.

Buyuruyor ki:

"Allah yolunda malıyla ve canıyla cihat eden bir mü'min, insanların en üstünüdür. Sonra da Allah'tan korkarak vadilerden bir vadiye çekilmiş ve insanlara zararı dokunmayan mü'mindir." (Buharî, Cihat, 2/2786; Müslim, 1888)

"Sizin en hayırlınız, Kur'an'ı öğrenen ve öğretenlerdir." (Buharî, Fedailu'l-Kur'an, 21/5027)

"Sizin bana en sevimli olanınız, kıyamet günü bana en yakınınız ahlak olarak en güzel olanlarınızdır." (Tirmizî, Birr, 71/2018)

"Sizin en iyiniz, ev halkına en iyi olanınızdır. Ben de ev halkıma en iyi olanınızım." (İbni Mâce, Nikâh, 50/1977)

"İnsanların en üstünü, dili doğru ve kalbinde günah, azgınlık, kin ve haset bulunmayandır." (İbni Mâce, Zühd, 24/4216)

"Sizin en iyiniz, iyiliği umulan, kötülüğünden endişe edilmeyeninizdir." (Tirmizî, Fiten, 76/2263)

Uzun sözlerle, neyin peşinde olduğumuzu izah etme yerine bu hadisleri öne çıkarmayı bir bereket vesilesi olarak umuyorum. Rahîm olan Rabb'im, aradığımıza kavuşmamızı yakin kılsın. Ümmet'imizin izzetli günlerine ermeyi bize müyesser etsin.

Nureddin Yıldız
2011-Aladağ/Bolu

Hâlimizi Aydınlatan Güneş Gibi Gerçekler

1- Allah azze ve celle Kâdir'dir, Muktedir'dir. Göklerde ve yerde O'nun kudreti kesindir, kimse o kudretin önünde var olduğunu iddia edemez. Ve Allah Teâlâ'nın kudreti, sonradan kazanılma bir kudret değildir. Dilemek o kudretin tahakkuku için yeterlidir. Meleklere, cinlere, insanlara ve hayvanlara hatta cemadata o kudreti ile hükmetmektedir Allah. Allah Teâlâ kâdirdir, muktedirdir; ne bu zamana kadar ne de bundan sonra hiçbir güç, O'nun iradesine karşı ortaya çıkabilecek bir irade beyan edemeyeceği gibi, O'nun yapmayı dilediğini de engelleyemeyecektir. Denizlere bakan o kudreti görür. Dağlara bakan o kudreti görür. Bir karıncaya ve bir file bakan o kudreti görür. Kendine bakan insan da üzerinde O'nun muhteşem kudretini görür. "Bir göz kıpırdatması" kadar bir zaman, her şeyin varlığı veya yokluğu için yeterlidir o kudretin önünde.

2- Allah azze ve celle Alîm'dir; Rakîb'dir. Biliyor. Bilmek neyi gösteriyorsa ondan daha çoğunu, öğrenme ihtiyacı olmadan biliyor. Hiçbir şey O'nun bilgisi haricinde olamaz. Ne O'na kulluk edenler ne de isyan estirenler, O'nun bilgisi dışında değildirler. Her şey O'nun bilgisi ve kontrolündedir; iyi de kötü de güzel de çirkin de...

"Sen herhangi bir durumda bulunsan, Kur'an'dan herhangi bir şey okusan ve sizler herhangi bir iş yapsanız, daha siz bir şeye girişir girişmez, üstünüzde biz size şahidizdir. Gökte ve yerde zerre kadar bir şey ve ondan daha küçük ve daha büyük hiçbir şey Rabb'inden kaçmaz ve hepsi apaçık bir kitaptadır." (Yunus, 61)

3- İnsan acizdir, çaresizdir. Güç ve kuvveti cılızdır.

İnsan kendi başına kalsa bir an bile ayakta duramaz. Allah onu korursa o var olabilir. Tam anlamıyla "Allah'tan başka güç ve kuvveti olmayan" bir mahluktur. İnsanın var zannettiği ne varsa o da geçicidir. İnsanın ürktükleri de geçicidir, cılızdır. İnsan cılız olduğu için cılızları büyütür gözünde. Asıl korkulacak olanı unutur da korkulmaya değmezlerden korkar.

4- İnsan, acizliğine rağmen, etrafındaki çemberi kıracak sebeplerle de donatılmıştır. O sebepleri kullanmayı becermesi hâlinde kendisini daraltan, bunaltan çemberi kırabilir.

Sebepleri kullanmakla sebeplere tapınmak arasında dengeyi kurabilen insan mü'min insandır. Allah'ın yardımı da onun üzerine gelecektir çünkü iyiyi de kötüyü de yaratan ve bir plan üzerinden yeryüzüne yayan Allah Teâlâ, batılın adamlarını ayakta tutarken hakkın adamlarına da adamlıklarını ispat edecek gayretlere girmelerini ve sebepleri iyi kullanmalarını emretmiştir. Denge bu plan üzerinde yürümektedir. Planın işleyişine uymayanların beklenti içinde olmaları hakları değildir.

5- En büyük kanunlardan biri herkesin kendini değiştirmesi kanunudur. Millet olarak da fertler olarak da bakıldığında

Allah, değişeni değiştirecek, değişmek istemeyeni olduğu gibi bırakacaktır. Elbette bu değişme isteği bir dilekçeyle talep edilen bir istekten çok, tavırlarla ispat edilen bir talep olarak ortaya konacaktır.

Ra'd suresinin on birinci ayeti bu hakikati hiçbir tartışmaya mahal vermeyecek şekilde anlatmaktadır. Surenin on birinci ayeti bu hakikati beyan ediyor ama biz dokuzuncu ayetinden on ikinci ayetine kadar olan kısmı bir arada görelim ve Kur'an'ın üslubunu da anlamaya çalışalım:

"O'dur görünmeyeni ve görüneni bilen ve her şeyden ulu, her şeyden üstün olan!

Sizden sözü gizleyen de açığa vuran da gece gizlenen de gündüz belirip ortaya çıkan da O'nun için birdir.

Onları devamlı olarak önlerinden ve arkalarından Allah'ın emriyle takip edip denetleyen izleyiciler vardır.

Bir toplum kendi durumunu değiştirmedikçe şüphesiz Allah onların durumunu değiştirmez.

Ve eğer Allah bir topluma kötülük/helak dileyecek olursa, onu onlardan kimse uzaklaştıramaz ve onlar için Allah'tan başka bir koruyucu yoktur.

Korkuyla ve umutla O'dur şimşeği size gösteren ve ağırlaşmış bulutları üretip yaratan!"

Anlatılacak olan kural şudur:

"Bir toplum kendi durumunu değiştirmedikçe şüphesiz Allah onların durumunu değiştirmez." ama bu bize anlatılırken Allah Teâlâ'nın farklı kudret örnekleri arasında anlatılmaktadır. Gökte gördüğümüz şimşekten, üzerimize düşen yağmura kadar her şeye hükümranlığı olan ve her şeyi bilen Allah: "Bir toplum kendi durumunu değiştirmedikçe şüphesiz Allah onların durumunu değiştirmez." demiştir. Bunu anlamaya mecburuz. Duadan önce bu gelmelidir.

Evet, pek çok sebep vardır. O sebepler elde edilecektir ama bizim Allah Teâlâ'dan göreceğimiz yardımın ya da Allah'ın bizim için zafer lutfetmesinin temel dayanağı, bizim değişmek istediğimizi göstermemiz olacaktır. Fert olarak da toplum olarak da değişme heyecanımız, zaferimizin müjdesidir.

6- Bizi kuşatan sorunlar kemerinin kırılabilmesi için yük bizim omuzumuzdadır. Biz değişeceğiz ki Allah da değiştirecek ve bu değişim isteği, temennileri aşacak günlük hayatımızın bölümleri arasına girecektir.

Konuşan yerine iş üreten, üretilene katılan Müslüman,

Allah'ı ve dinini her şeyin üstünde seven, O'na güvenen,

Gelecek endişesini "dinin geleceği, insanların imanla ölmesi" olarak anlayan,

Kalbe dünya sevgisini bir put olarak sokmayan, dünyayı Allah'ın gördüğü gibi bir sinek kanadı kadar bile etmez görebilen,

Mübahlar içinde boğulup kalmayan, cihadı en ulvi görev bilebilen,

Kavramlarını hayat ilkesi olarak kullanan, insanlara ve dünyaya Kur'an'ın baktığı gibi bakan,

Allah'ın yasaklarının toplumda yer bulmasından uykuları kaçan Müslüman, değişim talebi olan Müslüman'dır.

Kurtuluş da bu Müslüman neslin elinde biiznillah gerçekleşecektir.

Sıkıntılarımızın Nedenleri

Her şeyin Allah'ın hükmü ve iradesiyle olduğuna inandığımıza göre mevcut hâlimizde yersiz ve kural dışı bir durum yoktur. Başımıza gelenler bizim imtihanımızdır. Bizden öncekiler gibi biz de bir imtihan sürecinden geçiriliyoruz. Bakara suresinin 214. ayeti bunu açık bir dille bize beyan etmektedir. Bu beyan o kadar açıktır ki "sizden öncekilerin çektiklerini çekmeden" şeklindeki ifadeye dikkat edilmelidir. Biz Kur'an'ımızın zikrettiği geçmiş ümmetlere ait olayları tarihten bir hatıra gibi okumaktan vazgeçip, onları ders olarak anlayabilsek epey bir mesafe katederiz.

Öte yandan bu hayatı zayıf bir mahluk olan "insan" olarak yaşadığımızı, insanın önce kendi acziyetini bilip Rabb'ine yönelmesi gerektiğini, bütün sıkıntılarımızın da bizi bu yöne tevcih ettiğini idrak ederiz. Dünyanın üzerine çullanmaya değmez olduğuna inandığımız gibi bu inancımızı pratiğe dökmemize de bu olaylar yardım eder. Bu aynı zamanda ahiret hazırlığımızı gözden geçirmemizin de yardımcısı olur.

Sıkıntılı zamanlarda ibadet ederek ibadet lezzetini, sıkıntıları ve kargaşayı atlatmada kullanmayı da bilmemiz gerekmektedir. Buna biz bir muhasebe de diyebiliriz. Amaç üzerimize düşen dertleri sayıp durmak değil, muhasebe yapmak olmalıdır. Mü'minler olarak daha iyi bir kenetlenmeyi gerçekleştirmemiz şarttır.

Avuçlardan Kalplere Yerleşen Dünya

Dünya ve dünya nimetleri ile olan ilişkimiz aynı zamanda ahiret sürecimizi de göstermektedir. Bir elde ahiret bir elde dünya olması gerekirken dünya iki elimizle beraber kalbimizi de istila etmeye başlamıştır.

Dünyanın kalplerimizi istila etmesine karşı, onu yok sayan anlayış da sıkıntı oluşturmaktadır. Dünyadan da nasibini unutmayan mutedil anlayışı yakalamaya mecbur bulunuyoruz. Dünyayı itelerken kâfirlerin zaten ona yakın olan idraklerine hizmet edilmiş ve içinde Müslüman'a secde etme fırsatı bırakılmayacak bir keşmekeş ortamına neden olunmuştur.

Her şeyden önemlisi sevgili Peygamber aleyhisselam efendimiz, bugünkü dünyevileşme sıkıntımızı bir mucize olarak dillendirmiştir. Kulak vermek zorundayız.

Dünyaya çullanmakla onu kullanmak arasındaki denge nedir?

Dünyanın içimize sızmasını nasıl hissedebileceğimiz konusunda da bir sıkıntı içindeyiz. Teknolojik imkânları kullanma, daha rahat imkânlara kavuşma, binek, gayrimenkul derken kendimizi dünya nimetlerine esir hâle getirdik. Dün önemsiz olan şeyler bugün olmazsa olmaz oldu. Şu hâlimiz hiçbir söze gerek bırakmayacak kadar açık bir tablodur:

Sadece yarım asır önce insanlar aç kalmaktan, bir dilim ekmeği bile aramaktan söz ederken bugün bizim en ağır sorunlarımızdan biri aşırı tok olmaktır. Yarım asır önce veremle savaş yapılıyordu şimdi tıp, gıdalarla savaşıyor. Bu gidişle de çok geçmez insanlık ekmekle, tuzla, şekerle savaş birimleri kurar herhâlde! Sadece bu bile dünya ile ilişkilerimizin ne durumda olduğunu gösterir bir örnektir. Dünya neyimizdi, neyimiz oldu?

Dünyanın avuçlardan kalplere intikalinin getirdiği sonuçlardan biri de bizi haramlara karşı gevşetmesidir. Faizden alkole kadar pek çok konuda haramlara karşı gevşemiş bulunuyoruz. Dün, insanlar kızdıklarına argo da olsa "domuz" diye hitap ediyorlardı. Bu onların domuzu ne kadar çirkin gördüğünü gösteriyordu. Bugün ise tüketilen yiyeceklerde, kullanılan malzemelerde domuzdan imal edilmiş şeyler bulunabileceği endişesi gitgide kaybolmaktadır.

Dünya Küçüldükçe Büyümek

Ekonomi, kültür ve enformasyon alanlarında dünya "globalleşme" adı verilen bir süreçte küçülüp durmaktadır. Bir kıtadan öbür kıtaya ulaşmak, bir köyden öbürüne ulaşmak kadar kolay ve çabuk oldu. Bu gelişmenin nimet olan yönünü elbette takdir ederiz hatta bunu, Rabb'imize hamdedeceğimiz bir gelişme olarak görürüz. İnsan olarak yaşama imkânlarımızın kolaylaşması, ibadet hayatımız dâhil her noktada daha mükemmel bir hayata kavuşmamızı getirmiş olabilir.

Bu bir nimettir ve her nimet gibi şükrü gerektirir. Bahçemizde biten bu çiçeğin dikeni olabileceğini de dikkatimizden kaçırmamalıyız. Çiçekleri dikenleriyle değerlendirebildiğimiz zaman onlardan yararlanma oranımız da yüksek olacaktır. Meseleyi sadece hacca giden bir mü'minin ailesiyle çok rahat bağlantı kurması, Mekke'de kılınan namazları canlı olarak oturduğumuz yerden izleme olarak göremeyiz. Kablolu veya kablosuz imkânlarla bütün dünya kültürlerinin evimizin içine dalması bu denli kolay izah edilebilecek bir gelişme değildir.

Ekonominin kâğıt üzerinden ya da tuşlarla yürütülmesini sonuç olarak izlemeye mecburuz. Ekonomi üzerindeki endişelerimiz, mü'min olarak dikkat etmeye mecbur olduğumuz hassasiyetlerimiz, tuşlara basılarak kazanılan para ortamında nasıl seyretmektedir? Bir faiz fitnesi, küçülen bu dünya ortamında bizi etkilemiş midir? Dünya büyüsün veya küçülsün; akidemiz ve ayaklarımız sabit kalmalıdır. Müslümanlar olarak, akidemizde tereddütler yaşamamız, başkalarının inançlarını akidemizden bir parça gibi konuşup mütalaa edebilmemiz durumunda dünya bizim üzerimizde küçülme göstermiş olacaktır. Hâlbuki biz, dünyanın bir köy hâline gelmesi durumunda bile akidemizde ve amelimizde bir değişme göstermemeliydik. Zamanın ve şartların yıpratamadığı iman, sahibinin imtihan kazanabildiği bir imandır.

İman dairesi dışında kalan kitlelerle bağımız, onların taklit edilmeleri gibi, bizi içimizden güçsüz kılacak, farklarımızı eritecek hastalıklar da dünya küçüldükçe önümüze çıkabilecek sorunlardandır. Kültürel etkinlik sonuç olarak din propagandasına dönüştüğünde kaybeden taraf olabiliriz.

Ahlak ve faziletin erimesi, ahlaksızlığa tepkisiz kalınması, münker işleme yaşının düşmesi gibi mü'min açısından rahatsız edici sonuçların düşündürmesi gerekmektedir. Haramlara karşı ölçülerini koruyamayan Müslüman bir toplumun, İslam iddiası hayatta yankı bulmakta zorlanacaktır. Farzların icrasından önce haramlardan sakınılması temel ilkelerimizden biri olduğuna göre, ailelerimizin ve eğitmekle, korumakla mükellef olduklarımızın bilgilendirilmesi, eğitilmesi alanlarında öncelikle bize ait olmayan fırtınalardan muhafaza edilmesini zorunlu hâle getirmektedir.

İmanî kimliğimizi koruma, başkalarına tebliğ etmede küreselleşmenin üzerimize yüklediği hassasiyetler arasında din ve dine ait eğitimi, tebliği, küçülen dünyanın şartlarına uygun yapma hassasiyeti de vardır. Bu süreçte önemli olan, kültürlü ile sokaktan birine, büyükle küçüğe, kadınla erkeğe aynı dili kullanabilen kalıplara girebilmektir. Futbol gibi herkesin anlayabildiği bir dil, kitlelere hükmedebilmektedir. Bize ait kavramları eritmeden ama ortak bir dil kullanarak tebliğ yapabilmek, eğitime bu düzeyi kazandırmak küçülen dünyada büyük kalmayı isteyenlerin hedefi olmalıdır.

Diğer yandan da külfetsiz ulaşılabilen araçlar kullanılmalıdır çünkü şerrin hem kullandığı dil, herkesin anladığı dildir hem de külfetsiz ya da külfeti düşük bir şekilde insanlara ulaşmaktadır. Öyle bir ortamda insanlar için pahalı bir alternatif, din de olsa çekici değildir. Külfetsiz ve kullanımı kolay alternatifler küçülen dünyanın getirdiği seçeneklerdendir.

Evet, globalleşme kendi kurallarını koymakta ve herkesi o kurallara göre işini yürütmeye mecbur etmektedir fakat biz bunu özür olarak kullanamayız. Yokluk dönemindeki mü'minlerin yokluğu bir özür olarak kullanıp dinlerine hizmetten geri kalamadıkları gibi biz de köyleşen dünyada, kuralları bizim koyamadığımızı ileri süremeyeceğiz. İmkânsızlıklar içinde iş üretebilmek, dinimizi yaşamak bizim imtihanımızdır. Bizden öncekiler bu imtihanı farklı bir şekilde yaşadıkları gibi bizden sonrakiler de daha farklı bir imtihan yaşayacaklardır elbette.

Değişmeye müsait kurallarımız zaten değişebilmektedir ama sabit değerlerimize hiçbir zarar vermeden, küçülen dünyada büyük kalmak, sinyaller arasında kendi tebliğimizi yapabilmek cihat ise cihadımızdır, ibadet ise ibadetimizdir.

Küçülen dünyada kaybolmamak ise bizim için iyi bir hedef değildir. Asıl hedefimiz, küçülen dünyada büyümek olmalıdır. Dünyanın küçülmesini, bir köye dönüşmesini nimete çevirmek ancak böyle mümkün olacaktır.

Vehn

Yaşadığımız toplumların kuş bakışı görüntüsü ve toplumlarımızı oluşturan ailelerimizin içeriden izlenen hâli, yoruma gerek bıraktırmayacak bir seviyede üzücü manzaraları yansıtmaktadır. Kimsenin "Öyle değildir." diyemeyeceği kadar açık bir gerileme sürecini yaşıyoruz. İnsanlığa saadet getirmek için gelmiş bir nizamın iman edenleri, onu ihya etme iddiasında olanları olarak bizim saadeti gizliden gizliye arar durumda olmamız düşündürücüdür.

Kur'an'ımız, ailelerimizi huzur kaynağımız olarak önümüze koyarken biz, huzuru psikologlarda arıyorsak çok söze gerek yoktur. Toplumumuz, göklere yükselen yüz binlerce ezana rağmen adına medya veya dış güçler dediğimiz şu ya da bu düşmana yükleme yaparak uçuruma doğru sürükleniyorsa bir kere daha düşünmeye mecbur kalıyoruz demektir. İşin aslını inandırıcı bir şekilde izah edecek bir düşünceye mecburuz. Tevil edilebilecek yönü olmayan bir kayış sürecindeyiz.

Düşünen herkesin ortaya koyabileceği bir yığın gerekçe vardır elbette. Globalleşmeden dış güçlere kadar gerekçe üstüne gerekçe üretebiliriz. Bunlar kendi çaplarında da doğru olabilir. Bir de asıl nedeni yakalamamız gerekir ki tek tek sinek avında görüntüsü vermiş olmayalım.

Ebu Davud'un rivayet ettiği bir hadisi muhakkak duymuşuzdur. Resûlullah sallallahu aleyhi ve sellem o hadisinde, ümmetinin geleceğine dair bir bilgiyi bize aktarmaktadır. Dünya milletlerinin açların bir sofradaki tasa üşüştüğü gibi Müslümanların üzerine üşüşeceğini ama bu üşüşmenin Müslümanların azınlıkta olmalarından kaynaklanmayacağını bilakis Müslümanların kalabalık olacaklarını bildirmekteydi. Müslümanlar kalabalık olacaklar ama Allah, bir yandan düşmanlarının kalbinden Müslümanlardan korkmayı çıkaracağını bir yandan da Müslümanların kalbine vehn atacağını bildirmektedir. Efendimiz "Vehn nedir?" sorusuna da "dünyayı sevmek ölümden nefret etmek" diye cevap vermiştir. (Melahim, 5/4297)

İki noktada mevcut durumumuzun izahı özetlenmektedir: Düşmanlarımızın bizden çekinmemeleri ve bizim ahiret için yaşaması gereken bir toplum olmamız gerekirken dünyadan kopmak istemeyen bu nedenle de ölüme hazırlanması uygun olduğu hâlde onu iten, onu yok sayan yani dünyaya kök salmaya çalışan bir kitle hâline gelmemiz! Sorun buradadır. Bu sorunu bir yerde internetin yayılması, medyanın seviyesizleşmesi, dış güçlerin şusu busu diye tevil edebiliriz. Bu, bir bütünü parçalarından biri veya birkaçı ile tanımlamaktan başka bir şey değildir. Adını değiştirmemiz çözüm değildir. Bilakis görmeyip kurtulduğunu zannetmektir.

Önce evlerimizi sonra da toplumlarımızı tarayarak bir çıkış yapabiliriz. O zaman göreceğiz ki bütün din ve takva iddialarımıza rağmen dünyadan küçük bir tavize bile yanaşmayacak kadar dünyevileşme ya da dünyayı esas alan, ondan kopmayı kabullenemeyen bir anlayış kapitalistler kadar bizi de kuşatmıştır. Dünya nimetlerinden yararlanmak adı altında dünya nimetlerine esir olmak bize bulaşmıştır. Bunu hissedip tedaviye başvuranlar ayakta kalmakta daha başarılı olmuşlar, sorunu umursamayanlar veya tedaviyi geciktirenler ise hızlı bir kayış içinde kaybolmaya yüz tutmuşlardır.

Vehn Notları

1- Vehn, herkesi bir köşeden kapmıştır. Fertler olarak da Müslüman toplumlar olarak da bir vehn süreci yaşadığımız ciddi bir gerçektir. Zira vehn ile alakalı belirtiler ve sonuçlar önümüzdedir. Camilerimiz bile dünya sevgisinden kopamadığımızı gösteren izlerle doludur. İbadet maksatlı yapılar olmasına rağmen camilerin tezyinatı, oraların ibadetle imar edilmelerinden daha öncelikli hâl almıştır. Evlerimiz için de benzer bir durum söylenebilir. Başımızı sokup huzur bulacağımız mekânlar olması gereken evlerimizde mobilyadan ayağımızı sokacak bir yer bile bulamıyoruz. Perdelerimiz bizim mahremimizi örtmesi gerekirken evlerimizin duvarlarını örtmesi için kullanılıyor.

2- Kimimizi sadece bir kere düğün yapacağı için "bir kerelik taviz" diye yakalamıştır. Kimimizi de "ev kredisi zorunlu" diye yakalamıştır. Öbürünü, "iş-aş şartları" adıyla tutmuştur. Bir başkasını ise "arkadaş, çevre" esiri ederek, diğerini de "kör taklitten" yakalayarak esir etmiştir. Erkeği ile kadını ile herkese göre bir külah bulup giydirmiş ve parmağını kaptırandan kolunu, ayağını, bütün bedenini almıştır. Şu veya bu Müslüman fertler olarak, bu illetten mustarip olduğumuz kadar coğrafyamız da farklı tonlarla da olsa bu ıstırabı yaşamaktadır. Asya'da Fatih'in şehri İstanbul'dan, Afrika'daki Hayreddin Paşa'nın şehrine kadar vehnin izleri her yerde görülmektedir. İfade ettiğimiz vehnin izleri üzerine bu anlamda söylenebilecek iki önemli işaret, çok dikkat çekicidir.

Bunların birincisi, fakirlikle adı eş değer hâle gelmiş olan coğrafyalarda yani, çocukların bir deri bir kemik ve çıplak gezindiği yerlerde bile vehnin izleri gayet bariz bir şekilde görülebilmektedir. Aç ama internetli, çıplak ama lüks telefonlu insanlar görüp de hayret etmemek mümkün değildir.

İkinci husus ise şudur:

Avrupa ile Asya'yı birleştiren ve Avrupa menşeli projelerin hedefi olan İstanbul'da vehnin izlerini görmek, İstanbul'daki insanların "dünya sevgisi ve ölümden nefret" kapsamında kalmalarını anlamak bir nebze kolaydır. Ama aynı illetin Mekke-Medine sokaklarında, otellerinde belki de İstanbul'dan daha bariz bir şekilde izlenebilmesini anlamak çok kolay değildir.

Gerçi vehni ikaz eden hadisi şerif, Mekke-Medine istisnası yapmış değildir ama mü'min gözüyle ve idrakiyle bakıldığında Mekke-Medine istisnası beklenen bir şeydir.

3- Vehn isimli bir başlık açan Peygamber aleyhisselam efendimiz, bir hususa dikkatimizi çekmektedir. Bu husus da şudur: Bu illetten söz eden hadisi şerif, Allah Teâlâ'nın mü'minlerin kalbine böyle bir illeti atacağını söylemektedir. Yani vehn, bir sorun olarak kendiliğinden oluşmamakta bilakis bizzat Allah Teâlâ tarafından kalplere atılmaktadır.

Vehn, "dünya sevgisi ve ölümden nefret" olduğuna göre bizzat Allah Teâlâ, kullarını vehn ile yani "dünya sevgisi ve ölümden nefret" ile sınamayı murat etmektedir. Yeryüzünde iman bloğunun karşısında bir küfür bloğu neden varsa, şeytan neden yaratılıp insanın karşısına çıkarıldı ise dönemlerden bir dönemde Allah Teâlâ'nın kullarını vehn üzerinden sınamayı murat etmesinin mantığı da odur. Kullar, basiretli davranıp vehnden kurtulmanın çarelerini üretmek durumundadırlar. Şeytanı savsaklama imkânımız veya hakkımız ne ise vehn için de benzer şey söylenebilir. Rabb'imiz kalbimize vehn atacak ve biz ne kadar "dünya sevgisi ve ölümden nefret" üzerinden iyi sonuçlar çıkarabileceğimizi göstereceğiz. Vehni kalplerimize atan, beton binaları, yemyeşil arazileri önümüze koyan Allah'tır. İmtihan eden O'dur. Ödüllendirecek olan O'dur.

4- Hadisi şeriften anlaşılan bir husus da bu vehnin, Ümmet'in ileriki dönemlerinde ortaya çıkacağı hakikatidir. Kalabalık kitlelerden oluşmasına rağmen düşmanlarının gözünde pasif kalmış bir Ümmet olma durumu -ki bu, "dünya sevgisi ve ölümden nefret" karakterinin yerleştiği dönemdir- bu dönemi yansıtmaktadır. Yoksa bu Ümmet, "dünya sevgisi ve ölümden nefret" barajına takılmış bir Ümmet asla değildir.

5- Çok önemli bir hususu meselenin iyi anlaşılmış olması için tespit etmekte yarar olacaktır.

Müslüman'ın "dünya sevgisi ve ölümden nefret" imtihanı altında olması, yüzeysel anlaşılmamalıdır. Müslüman'ın dünyayı sevmesi mesela yaşadığı yörenin toprağına tapınması, o topraktan put yapıp önünde secde etmesi değildir. Ölümden nefret de ölümün aleyhine propaganda yapma, ölümü inkâr etme gibi bir durum elbette değildir. Gerek dünya sevgisi ve gerekse ölümden nefret etme, aynı hastalığın adıdır. Bu hastalık da mücerret bir kavram olarak görülmemelidir.

Dünya sevgisinin kalbe atılması ve orada kök salması, dünya nimetlerine takılıp kalma, ahireti ihmal etme, ahiret için yapılacak hazırlıklarda eksik kalma olarak göze çarpar. Yoksa bir mü'min, "Dünyayı seviyorum." şeklinde bir beyanda hiçbir zaman bulunmaz. "Dünyayı seviyorum, ahiret önemli değil!" demediği hâlde, dünya eksenli yaşayıp, ahireti ikinci plana itmek ise bu hastalığın belirtisidir. Ölümden korkup ölüm için hazırlanmamak, hem bu korkuda samimi olmamak hem de hastalığa yakalanmış olmak belirtisidir. Ebedî kalınacak bir yer hâline getirilen dünya, artık bir sorundur. Ebedîliği kazanma yerinin kendisinin ebedîymiş gibi düşünülerek hareket edilmesi mü'min için zarardır.

Garip Bir Örnek

Gayet garip bir örnek olarak şunu inceleyebiliriz:

İnsanların dünyevileşme meyline, ahireti unutma gafletine karşı İslam toplumu tasavvufu geliştirmiştir.

Doğrusu eğrisi bir kenara tasavvuf, dünyevileşme gidişatına karşı gelişmiştir.

Tasavvufun hemen hemen bütün yoğunluğu, Allah'ı zikir ve züht üzerine kuruludur yani dünya ile ilgilenme ve zikret!

Bu gayeyi yansıtması bakımından tasavvufun "bir hırka bir lokma" parolasını öne çıkardığını da söyleyebiliriz. Hayatı bir hırka ve bir lokma ile özetleyecek bir tutumdur bu.

Şimdiki tasavvuf ekolleri yani tasavvuf üzere çalışan gruplar, insanlara Fudayllerin, Ceylanilerin menkıbelerini ders kitabı gibi okutmaktadırlar. Vaazlardan yazılara kadar her şey, onların bir hırka ile bir lokmaya daraltılmış hayat anlayışı üzerine kurulmuştur.

Tasavvufu tenkit edenler ise amansız bir dışlama ile dışlanmaktadırlar.

Bu bölüm de konumuzun dışında kalsın. Herkese kendi yaptığı sorulacaktır; ameller niyete göredir.

Gel gör ki şimdiki tasavvuf erbabı yani bir hırka bir lokma üzerine vitrin oluşturanlar, iş adamlarından daha lüks bir hayat yaşamaktadırlar. Önceleri "çilehane" olarak anılan tekkeler şimdi lüks hanelere dönüşmüştür. Yunus Emre'nin sırtında heybesi ile dağdan dağa yürüdüğünü menkıbe olarak anlatanlar özel helikopterlerle zikir meclislerine katılmaktadırlar.

Bu gelişmeyi onların nasıl yorumladıklarını bilemiyoruz doğrusu, bunu merak da etmiyoruz. Zira bu, aslında haram değildir. Nimet Allah'ın nimeti, kul da Allah'ın mü'min kuludur. Elbette helalinden olduktan sonra mü'min de nimetler içinde yüzebilir.

Farklı olan ya da izah edilmesi gereken ise bugünkü tutum ile üzerine menakıb dizdikleri eskilerin tutumu arasında tasavvufun ana umdesi durumunda olan "bir hırka bir lokma" idrakinin nasıl eritildiğidir.

Eğer cevap olarak, "Bu asırda imkânlar çoğaldı." denecekse bu yanlıştır çünkü tasavvufun çıkış nedeni zaten gelişen imkânlara karşı imkânsız gibi yaşamak üzerine kuruludur. Tasavvufun yaklaşık çıkış tarihi olan Abbasiler dönemi, daha lüks ve geniş imkânlarla yaşanan bir dönemdi. Müslümanlar daha varlıklı idiler.

Tasavvuf erbabı, bunu bir tenkit ve düşmanlık olarak görüp anında karşı duruşa geçer. Meselemiz, tasavvufu irdeleme meselesi değildir kesinlikle. Tasavvufta bile böylesi bir sürece gelindi ise gerisi nasıldır türünden bir benzetme yapmak istiyoruz.

Düşünmek için iyi bir alan olarak bunu değerlendirebiliriz.

Gerçek Çehre

Şu ayet, üzerine üşüştüğümüz dünyanın gerçek çehresini bize göstermektedir. Ne yazık ki bile bile bu kapana takılıp kalıyoruz. Önce ayetin mealini okuyalım. Sonra da ayetin anlattıklarını anlamaya çalışalım:

"Bilin ki dünya hayatı ancak bir oyun, bir eğlence, bir süs, aranızda karşılıklı bir övünme, çok mal ve evlat sahibi olma yarışından ibarettir. Tıpkı şöyle: Bir yağmur ki bitirdiği bitki, çiftçilerin hoşuna gider. Sonra kurumaya yüz tutar da sen onu sararmış olarak görürsün. Sonra da çer çöp olur. Ahirette ise çetin bir azap ve Allah'ın mağfiret ve rızası vardır. Dünya hayatı, aldanış metasından başka bir şey değildir." (Hadid, 20)

Dünyayı yaratan ve şekillendiren sonra da bizi onun üzerinde sınamak isteyen Allah Teâlâ'dır. Sınama çeşidini, zaman ve şartlarını da belirleyen sadece O'dur.

Allah'ın takdirinde dünya oyun ve eğlencedir. Süstür, övünme vesilesidir mal-evlat yarışından ibarettir. Bu altı çizili kavramlara dikkat edersek Allah'ın dünyayı nasıl görmemizden razı olacağını da anlarız.

Bütün bunlara rağmen Allah Teâlâ, dünyanın tamamen ihmal edilmesini de istememiştir; sınamanın tam gerçekleşmesi için dünyanın da ihmal edilmemesi gerekmektedir. Kullarının elinde dünya da bulunsun istemiştir ama ellerinde durması gereken dünyayı kalplerine koyanları da kaybedenler listesine geçirecektir.

Rabb'imiz, bütün insanların çok rahat anlayabilecekleri bir örnekle gözlerimizi açmayı murat etmiştir: Yağmur ve bitki. Yağan yağmur toprağı coşturur. Coşan toprak çiftçinin yüzünü güldürür ama bir zaman sonra yağan yağmurla beraber yeşeren bitki kurumaya yüz tutar. Sonra da toprak eski hâlini alır. Dünya da böyledir: Eline geçince yüzünü güldürür. Onu ekine döndüremezsen kurur gider, elinde iken sana ahireti kazandıracak bir nimet olduğu hâlde azaba neden olur.

Dünyayı ahiret kazancına sebep olarak kullanamayanlar, dünya yüzünden kesinlikle azap göreceklerdir. Nitekim onu ahiret kazancına sebep yapanlar da ebedî bir cennet nimetinin vesilesine dönüştürürler dünyayı.

Çullanma

Dünya nimetlerinin üzerine çullanan Müslüman, başka bir göstergeye gerek bırakmayacak bir işaret üzerinde bulunmaktadır. Siyasi, ekonomik ve sosyal menfaatler üzerindeki hırs bu çullanmanın göstergesidir. Aslı helal olan ama elde ediliş tarzı helal olmayan imkânlar ya da abartılan mübahlar bu yola kayışı gösterir. Üç günlük dünyayı ebedîleştirme sonucuna götüren bir anlayış, ebedî saadet arayan bir insan için çelişki olacaktır elbette. Bilhassa haram sınırlarının zorlanması, mü'minlerin mü'min olmayanlar gibi iş yapması, kazanç elde etmesi, birbirlerinin hukukunu çiğnemesi dünyaya çullanmadır.

Tekâsür suresinin defalarca okunup üzerinde tefekkür edilmesine bu dönemde ne kadar da muhtacız! Ölüm bile ürkütmüyor artık. Nasıl ürkütsün ki mezarlıklar bile yapılaşmadan, içine düştüğümüz bina yarışından nasibini almış durumdadır. Allah Teâlâ'nın bize, oyun ve eğlence olarak tanıttığı dünya, gaye ve hedef hâlini almıştır.

Şeytanın Yalanına Karşı Nebevi Gerçek

Şeytan, insanı bitmeyen bir fakirlik ve muhtaçlık korkusu altında tutmak ister. Bunun için de sabah akşam yalanlarla dolu bir propagandayı evde, camide her yerde enjekte etmeye çalışır. Biriktirmemeye, kısmaya teşvik eder. İştah kabartır. Tavize sürükler. Zillete bile razı ettirir. İster ki mü'min hiç dünyanın peşinden ayrılmasın. Sanki mü'min bir an dünyayı ihmal etse tamamen elinden gidecek zanneder.

Tek hakikati dillendirmek için gönderilmiş bulunan sevgili Peygamber aleyhisselam efendimiz ise yegâne hakikati kulaklarımıza haykırıyor. İnsan, esefle geçmişine yanacağı gün gelmeden onu dinlemeli, şeytanı itmelidir:

"Vallahi sizin için fakirlikten korkmuyorum ama dünyanın size açılmasından endişeliyim. Sizden öncekilere açıldığı gibi; onların dünya üzerinden yarıştığı gibi sizin de yarışmanızdan ve onları dünyanın helak ettiği gibi sizi de helak etmesinden çekiniyorum." (Buharî, Cizye, 1/3158; Müslim, 2961; Tirmizî, 2462; İbni Mâce, 3998)

İmam Müslim Sahih'inde, Peygamber aleyhisselamın bizim adımıza çekindiği hususu da beyan eden bir hadis rivayet etmektedir:

"Dünya tatlıdır, yeşildir. Allah size onu verecek ve ne yapacağınıza bakacaktır. Dünyaya ve kadınlara dikkat edin." (Rikak, 1/6948)

Şüphesiz Peygamber aleyhisselam efendimiz, kadınlara dikkat etmeyi tembihlerken onları göz hapsinde tutmamızı emretmemektedir. Kadınlarla ilgili ortama dikkat etmemizi ve bu dikkatin bir hayat anlayışı, yaşam tarzı olarak dikkatimizden kaçmamasını öğütlemektedir.

Uygulama

Tarihî menkıbelerin bize aktarılan sahnelerinde olduğu gibi, dağ başına çekilme ya da insanlardan kopup içine kapanma tarzında bir hayatın bizden beklenmediğini iyi bilmeliyiz. Dünyanın fırtınasına kapılmamak dünyadan kaçmakla değil ona esarete karşı uyanık bulunmak ve Allah'ın dinini yaşamakla mümkündür.

Bize fakirliği teşvik eden bir dinimiz yoktur. Meydanları Allah'ın düşmanlarına terk etmekle emredilmiş değiliz. Acziyetimizi itiraf edip bir kenara çekilerek imtihan kazanamayız. Eğer gaye Allah'ın rızasını kazanmak ise -ki mü'min için başka bir seçenek yoktur- yapacağımız bellidir:

1- İmanımızı güçlü tutmak için gerekenlere önem vermeliyiz.

2- Allah Teâlâ'nın rızasını kazanmak için her şeyden önce haramlardan mümkün olduğunca arınmış bir hayat yaşamaya mecburuz. Haramlardan ve harama götüren çevreden, nedenlerden arınmak zorundayız. Ve bu arınmanın da ancak güçlü bir direnme ile mümkün olacağını bileceğiz.

3- Haramlardan arındıktan ya da iyi bir arınma mücadelesi içinde olduktan sonra Allah'ın farzlarını yerine getirmek için yoğun bir himmet göstereceğiz. Tek bir farz bile ihmal edilmemelidir.

4- İmkânlarımız ve kabiliyetlerimiz doğrultusunda bir nafile birikimi oluşturmalıyız.

5- Mü'min kardeşlerimizle bağımızı güçlü tutmalı, sürekli yeni bir kardeş kazanma hamlesi içinde olmalıyız.

6- Yeryüzünde iman ehli olarak bulunmanın tabii bir gereğinin de küfürle mücadele içinde olmak, sürekli bir şekilde hak adına yaşamak olduğunu bileceğiz. Buna cihat denecekse cihat edeceğiz. Sabır denecekse sabredeceğiz. Direnme denecekse direneceğiz.

7- Hayatımızı iyi bir denge üzerinde yaşamaya çalışacağız. Dünyayı tamamen ihmal eden anlayış da yanlıştır dünyayı yüreğine sıkıştırmaya çalışan anlayış da. Mü'min, ahiret için çalışırken dünyadan da nasibini unutmayan insandır. Özellikle ekonomik ve siyasi alanların mü'minlerin ihmalleri nedeniyle mü'min olmayanlara terk edilmesi ayrıca bir vebaldir. İtfaiyeci mantığıyla dünyaya yaklaşabiliriz; yanmadan yangını söndürmek görevimizdir.

8- İslam'ın emirlerinden bir emir ya da hayatın gereklerinden bir gerek üzerine yoğunlaşmamız, diğerlerini ihmalimize neden olmamalıdır. İslam, sadece şundan ibarettir, gerisi ikinci sınıf olabilir denebilecek bir şey yoktur. Mesela her yıl haccetmeyi böylece bütün enerjiyi hacca harcamayı ya da her iki günde bir Kur'an'ı hatmedecek şekilde Kur'an okuyup çocukları, aileyi ihmal etmeyi benimseyemeyiz. Kulluk, emredilen her şeyi sahiplenmekle gerçekleştirilebilir.

Resûlullah sallallahu aleyhi ve sellemden rivayet edilen nazik bir dengelemeyi ölçü alabiliriz. Buyuruyor ki:

"Dünyaya tenezzülsüzlük, helali haram saymak veya malı zayi etmek değildir. Asıl dünyaya tenezzülsüzlük, sendekini Allah'ın yanındakinden daha iyi görmemen ve başına gelen bir sıkıntıdan dolayı elde edeceğin sevabın, sana göre o sıkıntıdan dolayı kaybedeceğin maldan üstün olmasıdır." (Tirmizî, Zühd, 29/2340; İbni Mâce, 4100)

İlahî İkaz!

Rabb'imiz, yarın hesabını soracağı imtihana karşı kullarını ikaz etmiştir. Günlük hayatın, uzun uzun emellerin, fasit çevrenin hengâmesine kapılıp bu ikaza kulak asmayanların yarın itiraz hakları olmayacaktır.

Bir de şuna dikkat edilmelidir:

İnsan, bu tür ikazları dinlerken şeytan, hedefe başkalarını koyarak ikazdan pay almayı engellemek ister. Herkes ikaza kendinden daha çok muhtaç olan birini bulup onun adına vahlanır. Hâlbuki herkes kendinden daha iyilerine bakarak gayretlenmeli veya dönüş yapmaya çalışmalıdır.

İşte ilahî ikazlar:

"Ey insanlar!

Şüphesiz Allah'ın vaadi gerçektir.

Sakın dünya hayatı sizi aldatmasın. Sakın çok aldatıcı, (şeytan) Allah hakkında sizi aldatmasın." (Fatır, 5)

"Mallar ve evlatlar, dünya hayatının süsüdür.

Baki kalacak salih ameller ise Rabb'inin katında, sevap olarak da ümit olarak da daha hayırlıdır." (Kehf, 46)

Kalplerimizdeki Hançer: Liberalizm

İnsanın tabii haklarından ve ihtiyaçlarından biri olan hürriyeti putlaştıran anlayış olarak liberalizm içimize bir hançer gibi saplanmıştır. Allah'ın nazarında bir hiç olan bizim nazarımızda da ahirete gidiş için gerekli bir güzergâhtan başka anlam ifade etmeyen dünyayı ve dünyalığı putlaştıran bu anlayış, her gün biraz daha kök salmakta ve bizi, akidemizi kemirmektedir.

"Ne istiyorsam onu yaparım." şeklinde özetlenebilecek liberal anlayış, devleti bile bir kenara itmekte ve hizmetçi ya da muhafız durumuna getirmektedir. Nefislerin de hoşlanacağı bu düşüncenin bir anda yayılmasında elbette şaşılacak bir şey yoktur. Herkes kendi başına bir devlettir âdeta. Ferdiyetçilik abartılmış, İslam'ın ruhu olan cemaat idraki aşağılara çekilmiştir.

Akılcılık öne çıkmış, iman sahibi insanlar bile ayet ve hadislere karşı cüretkârane bir dille "bana göre" diyerek karşılık verebilmişlerdir. Önceleri Ümmet'in büyüklerine Ebu Hanifelere karşı ayaklanan liberal kafa, işi sonunda hadislere ve ayetlere uzatmaya götürebilmiştir. Buna rağmen Ramazan'da herkes takva, hacca gidip geçmişi paklamak herkesin hakkı!

Liberalizmin içimize sızmasını siyonizme yıkmanın bir kurtarıcılığı yoktur. Evet, başı çeken güruh onlardır. Onlar pek çok fitne gibi bunun da başıdırlar. Fakat bizim de bidatlerde sakınca görmeyen anlayışımızın bedelini kabullenmemiz gerekiyor. İbadeti ve kulluğu kalplere gömüp, siyaseti ve ticareti dinin dışında gören anlayışa karşı sessizliğimizin akıbetini başkalarına yüklememiz doğru mudur?

Emri bilmaruf ve nehyi anilmünkeri hocaların vazifesi olarak gören tutumumuzun hiç mi kötü sonucu yoktur? Ümmet'i bugünlere taşıyan mücahit ve muttaki kadroların dillere dolanmasına sessiz kalınışın da mı sonuçlarını üstlenmeyeceğiz? Zahidlerin ve âbidlerin yerine yöresel şahsiyetlerin örnekler olarak yerleşmesi de mi suçumuz değil?

Eğer bugün, şu sistem de İslam'a uygun olabilir diyebiliyorsak, Allah'tan başkasının kullarına hükmetmesini, bizim grubumuzun, cemaatimizin yüksek menfaatleri gereği önemsiz bir iş olarak görebiliyorsak sonuç normaldir.

İşte içimize sızan liberalizm ve onun yavruları olan bencillik, ben eksenli hayat anlayışı, putlaşan dünya nimetleri, doyumsuz zevklerimizi ilahlaştırışımız. İşte liberalizm; demokrasinin yavrusu, Avrupa standartlarının gereği!

Kış Ortasında Buzlar Neden Eridi?

Mü'min, kavgacı, geçimsiz bir insan değildir. Bilakis hayırlı mü'min, geçinen ve geçinilebilen insandır. Mü'min, gelenin şamar oğlanı da değildir. Hakkını arayan, hakkı ayakta tutan insandır.

Mü'min, Allah'ın dostlarını dost, düşmanlarını da düşman bilir. Onlar Allah'a düşmanlık yaptıkları sürece onlarla muhabbet gösterisi içinde olmaz. Çünkü hem Allah'tan yana olmak hem de O'nun düşmanlarına el uzatmak aklın kabul edeceği bir tavır olmaz. Bu olsa olsa münafıklık hastalığı olur.

Bu nedenle mü'minler Peygamber aleyhisselam zamanından beri iki bloklu bir dünyada yaşadılar: Mü'minler ve mü'min olmayanlar. Bu bloklaşmanın fıkhı da oluştu. Kur'an ve hadisler böyle bir tarz belirledi mü'minlere.

Yaşadığımız zamanda mü'minlerle mü'min olmayanlar arasında bir farkın olmaması için ısrarla uğraşanlar neyin peşinde olabilirler? Hâlbuki kış şartları yani küfür tarafının İslam düşmanlığı aynıdır; ne kalktı ne de azaldı!

Kılık kıyafetten yemeye içmeye, konuşmadan örfe kadar her şeyde iman farkı olması gerekirken bu fark gitgide erimektedir. Bu erime, mü'min olmayanların mü'minlere yaklaşması şeklinde olsaydı sorun olmayacaktı. Onlar hiçbir yaklaşma göstermedikleri hâlde mesafe erimektedir. Endişe verici olan da budur.

Zevklerde ve günlük yaşantıda bir benzeşme caiz olmasa da bunun aklen izah edilebilir yönü vardır ama akidede benzeşmenin ya da akidedeki farkların eritilmesinin ne aklen ne de dinen izah edilebilir bir yönü yoktur.

Mü'min Seviyesi

İmanla şereflenen bir insan dünyada doğar, dünyada yaşar ama ahirette ebedî bir hayat için mücadele eder. İman nimeti ile şereflenmeyen biri ise dünyada doğar, orada yaşar ve orada kalacak olan umutlar ve hayâllerle yaşayıp ölür. Ebedîlik düzeyinde bir hayâli yoktur onun.

Mü'min ile mü'min olmayan arasında bu açıdan bakıldığında ebedîlik ile fânilik kadar fark olması pek tabiidir. İki farklı gözün gördüğü, iki farklı kalbin kavradığı kesinlikle aynı değildir. Dünyayı istasyon gibi görmekle ebedî karargâh gibi görmek arasında muhakkak fark olacaktır.

İncelendiğinde mü'min insanın tefekküründe, mü'min olmayanın tefekküründe görülmeyecek ayrıntılar izlenebilir. Birinde sırf kendisi ve kendisi etrafında dönüp duran kısır görüşler vardır. Onun planları uzun vadeli olmayan, madde etrafında yoğunlaşan, bağlantılı olduğu akrabası ve benzeri yakınları ile daralmış, sınırlı planlardır. İnsanlık kadar geniş değildir. Melekleri ve cinleri de kuşatamaz onun beyni.

Mü'min ise çok farklıdır. Mü'minin kapasitesi, değil insan nevinin tümünü kuşatmak, meleklerin ve cinlerin hatta bütün hayvanatın yer bulabildiği bir kapasitedir. Ahirete yönelik çalıştığı için dünyevi süreçte olup bitenleri nihai kazançlar veya zararlar olarak görmez. Fâni dünyanın fâni kârları veya zararları diye baktığı olaylara takılıp kalmaz. Ufku geniş, göğsü geniş biridir o. Sofrasında doyanlarla o, bir kere daha doyar. Onun yemeği yenmekle azalmaz gözünde. Dertlilerin derdi onun derdini abartmaz.

Mü'min Âdem'in çocuğudur; beşer standartlarında yaratılmıştır ama yüksekleri hedeflediği için, ebedîliğin peşinde koştuğu için kısır döngüye dönüşen sorunlara takılıp kalmaz. O kadar ki rızık bile onun takılıp kaldığı bir sıkıntı değildir. Elinde avucunda varken de böyledir o, eli sıfırken de böyledir.

Âlihimmettir Mü'min

Mü'min, kıyametin koptuğunu görse bile elindeki fidanı dikecek kapasitede heyecanlı ve istikrarlı işlerin sahibidir. O azimde ve dirençte bir beyin taşır.

Mü'min, "Allah ve rızasından aşağı" hiçbir şeyde mutmain olmayan bir seviyenin sahibidir.

İbadetinde o yüksek himmet vardır. Yapmayı arzuladıkları, yapabildiklerinden çok daha fazladır. Onun günü yüz saat bile olsa arzuladıklarını yapmaya yetmeyecek kadar ibadet düşkünü ve tutkunudur.

Mü'min, kendisine güvenilen, destek olarak görülen bir kişilik oluşturmuştur.

Üretken, imkânlardan en üst seviyede istifade eden, yokları varlaştıran, çevre oluşturan bir anlayışla bakar hayata. Bu hâliyle de imrenilen bir örnektir o. Asla toplumun seviyesinde kalmayı kabullenemez; güdülenler arasında bir güdülen olamaz. Ekonomik imkânlarını geliştirmek için çareler araştırdığı gibi kimliğini üstün tutmak, imanın farkını yansıtmak için de sürekli bir arayış içerisindedir. İş bitirir, iş görür.

Âlihimmet Olma Yolu

Âlihimmet olma doğuştan değildir. Eğitim ve mücadele ile gelişir. Aile, çevre, düşünceyi etkileyen faktörler kişinin üstün himmetli, büyük gayeli ve yüksek enerjili olmasını veya olmamasını sağlamaktadır.

İnsan için düşmemek, yorulmamak yoktur. Muhakkak düştüğü, yorulduğu olur. Âlihimmet sahibi de düşer ama düştüğü yerde kalmaz; doğrulup yoluna devam eder. Düşme nedenlerini araştırıp onları düzeltir.

Aile ortamı en önemli gelişme noktamızdır. İyi veya kötü yönlerimizi oradan alabiliriz.

Allah'ın yardım etmediği kimse o uzun yolda sürekli yürüyemeyeceğinden yüksek seviyeli, imana uygun şahsiyet sahibi olmak için samimi dua etmek gerekir.

Sürekli bir muhasebe içinde olmak gerekir. Ümmetin geçmiş büyüklerinin hayatını öğrenip, kendini onlara kıyas ederek sürekli bir yenilenme ve heyecan tazeleme de gerekmektedir. Bulunduğu noktayı yeterli gördüğünde düşüşe geçmiş sayılacaktır.

Âlihimmet olmanın en tabii şartlarından biri de âlihimmet bir çevrede kalabilmektir. Düşüklerin arasında yüksek kalabilmek tabiata aykırıdır. Elbette çevreyi o, çevre de onu oluşturacaktır ama bu mücadeleyi gayesi büyük olan yapmak durumundadır.

İşi vaktinden çok, hedefi büyük olanların en önemli karakterlerinden biri hayatlarını öncelikliler ve önemliler şeklinde çizdikleri planlara göre yaşamalarıdır. İbadetlerinde bile bu ayrım vardır. Önce farzlar ve diğerleri diye ayırırlar. Sonra da farzların arasında da ayni ve kifai olanlar şeklinde bir ayrım yaparlar. Ayni olanları da en önemliler ve önemliler şeklinde tasnif ederler. Böylece yaptıkları işler, az enerji ile çok iş bitirme sonucunu getirir. Zamanı daha iyi kullanırlar.

Seviye düşürücülere karşı hassastırlar. Sılayı rahmi ibadet görürler ama akraba ziyaretini kuru bir ziyaret düzeyinde tutmazlar. Hedefsiz bir ortamda bulunmayacağı için sılayı rahmi de bir taşla birkaç kuş vuracak düzeyde ve yoğunluktadır. Arkadaş ortamları için de geçerli bir prensiptir bu.

Mübahlara dalıp gitmek de seviye düşürür; yükselmeye ve ilerlemeye büyük bir engel teşkil eder. Mübahlar her ne kadar serbest işlerden oluşuyorsa da sınırsız serbestliklerin önce takvayı ardından da hedefleri erittiğini bilmek gerekmektedir. Serbestlikler bir süre sonra kuralsızlığı ve kurala karşılığı getirmektedir.

Âlihimmet olanda "sonra" yoktur. Tembellik kadar, ertelemek de ona yasaktır. Her şey zamanında ve yerinde olmalıdır.

Asla umutsuz değildir mü'min. Kıyamet anına kadar tükenmeyecek bir umut, onun en önemli heyecan kaynağıdır. Cesaret ve şecaat kaynaklarından biri de budur.

Kur'an ve hadis başta olmak üzere bilgisini sürekli tazelemesi mü'min için sürekli yeni kalma, hedeflerinde eskimeme anlamına gelmektedir. Dünya kültüründen de yoksun kalmamaya önem vermesi gerekir.

Özellikle büyük günahlar ve küçük günahların umursanmaması seviye yükselmesine mânidir. Günahlardan ve günah üreten ortamlardan, sebeplerden uzak kalmaya çalışmalıdır.

Yaşadığı toplumun baskılarına, onu anlayamamalarına karşı hazırlıklı olmalıdır.

Gelgitler Arasında Seviye Mücadelesi

Mü'min, sürekli bir imtihan içindedir; bu şuur onun en büyük yatırımıdır. Bir an bu şuuru yitirse hemen düşüşe geçer. Hangi seviyeye gelirse gelsin, geçmişi daha iyi değerlendirebileceği hissiyatı onu biraz daha çok çalışmaya sevk eder.

Mü'min, dünya mü'minlerinin sorunlarını kendi sorunu olarak bilir ama o sorunlar içinde eriyip gidecek bir keşmekeş içinde olmaz. Çareleri konuşur, kendi muhitinden büyüyerek açılan bir çözüm dalgası üretmeye çalışır.

Mü'min için seviyesini yükseltmek bir hayâl değildir. Her insanın yapabileceği bir iş muhakkak vardır. Zenginin parasını kullanarak seviyesini yükseltmesi mümkündür. Malı olmayan da bedenini, evini, düşüncelerini dininin hizmetinde tutarak seviyesini yükseltir. Hiçbir şeye muktedir olmayanın da duası vardır en azından. Okuyarak, dinleyerek, görerek ufkunu genişletmesi de yükselme başlangıcıdır. Bir vakfın, derneğin samimi müntesibi olarak yaşamak bile emelleri gösteren iyi bir işarettir.

Mü'min, Allah'ın razı olduğu en güzel amelin az bile olsa sürekli olan amel olduğu gerçeğini hiç unutmamalıdır. Ara sıra büyük işlerden daha iyisi sürekli olanı yapmaktır. Yorulmak da insanidir. Yorulmaya karşı bir tür dinlenme planı hazır olmalıdır. Şu kadar ki dinlenmeyi de bir çalışma çeşidinden geliştirmek âlihimmet olmanın gereğidir.

Seviye Mücadelesi

İnsanın yeryüzüne ayak bastığı günden beri Âdem'in çocukları bir seviye mücadelesi vermektedir. Bu mücadele bazen hakta kalma mücadelesi olarak ortaya çıkarken bazen de hakkın içinde kalanlar arasında seviyesi yüksek olanlardan olma mücadelesi olarak gerçekleşmektedir. Mü'mine yaraşan sıradan biri olmaya rıza göstermek yerine sıra oluşturmak, iyileri geçmeye çalışmaktır.

İman Tarafı Olmak

Allah Teâlâ'nın tevhit ve şirk konularından sonra üzerinde en yoğun durduğu konunun, mü'minlerin kâfirlerle mesafeli durmaları ya da mü'minlerle mü'min olmayanlar arasında kapatılamaz bir mesafenin bulunma mecburiyeti meselesi olduğunu söylememizde hiçbir sakınca yoktur. Mü'minler, kendileri gibi iman etmeyip "diğerleri" tarafında kalanlarla bir arada, onlardan etkilenecek bir ortamda bulunmamalıdırlar. Aksi takdirde imanın dünya hayatında tezahür eden bir yönünün bulunmayacağı, iman kardeşliğinin tezahür etmeyeceği, şeytanın şirin göstermekte zorlanmayacağı küfrün iman ehlini etkisi altında bırakabileceği gerçeği gün yüzüne çıkacaktır.

Mü'minlerle mü'min olmayanlar kesinlikle bir toplumun içinde beraber yaşayabilirler. Bunun dinî bir engeli yoktur. Aynı trende yolculuk yapabilir, aynı handa iş yeri işletebilir hatta bir şirketin iki ortağı da olabilirler ama bu hiçbir zaman bir mü'min ile öbür mü'minin beraberliği gibi olmamalıdır. İman gibi bir fark, onu taşıyanla taşımayan arasında hayatın içinde görülebilecek kıvamda değilse Allah'ın bizden beklediği iman olmaktan uzaktır. En azından böyle bir iman, iman kavramının içini doldurmaktan uzaktır. Bu mesele, Kur'an'da çok açık bir şekilde görülebilir.

Yaşadığımız çağın bize açtığı sorunlardan biri, küfür ehli ile beraberliğimizi sorunsuz, engelsiz duruma getirecek şartlara itilmiş olmamızdır. Öte yandan Kur'an'ımız, aradaki buzların eritilmesini önemli bir akide sorunu olarak önümüze koymakta ve iman etrafında listeleştirilebilecek kavramlarla uyarı konusu hâline getirmektedir.

İman ve imansızlık iki ayrı cepheyi simgelemektedir. Bu iki cephe arasında -medeni ölçüler dairesinde kalması istenmiş olsa bile- bir buzul bölge muhakkak korunmalıdır. O buzul bölgenin mevsim şartları kışı gösterdiği hâlde erimeye yüz tutması mü'minler açısından tehlike oluşturmaktadır. Küfür cephesinin İslam'a ve Müslüman'a bakışında hiçbir değişiklik yoktur. On asır önce ne idiyseler bugün aynı durumdadırlar.

Belki de daha da kindar ve daha planlı düşmanlıklar taşır durumdadırlar. Onlar İstanbul'un İstanbul olmasını hiçbir zaman içlerine sindiremedikleri gibi onu geri almaktan yeniden Konstantiniye yapma emelinden de vazgeçmiş değildirler. Onların içlerindeki kin ve imha ruhu değişmemişken hatta daha derin bir şekilde sistemleşip örgütlenmişken ve bu hissiyatlarını büyük organizelerle dışa vururken mü'minlerin aradaki mesafeyi kaldırması, Rablerinin emrine ve ikazına rağmen onlarla aradaki buzları eritmeleri düşündürücüdür.

Şüphesiz Allah Teâlâ, mü'minleri gördükleri kâfiri ezmelerini emredecek bir kabalığa sevk etmemiştir. Sevmemekle düşmanlık yapmak, veren olmakla alan olmak, sosyal ilişkiler içinde olmakla onların kültüründe erimek arasındaki çizgiyi koruyamamanın sıkıntısını yaşıyoruz. Hatta daha da ileri gidip, kültürle akideyi, ibadetle onların yaşam tarzını, ticaretle sömürülmeyi karıştırmaktan da söz etmemizde bir sakınca ne yazık ki yoktur.

Özellikle siyaset etrafında yoğunlaşan nedenlerden ötürü, mü'minlerin küfür ehli ile kaynaşması, kültürümüzün; kültürleri içinde eriyip gitmesi, akidemizin onlardaki bize göre merdut olan fikirlerin etkisinde kalması olarak görebileceğimiz sonuçlar belirmiştir. Müslümanların geçmişlerinin Allah rızası için ve övünerek gerçekleştirdiği fetihlerden dolayı arlanacak durumda olması bundandır.

Her Müslüman'ın Kur'an'da açık bir şekilde görebileceği iman hakikatlerini gizleme, ulu orta dillendirmeme ihtiyacı hissetmesi de bundandır. Âdeta İslam, kadın düşmanı gibi algılanır olmuşsa başka bir nedene gerek yoktur. İslam'ın faizle savaşmasının, alkolle savaşmasının izah edilemiyor gibi gösterilmesine başka ne gibi gerekçeler bulabiliriz?

Tarihi sürece dalmadan sadece Kur'an ayetlerindeki seyre bakarak da küfür ehli ile aramızdaki mesafenin gitgide kısalmasının bizim açımızdan neler getireceğini kestirebiliriz.

Kur'an üzerinden yapacağımız bir incelemede şu hususların mü'minlerin gözünden kaçmaması gerektiğini, eğer Rabb'imizin bizi imanımızla sınayacağına inanıyorsak bu sınama alanlarından birinin de bizden olmayanlarla ilişkilerimiz olacağını müşahede edebiliriz.

1- Bakara suresinin 257. ayeti, iman edenlerin Allah ile bağlantılarını vurgularken kâfirlerin de tağût etrafında birleşeceğini haber vermektedir.

2- Nisa suresinin 138-139. ayetleri ise mü'minleri bırakıp kâfirleri dost edinenleri azapla müjdelenmiş münafıklar olarak göstermekte ve ardından da "onların yanında bir onur arayışında mı" olduklarını sormaktadır. Ayet, açıkça mü'minleri bırakıp kâfirlerle iç içeliği münafıklık olarak öne çıkarmaktadır. Elbette buradaki "mü'minleri bırakmak" ve "kâfirleri dost edinmek" yüzeysel anlaşılabilecek kavramlar değildir. Ama neticede "mü'minleri bırakmak" olabilecek şeylerin, tutumların bedelinin münafıklardan olmak, Allah'ın azabına müstahak olmak olduğunun da bilinmesi gerekmektedir.

3- Âli İmran suresinin 28. ayeti ise, mü'minleri ikaz ederek: "Mü'minler, mü'minleri bırakıp kâfirleri dost edinmesinler." demektedir. Ardından da bunu yapanların Allah'a karşı bir yanlış yaptıklarını bildirmektedir ayet. Nitekim Maide suresinin 80-81. ayetleri de daha önce böyle bir hata içinde olan Yahudilerin durumunu haber vererek akıbetlerine dikkatimizi çekmiştir.

4- Maide suresinin 51-52. ayetleri, isimler vererek mü'minlerin kâfirlerden uzak durmalarını emretmektedir.

Bu iki ayetin ihtiva ettiği hükümleri şu şekilde özetlememiz mümkündür:

Yahudileri ve Hristiyanları dost edinmek yasaklanmıştır.

Gerçekte onlar birbirlerinin dostlarıdırlar.

Kim onları dost edinirse onlardandır.

Allah zalimleri hidayete erdirmez.

Kalplerinde hastalık bulunanlar, onlara kaçamak yapmak isterler ve bunu da gücün onlara geçmesi durumuna karşı bir tedbir olarak yaptıklarını söylerler.

Bu çelişkilerin sahipleri, Allah'ın hükmü gerçekleştiği zaman içlerindeki hıyanetten pişman olacaklardır.

Ayet, önemli bir hakikate dikkatimizi çekmektedir: Bizim onlarla ilişkilerimizin onların içindeki küfrü yok sayarak devam etmesinin en önemli sakıncası, onların birbirlerinin dostları olmalarıdır. Yani onların birbirlerinin dostları olmaları, bizim onların içinde doğal bir dost olarak bulunmamızın bizim ve onlar açısından doğal olmayacağı gerçeğine dayanmaktadır. Bu nedenle, onlarla dost olanlar için "onlardandır" deyimi kullanılmıştır. Zira onlar, kendilerinden yapamadıkları kimse için beraberlik zemini oluşturmazlar. Nasıl mü'minlerin hedefi, bir mü'min daha kazanmak ise onların da şeytanlarından aldıkları talimat "bir kâfir daha kazanmak" şeklindedir.

5- Tevbe suresinin 23. ayeti ise küfrü yeğleyenler babalar ve kardeşler seviyesinde yakınlardan bile olsa dostluk bağının geliştirilmemesini emretmektedir. Ve onlarla dostluk geliştirmenin zalimlerden olmakla sonuçlanacak bir tavır olacağı ayette hükme bağlanmaktadır.

Burada önemli bir hususun ayetin muhtevasının anlaşılmasına katkıda bulunacağını düşünebiliriz: Yine Kur'an'ımız, müşrik bile olsalar anne-babalara iyi davranılmasını emreder. Burada ise, onlarla dostluk ilişkilerine bir sınır getirilmektedir. Elbette bir çelişkiden söz edemeyiz çünkü Kur'an'ımız hiçbir şekilde küfür ehli ile ilişkilerimizin esastan sonlandırılmasını istememiştir.

Bizden istenen, akidemizin onların küfür bataklığı içinde zarara uğratılmaması, onların küfrünün cazip olabileceği zeminlerden uzak kalınmasıdır. Hayat devam edecek ve küfür ehlinin de bulunduğu ortamlarda yaşanacaktır. Batılın tamamen yok olacağı bir dünya hayâl edemeyeceğimize göre batılsız değil batıla ezilmeden yaşayacağımız ortamlar istenmektedir bizden. Bunun için Müslüman'dan istenen ebeveyni ile savaşmak değil, ebeveynin bile olsa kimsenin küfrünün ve şirkinin etkisi altında kalmadan Müslüman olarak yaşayıp ölmektir. Belki de burada iyi anlaşılması gereken bir durum, Müslüman'ın iman onurunu korumakta yanlışa düşebileceği noktalara karşı uyarılmasındaki hikmetlerin kavranması durumudur.

İman ve küfrü iki ayrı cephe olarak görmek, bu cepheler arasındaki sürtüşmenin ebediyete kadar süreceğini, sürtüşmenin genellikle savaşlardan çok, kültürler arası sürtüşmeler olarak ortaya çıkacağını idrak etmek demektir. Dinimiz, savaşta mağlup olmaktan çekinen Müslüman'ın yabancıların kültürü önünde ezilmiş durumda olmaktan da çekinmesini istemektedir.

6- Mümtehine suresinin 1-4. ayetlerinde ise daha ayrıntılı bir emirler silsilesi vardır. Bu ayetlerdeki hükümleri şu şekilde sıralamak mümkündür:

Birinci ayet, kâfirlerle dostluğu menederken "düşmanlarım ve düşmanlarınız" ifadesini kullanmaktadır. Bir yandan ikaz yapılırken bir yandan da Allah'ın düşmanının tabii olarak mü'minlerin de düşmanı olacağı belirtilmektedir çünkü ayet, "Ey iman edenler!" şeklinde başlamaktadır. "Ey iman edenler"den sonra, "düşmanlarım ve düşmanlarınız" ifadesi gayet açık bir hükmü belirtmektedir.

Küfür ehlinin, mü'minlere gelen hakkı inkâr ettikleri, onların Peygamber'ini ve onları sürgün edebilecek karakterde oldukları, üstelik de bunu sadece Rableri olan Allah'a iman ettikleri için onlara reva görmüş olmalarını bile bile onlarla dostluk bağının kurulmasının yanlışlığı ikaz edilmektedir.

Cihat gibi bir görev esnasında onlara taviz olabilecek sempatik görüntülerin verilmesinin yoldan sapmak olacağı öğretiliyor.

Kâfirlerin, mü'minleri ele geçirmeleri hâlinde dişe gelir bir düşmanlık yapacakları, elleriyle ve dilleriyle zarar vermekten kaçınmamakla beraber mü'minlerin de kâfir olmalarını temenni edeceklerini tembih ediyor ki küfür ehli ile mesafeli durmanın önemi bu ikazda daha açık okunmaktadır.

Kıyamet gününde akrabalar, çocuklar kimseye bir yarar sağlayamayacaklardır.

İbrahim aleyhisselamın müşrik olan babasından kopması, ona mesafe koyması bütün mü'minler için iyi bir örnektir.

Üç Örnek

Kur'an'ımızın üç örneği nesillere iyi öğretilmelidir. Bu üç örnek, küfre karşı en vakur duruşu sergilemekle Kur'an'ımızın örnekleri arasında olmuşlardır.

İbrahim aleyhisselamın babasının da bulunduğu bir sisteme ve kitleye karşı imanî duruşu.

Ashabı Kehf'in içinde bulundukları sarayın debdebesine rağmen şirke karşı imandan yana sergiledikleri büyük duruş.

Firavun gibi bir zalime karşı tek başına direnç gösteren Âsiye.

Erime Çeşitleri

Kâfirlere karşı imanın vakarını kaybetmenin her çeşidi mü'min için tehlikelidir. Mü'min kendini korumalı, çevresinin mü'min çevre olmaktan çıkmasına karşı hassas olmalıdır.

Şu da bilinmelidir ki mü'min bir kere erimeye yüz tuttuktan sonra geri dönüşü zor olan bir yola girmiş olur. Her gün yeni bir gerekçe, her olay yeni bir dayanak üretir. Mü'min de erimeye devam eder.

Küfre Rıza Küfürdür

Kâfirlerin bulunduğu bataklığı, onların hakkı olan bir doğallık olarak görmek yani onları Allah'ın razı olmayacağı hâlde kalanlar olarak görememek, onlara karşı kendi içinde tereddütler taşımak ciddi bir tehlikedir. Onların ideolojik oluşumlarının etkisinden habersiz olarak içlerinde bulunmak da sonu küfürlerine rıza göstermeye götürebilecek bir yanlıştır. Mü'min, kâfirlerin teknik ve medeni donanımlarından yararlanmak, onlarla ticaret yapmakla onların açık veya gizli fikirlerine yerleşmiş olan inkârcılıklarını ayırt etmelidir.

Onlarla yardımlaşma "insaniliği" açık alanlarda olmalı ve o kadarla sınırlandırılmalıdır. İnançlarının -velev ki basit görmekten kaynaklanan- ciddiye alınmazlığı mü'min için sakıncadır.

Yeni gelen nesillerin onlarla aramızdaki iman farkından ve onların ebedî cehennemlikler olarak tasnif ediliyor olmalarından habersiz olmaları ise daha ağır bir hataya bile bile razı olmak olsa gerektir. Futboldan internete kadar her ne, onlara karşı içimizdeki, "Allah'ın sevmediklerinden oldukları" gerçeğini eziyorsa bu bizim için de yetiştirmekle mükellef bulunduğumuz nesillerimiz için de tehlikedir.

Onlara yaklaşmak, onlarla yersiz ve gereksiz muhabbetlere, tartışmalara açılmak bu türden hatalar arasındadır. Bilhassa mü'minlere karşı onların yanında olmak şeklindeki bir tavır faciadır. Onların emreden konumunda olmaları ise bu facianın kökleşmesine neden olacaktır.

Zulümlerine yardımcı durumunda olmak, sömürülerine alet olmak, onları över durumda olmak da faciayı derinleştirir.

Bir önemli mesele de dinimizi eğlence konusu yaptıklarında, onların çılgınlığına karşı dinimizi müdafaa edemiyor olmak, üzerinde çok düşünülmesi gereken bir husustur.

Başkalarını Zengin Etmek

Teknolojide geri kalmış uluslar, bu yarışı geçen ulusların ürettikleri malları tüketirken onlara esaretlerini perçinlemiş olmaktadırlar. Müslümanların başka milletlere ve özellikle Müslümanlarla savaş durumunda olan milletlere ait malları tüketirken hatta onlardan gıda alırken bir çelişki içinde kaldıkları ortadadır. Son zamanlarda "Onların mallarını tüketmeyelim." şeklinde özetlenebilecek bir protesto türü gelişmişse de ne yazık ki bu protesto hayat gerçekleri ile yüzleşince yerli yerine oturtulamamıştır.

Fıkhın koyacağı kuralı uygulayabilecek bir ortam ve imkândan mahrum yaşadığımızdan meselenin bir fıkıh konusu olarak ele alınması da yeterli çözüm getirmemektedir. Buna rağmen, Müslümanlara düşman ulusların ve güçlerin mallarını tüketmekle ilgili bir takvim koymamız mümkündür.

a- Müslüman'ın kâfirle alışverişi ilke olarak serbesttir. Aradaki akit konusu helal bir eşya ise ticaret helaldir. Bundan, kâfirin Müslüman'a karşı kullanabileceği silah veya silaha dönüşebilecek bir şeyin ona satılması istisna tutulur. Kâfirlerin ürettiği ve zorunlu olarak tüketilecek ürünlerin de zorunluluk gereği tüketilebileceği ortadadır.

b- Elde edilecek gelirin Müslümanlara karşı silah olarak kullanılacağı belli olan bir eşyanın kâfirlerden veya onların bayilerinden alınması elbette yanlıştır. Küfür propagandası amacıyla kullanılacağına dair bir belge bulunmayan eşyanın tüketilmesi için böyle bir kuralı mecburileştirmeye, yeterli belge yoktur.

c- Her hâlükârda Müslüman üretmeli ve satmalıdır. Ticareti güç olarak kullanan Müslüman olmalıdır. Bunu yapamayan Müslüman'ın protesto etmesi bile zordur. Nitekim bu konudaki hamleler başarıya ulaşamamıştır.

Akide Tartışılmazın Adıdır

İslam, bizim müntesibi olmakla şereflendiğimiz ama muhtevasına müdahalemizin olmadığı bir dindir. Zaten din de beşerin el sürmediği, olduğu gibi vahiy ürünü olan sistemin adıdır. Asılları itibarıyla vahiy menşeli oldukları hâlde Yahudilik ve Hristiyanlığın, ittiba edilebilir bir din olmayı kaybetmelerinin ana nedeni, beşer elinin muhtevasına değmiş olmasıdır.

İslam'ın, "Müslüman Müçtehitler" için açık bıraktığı içtihat kapısından bakıldığında bu hakikati başka bir zaviyeden şu sonucuyla müşahede ederiz: Ahlak, ibadet ve muamelat konularında, temel Şeriat esaslarını zedelememek kaydıyla, zaman ve mekân itibara alınarak içtihat yapılabilir.

Fertten ferde, farklı hükme ulaşılabilir. Müçtehitler arasında, birbirinin kararını bozacak ahkâma da rastlanabilir ama nasların belirlediği akide konularında içtihattan söz edilemez. Mesela meleklerin iman konusu olması naslarla belirlenmiş bir başlıktır. Zamanın ve mekânların farklılığı, bazı Müslümanların özel durumları, melekler hakkında, vahyin indiği günlere göre farklı düşünmeye sevk edemez.

Temel akide meselelerinde, nihayetinde beşerî kimliği ile konuşan müçtehitlerin bile içtihat etmesi, dinin ebedîliğine ve evrenselliğine, zaman ve mekân üstü telakkisine mânidir. Burada hassasiyetle tespit edilmesi gereken bir izahı da kaydetmiş olalım: Zamanın ve farklı mekânın getirdiği sorunlardan birinin İslam âlimleri arasında tahlil edilmesi, farklı zaviyelerden incelenmesi mümkündür. Kelam ilmine mahsus kitapların fihristlerini dolduran meseleler de bu tür meselelerdir. Fakat tevhidi, nübüvvetin hitamını ve benzeri kati konuları ihtiva eden bir tartışma yapılamaz. Konuları esastan tartışılan bir akide, İslam akidesi değildir.

İnsani konularda, diğer din mensuplarıyla ortak paydalarımızın bulunması, insani yardımlaşmaya sıcak bakmamız hatta böyle bir yardımlaşmayı teşvik ediyor oluşumuz, akidemiz ve muamelatımız konusunda aynı zaviyeyi kullanmamızı gerektirmemektedir.

Ehlikitabın yemeğini yememize izin verilmiş olması, bize haram olan nesnelerin onlarla ilişkimiz yüzünden helal görülmesi gibi bir tavize götüremez. Bizim, başkalarıyla ilişkilerimizin iyi düzeyde tutulması hatta Kur'an'ımızın bunu emretmesi ile dinimizin başkalarının zevklerine uygun hâle getirilmesi asla aynı şey olamaz. İnsanlar olarak biz, bir çizgide buluşabiliriz. Dinimizin diğer dinlerle buluşabileceği bir çizgiden söz edemeyiz. Din sabittir. Temel maddeleri beğeniye sunulmuş da değildir.

Müslümanların siyasi ve askerî hezimetlerinin getirdiği eziklik kompleksinin telafisi için tercih edilen usuller arasında Allah'ın dinini evirip çevirme olmamalıdır.

Yeryüzünde bugün İslam'dan başka ibadeti cehennem azabından kurtaracak bir din yoktur. İslam, bugünün hak dini olduğu gibi kendinden önceki dinleri de neshederek gelmiştir. Bu kuralın en tabii iki sonucu şudur:

a- İslam'ın getirdiği kitap Kur'an, yegâne hak kitaptır. Kur'an da kendinden önceki kitapları neshetmiştir. Kur'an'ın gayrısı kitap olarak anılabilir ama Allah'ın kitabı olarak kati bir bakışla ele alınamaz. İsim benzerliği hatta aynılığı, içerik tasdiki anlamına gelmemektedir. Kur'an dışındaki kitaplar için, insan elinin değmiş olma riski çok yüksektir. Bütünüyle muhafaza edilmiş bir kitapla, olduğu gibi kalmış tek bir ayeti te'kit edilemeyen kitapların aynı rafta durmaları bile mümkün olamaz.

b- İslam'ın peygamberi olan Muhammed aleyhisselam da bütün peygamberlerin sonuncusudur. Peygamberlerin sonuncusu olmanın bir gereği olarak, son sözü söyleme yetkisine sahip olmayı dikkate almalıyız. Bir önceki peygamber dâhil, daha sonraki dönem için herhangi bir peygamberin -şimdi yaşıyor olması durumunda- tek seçeneği Muhammed aleyhisselama ittiba etmektir. Bütün dinlerin özü İslam'da toplandığı gibi, peygamberlerin davası ve nebevi kimlikleri de O'nda toplanmıştır.

Mü'min Başka, İnanan Başkadır

İslam'a girip Müslüman olmak, renklerden bir renk beğenmek olarak anlaşılabilir mi? İslam tek din ise diğerlerinin cehennemden kurtaran bir din olmaları, tersten bakıldığında diğerleri cehennemden kurtarıyorsa İslam'ın tek din olması nasıl anlatılabilir?

Zihin karıştırma çağının fitne malzemelerini kullanarak, kelime oyunlarına başvurup, İslam dışı isimleri "din" ve "ateşten kurtulma" dairelerinde görmek mümkün değildir. Kur'an'ın açık seçik ayetlerini bir kenara bırakıp, filan ayetten çekilmiş bir kelimenin üzerinden harf oyunu yaparak, eskiyi yeniyle, gitmişi gelmişle muadil hâle getirmek dinden önce aklın kabul edebileceği bir tutum değildir.

Böyle bir anlayış, başta İstanbul'un fethi olmak üzere, İslam'ın tarihine mal olmuş pek çok olayı ar konusu hâline getirecektir. Kur'an'ın övdüğü bir cihat hareketi olan ve Resûlullah sallallahu aleyhi ve sellem efendimizin hayatının en önemli olayları arasında geçen Tebük Gazvesi dahi, bir başka din olan Hristiyanların üzerine yapıldığı için ithamdan kurtulamaz.

Kudüs'ü fetheden Ömer bin Hattab radıyallahu anh, fethi yineleyen Salahaddin ve Allah'ın dini için meydanlarda şehit düşen nicelerinin karalanacağı bir süreç başlar. Böyle bir durumda haçlı sürülerinin masumlaşmasından bile söz edilebilir.

Bu zaviyeden bakıldığında, "İslam'la aynı masayı paylaşacak" dinlerden söz edilmesi mümkün değildir. Böyle bir iddia, İslam'ı İslam yapan farkların yok sayılması, o farkların değersizliğinin iddia edilmesi, başta cihat olmak üzere en önde duran İslami ahkâmın imha edilmesi, haram-helal telakkisinin zedelenmesi gibi bir sonucu doğuracaktır.

Üç beş yıl için bu sonucun ortaya çıkmamış olmasının arkasına gizlenilemez. İslam, muayyen bir asrın dini değildir. Kıyamete kadar gelecek bütün insanlık bu dine muhatap olacaktır. Vahyin indiği ilk günlerdeki safiyetle, ilelebet muhafaza edilmesi, bütün Müslümanların üzerinde bir sorumluluktur.

İslam adına Allah'tan başkasının konuşabileceği bir söz hakkı olmadığına göre, Müslümanlardan birinin, İslam adına diğer dinler lehine taviz vermesinin bir değeri yoktur. Bu alanda yapılacak çalışmaların bu mantığın etkisi hâkim olduğu sürece, cihat olarak görülmesi, böyle bir alana infakta bulunulması büyük bir vebale ortak olmayı doğurur.

İslam'ı sadece, dinlerden bir din görme anlayışını yansıtan, caminin kardeşi mabetlerin inşası da kabullenilemez.

Tebliğ Tahrip Olmamalıdır

Kesinlikle her Müslüman dinini ne kadar başkalarına ulaştırdığının muhasebesini yapmalıdır. Bir kişinin hidayete ermesine vesile olmanın ecri, üzerine güneş doğan her şeyden daha hayırlıdır. Dinimizin tanıtılması, hükümlerinden bir hükmünün bilinmesine çalışılması ibadettir elbette. Biz bu amacımızı "dinimizi beğenmeleri" için yapamayız.

Beğendirme büyük bir iddiadır ve Kur'an bu iddia konusunda bizi uyarmıştır. Dini tebliğ etmekle beğendirmek arasında, kullanılacak metotlar ve geri dönüşümün yapacağı etki açısından önemli farklar olacaktır. Aynı şekilde, dünya olayları hakkında beşerî menfaatlerimizin korunması, tabii ihtiyaçlarımızın geliştirilmesi gibi alanlarda ittifakımız, iyi bir komşu, iyi bir tüccar olmamızın gerekliliği, beğendirme kompleksi altında eriyip gitmemiz için bir gerekçe olamaz.

Dışımızdakilerle ilişkilerimize, en güzel sözler, en ahlaki davranışlar ağırlığını koyar. Onların dönüşlerine katkısı olacak tutum içinde olabiliriz ama bu tutumumuz bizim şahsi fedakârlığımız olarak uygulanabilir. Din üzerinden fedakârlık yapmaya ne hakkımız vardır ne de bu fedakârlık, sonunda dine bir yarar getirecektir.

Modern Hocalık

Giyim kuşamdan ev mobilyamıza kadar hayatımızın her alanı, elinde medya ve benzeri araçları bulunanlar tarafından yönlendirilmektedir. Yeme zevkimizi de onlar belirliyor yaşam tarzımızı da... Siyasetimizde de onların parmağı var.

Önceleri dinimizi yok sayarak, eğlenerek değersiz hâle getirmek istiyorlardı. Yeni zamanlarda ise dinimizi içinden eritmek için yeni taktiklere başvurdular. Onların zararsız göreceği konuları anlatan ya da en ince meseleleri onlara zararsız hâle getirerek anlatan "hocalar" çıkardılar medyaya. Bu hocaların kimi, fitnesini üretip kayboldu kimi de toplumda yer buldu.

Buna karşılık bazı hocalar da âdeta dinden soğutmak için uğraştılar. Gelişen olayları izleyemediler. Nazik dil kullanamadılar.

Peygamber aleyhisselamın makamına vekâlet anlamına gelen hocalığın ortasının bulunması gerekmektedir.

Ülkemiz laiklik ilkesi üzerine yeminleşmiş kadrolarca yönetilmektedir. Son yıllarda Müslümanlar arasında da laikliğin, en azından zararsızlığını savunabilecek akımlar çıkmıştır. Laik bir ülkede, Müslüman halkın din eğitimi ihtiyacını laik devletin kurduğu ve yönlendirdiği ilahiyat fakültelerinden yetişenler üstlenmek durumunda olmuştur. Bu fakültelerden yetişen öğretim elemanlarından oluşan bir kadro ile de İmam Hatip Liselerindeki öğrenciler eğitim görmektedir. Çok küçük rakamları aşmayan bir kadro da parmak sayısını geçmeyecek bir talebeyi klasik denen usullerle yetiştirmeye çalışmaktadır. Din eğitimi sorunumuz, din sorunumuzdan daha yaygın ve daha ağır bir sorundur. Hoca ihtiyacımızla "namaz kıldıran, cenaze yıkayan görevli" ihtiyacımız arasındaki farkın anlaşılamamış olması bize ağır bedeller ödetmektedir.

Peygamber aleyhisselama Vekâlet

İnsanda dine meyletme arzusu fıtridir. Tabii seyrinde süren bir hayat yaşayan insan bir zaman gecikmiş olsa bile sonunda dine meyleder. Dinden hem dünya huzuru hem ahiret teminatı beklentisi, insanın en yaygın beklentilerindendir. Bu nedenle de din algısı içinde bulunan bütün toplumlarda o dini, toplum üzerinde uygulayan bir kitle hep bulunagelmiştir. Bu kitleye "din adamları" dendiğini görüyoruz.

İslam'ı din olarak yaşayanlar açısından aslında bir "din adamlığı" unvanı yoktur. Zira din adamlığı, din üzerinden geçinmeyi, meslek olarak dine ait tatbikatı icra etmeyi andırmaktadır. Bu zaviyeden bakıldığında ne bir kitlenin din üzerinden maişet temin etmesi İslam açısından mümkündür ne de Müslümanların dinlerini din adamı denen bir kitleye devretmeleri mümkündür.

Her Müslüman, dininin adamıdır. Dininin hangi hizmete ihtiyacı varsa Müslüman, o hizmete ilk talip olandır. Bir kazada savcının gelmesi beklendiği gibi din adına yapılacak bir iş için din adamı beklenmesi İslam toplumlarının alışık olmadığı bir tutumdur. İşi ehline bırakma, makama hürmet etme gibi özel nedenlerle ulemadan birinin veya başka bir resmî makamı temsil eden şahsiyetin öne geçirilmesi ise bir tür nezaket ve saygı gereği olarak yapılmaktadır.

Müslüman toplumların, cahillik ne denli yaygın olursa olsun, ibadet ciddiyeti ne kadar soğuk olursa olsun din hizmetine tahsis edilmiş makamlara saygısı hiçbir zaman sıfırlanmamıştır. Şimdi din adamı olarak anılan ama orijinal adlandırması "âlim, müfti, müderris, hoca" gibi unvanlar olan makamların sahipleri her zaman önde tutulmuş, âdeta bir bereket kaynağı olarak görülmüşlerdir. İnsanlar, peşlerinden gitmeyi kabullenmeseler bile dine hizmet makamlarının sahiplerine izzetüikramda bulunmayı, saygı ile anmayı sürdürmüşlerdir. Yoğun olmayan istisnalar elbette çıkmıştır ama genel olarak bakıldığında en azından namaz kıldırmaya tahsis edilmiş meslek erbabı yani camilerde namaz kıldırıp ücret alan görevliler, namaz kılmayanlardan bile saygı görmüşlerdir. Müslüman toplumlar onları hatasız görmek istemiş, kendilerinin işledikleri suçları, onların işlemesini kabullenememişlerdir. Hatta onların ailelerine, çocuklarına bakışlarında bile farklılık vardır. Hoca çocuğu olan birinin emsalleri ile oynadığı oyun bile insanların gözünde farklı görülmüştür.

Dine hizmet eden insanlara karşı bu hassas bakış, toplumun onları önde ve saygın görmesi bu görevi icra edenler açısından bir suistimal ihtimalini maalesef hep gündemde tutmuştur. Bulunduğu mevkinin hakkını vermek veya vermemek konusunda bir endişe taşımayanların varlığı tarih boyunca gözlemlenmiş bir gerçektir. Bu, zaten bahane arayanlara dinî görevlerini ihmale sebep olmuş veya onların bu tutumu dinin intişarını, ilmin güçlenmesini geciktirmiştir. İşin en dikkat çekeni de bu tutum sahiplerinin yaygın olmamalarına rağmen yaygın olanlardan daha müessir olabilmeleridir.

Sarık ve Cübbe

İslam açısından kılık kıyafetin, dış görüntünün cevheri oluşturacak tarzda önemli olmadığı bilinen en önemli hakikatlerden biridir. Resûlullah sallallahu aleyhi ve sellemin meşhur hadisi şerifi bu konuda son hüküm durumundadır:

"Allah, sizin şekillerinize ve mallarınıza bakmaz. Ama kalplerinize ve amellerinize bakar." (Müslim, Birr, 10/6543)

Dine hizmete tahsis edilmiş makamlardan birini kullananların üzerlerindeki dini sembolize eden kıyafetler, onların ilimlerini, karakterlerini temize çıkarmaz. Başa sarılan sarık, bedene giydirilen cübbe ne ilimdir ne karakterdir. Sarığın ve cübbenin ya da tesbih ve yüzüğün temsil gücü sınırlıdır.

Bu sınır bir de insanlar olarak bize göredir. Allah Teâlâ nezdinde ise hiçbir temsil gücü yoktur. Sadece ihlas ve Sünnet'e ittiba gibi bir bağlantı ile bağlı olduğunda ecir kaynağı olur. Gerek insanlar arasındaki fark ölçümü ve gerekse kişinin Rabb'ine yakınlıktaki ölçüsü tek kelimeyle takvadır.

Müslümanların resmî veya sivil simgeleri dini hizmetlerdeki şahsiyetler için ölçü olarak görmeleri sadece din adına bir zayıflama ve ilmin yerine cahilliğin geçmesi şeklinde izah edilebilir bir hatadır. Ashabı kiram din adına yapılan her işte bir numara idiler. Allah'ın ve Resûl'ünün rızasına nail oldukları amellere muvaffak oldular. Haklarında ayetler indi, yüzlerce hadis varit oldu ama hangisinin sarığı, cübbesi simgesi idi? Hangisi, takvası ve ihlası dışında bir simge ile tebarüz etti? Cevap gayet açıktır:

Ebu Hureyre radıyallahu anh, ilmiyle şöhret buldu. Neredeyse dinin dörtte biri ondan nakledildi ama Ebu Hureyre, sarığıyla cübbesiyle, yüzüğüyle, kalemiyle, kitabıyla meşhur olmadı. Hatta onun, bunlara benzer bir bilgisi bize taşınmadı bile ama ilmi taşındı, üstelik kelimeler, edatlar düzeyinde bir ayrıntıyla taşındı.

Bugün özellikle, İslam'ın azınlık düzeyinde yaşandığı bölgelerdeki Müslümanların "din adamları" medyanın önüne çıkacakları zaman sarıklarını, cübbelerini ihmal etmemektedirler. Haklı oldukları yönler elbette vardır ama mesele sarık cübbe ile nihayete ermemektedir.

İnsanların takdir edecekleri veya bir makamı hak etmişliğin vesikası olarak görecekleri kılık kıyafetin, simgelerin, insanlar nezdindeki kabul görmüşlüğü Allah nezdinde son referans değildir. Bunu sarık cübbe sahipleri de bilmelidir; onlara o gözle bakanlar da...

Elbette din hizmetinde bulunanların veya bütün Müslümanların Sünnet menşeli olan kılık kıyafetlere sahip çıkmaları zaruridir. Zaman aşımına uğramaması gereken ve Ümmet olarak kaldığımız sürece korunması gereken değerlerimiz olarak korunmalıdırlar ancak bu, işin aslından daha değerli hâle getirilmeden, onlarla avunulma düzeyine düşürülmeden olmalıdır.

Kim Değişti, Kim Değiştirdi?

Tepeden aşağıya kadar, dinî yaşantıda büyük bir değişiklik gözler önünde yaşanmaktadır; elli veya altmış yıl öncesi ile kıyasa bile gerek bırakmayacak kadar hızlı bir süreçte sadece on yıl içinde yaşanan değişiklikler herkes için anlaşılır düzeydedir. Bu değişiklik avam üzerinde de vardır ulema üzerinde de vardır. İman konularında dahi konuşulabilir olan bu değişiklik kılık kıyafette hiçbir tartışmaya gerek bırakmayacak düzeydedir.

Son yirmi yılı yaşayanlar, kadınların kıyafetleri üzerinde gelişen süreci şu şekilde izlemişlerdir: Önce bir tesettür mücadelesi yapıldı. O mücadele sonra başörtüsü olarak küçüldü. O küçülme türban adını aldı. Şimdi gelinen noktada tesettürün modasından söz edilir olmuştur. Müslüman kadınların bu kadar kısa bir sürede geldikleri bu noktanın sorumlusu kimdir? Değişim, yukarıdan aşağıya mı aşağıdan yukarıya mı olmuştur? Dini temsil niteliği taşıyanlar mı değiştiler de Müslüman kitleler, onlara uydu; yoksa din hizmeti görenler değiştiği için Müslüman kitleler, onları mı taklit ettiler?

Aslında cevap hangisi olursa olsun değişen bir şey olmayacaktır. Bir değişme, erime hatta kör taklit tartışılmayacak kadar açık bir şekilde ortadadır. Faillerinin bilinmesi veya bilinmemesi bir şey değiştirmeyecektir.

Güneş kadar açık bir gerçek de şudur: Müslümanların, ilim dalında, hizmet dalında önünde duran şahsiyetlerin görevleri, fitne fırtınalarına karşı gemiyi korumak değil mi idi? Belki herkes fırtınaya kapılabilirdi ama onlar en son eriyen olmalı değil mi idiler?

Ne yazık ki hakikat ya da onlardan beklenen haklı beklenti bunu doğrulamaktadır; onlar yıkılmamalı, erimemeli idiler.

Sonrası İçin Tespitler

a- Yaşadığımız asır, Müslümanların ve İslam'ın milletler baskınına uğradığı bir asırdır. Gelecek kuşaklardan tarih yazanlar belki de bu asrı, haçlı saldırılarının yeni şekli olarak yazacaklardır. Müslümanların toprakları ve kültürleri büyük bir istila görmüştür. O kadar ki artık İslam'dan bir iz kalmayacağını zannederek baskıyı azaltmayı düşünmüş olmalıdırlar. Allah'ın kaderi ise öyle tecelli etmemiştir. Bilakis İslam, onca baskıdan sonra yeniden yeryüzünün en hareketli kitlesine sahip olmuştur. Hatta bir önceki asra göre daha şuurlu, dini daha kapsamlı yaşamak isteyen bir neslin geldiğini bile söylememiz mümkündür. Bir iki asır öncesindeki ulemanın bile gündeminde olmayan konular bugünkü neslin gazete ve dergilerinde okuduğu, TV'lerinde konuşulan konulardır. İslam, ilk asrına daha yakın bir bakışla ele alınmaktadır.

b- İnsanların İslam'a yönelmeleri ve bu yönelmenin hızlı/yoğun bir seyir izlemesi, Müslümanlar arasında yeterli düzeyde İslam eğitimini zorlaştırmaktadır. İslami kimlik kazandırma ancak eğitimle mümkündür.

Böyle bir dönem, İslam'ın ilk asrında da yaşanmıştır. Yeni fethedilen şehirler, ülkeler çapında eğitim yetiştirilemeyince, üçüncü Halife Osman bin Affan radıyallahu anh döneminden itibaren İslam, kendi müntesiplerinden sıkıntılar yaşamıştır.

Eğitim ise zaman ve imkân meselesidir. En azından camilerin yoğunlaştırılmış eğitim merkezleri olarak kullanılması gerekmektedir. Hâlbuki Müslümanlar, son yüzyılı, cami ve medreselerini önce onları sömüren idarelerin elinden kurtarma ardından da bina olarak imar etmeyle geçirmişlerdir. Yeni yeni, eğitim ve yetiştirme gibi kavramlar yaygınlık kazanmaya başlamıştır. Yani ev yapımından evin içini döşemeye yeni geçilmeye başlanmış durumdadır.

Bu durum, kuru bir dindarlık, aşırılık, ilgisizlik, kör teslimiyet, yenilemeye açık olma, bidatleri makul görme gibi sonuçlara neden olmuştur. Dinini bilmeden dindar olarak yaşayan kitleler, bidatlere din gibi sarılan samimi duygulu insanlar, bir kişiye din içerikli farklı vasıflar nedeniyle ölesiye sarılanlar bu gelişmenin ürünüdür.

Bu gelişmeyi en hassas akidevî meselelerden, herhangi bir ibadete kadar hemen hemen her konuda izlememiz mümkündür. Ne yazık ki geldiğimiz noktada bu tür gelişmelerle mücadele etmek zorluk sınırlarını bile aşacak hâle gelmiştir. Dine sonradan sokulanlar dinin aslından daha muteber bir hâl almıştır. Bu noktada bir kere daha din adına hizmette bulunan fertler ya da tüzel kişilikler olan vakıflar/dernekler devreye girmektedir.

İnsanların gözünde cazibe yitirmemek gibi bir maksada bağlı olarak bidatlere, en ağır akidevî tavizlere sessiz kalan hatta çanak tutanlar Allah katında mesul olacaklardır şüphesiz. Onların, iyi niyet, insan kurtarma gibi mazeretlerinin ne kadar geçerli olacağını sadece Allah Teâlâ bilir elbette. Ama bu süreçten menfaat elde ettiği için sessiz kalmayı veya zımnen destek olmayı tercih edenler sorumluluğun ortasında durmaktadırlar.

Kur'an'ın açık ayetlerine, hadislerin açık hükümlerine rağmen ortaya çıkan yeni muhalif kavramlar ve idrakler asırlar sonrasında dinin kötü bir şekil almasına neden olmayacaktır denebilir mi? Böylesi zor dönemlerde din adına vazife üstlenenler, yüzeysel hizmetlerle aldıkları maaşlarını helal ettirebilirler ama ilmin ve Allah'a adanmışlığın gereğinin bu olduğunu asla iddia edemezler. Ashabı kiram başta olmak üzere, din adına önümüzde duranların tavırları, çalışmaları kıyamete kadar en samimi örnekler olarak önümüzdedir. Onlara rağmen iddia ispat etmek mümkün değildir.

c- Şeytan ve ona destek olanların böyle dönemlerde boşluk doldurduğu bir gerçektir. Hocası olmayana hoca, âlimi olmayana da âlim olmuşlardır. İsteyene de şeyhlik yaptılar. Eğer mesele bir sarık ve bir cübbe ile ise onlar bir cübbe ve bir sarığa bir de diploma ilave ederek çalışmışlardır.

Önce küçük zannedilen tavizlerle işe başladılar. Zamanın zor zaman olduğunu da ileri sürerek olanla yetinme, orijinalinin yerine yapmasını vererek geçiştirme taktikleri, aslında şeytanın eski taktiklerinden olmasına rağmen bu asırda yeni bir gelişme olarak sunulmuş ve rağbet de bulmuştur.

Tarikatlara tarikatlar, mezheplere mezhepler, hükümlere hükümler ilave edilmiştir. Eskisinin ruhsatı ile yenisi işletilmiş olan bu yeni akımlar, dışarıdan gelen tepkilere eskilerin ruhsatını gösterdikleri hâlde içeride bildiklerini okumuşlardır.

Yeni bir tarikat kendini savunurken, Cüneyd Bağdadî'ye uzanan bir silsileye bağlanarak kendisini savunmuş ama laikliğe ve benzeri dış bağlantılı fikirlere kuluçka vazifesi yapmasının faturasını kime ödettirdiğinin sorulmasına bile fırsat bırakmamıştır.

Zira kendisine yapılan -onun deyimiyle- her saldırının asıl hedefi Cüneyd Bağdadî'dir. Cüneyd laik mi idi, Cüneyd, müritleri üzerinden servet kurdu mu, mükemmel sofralarda hiç görüldü mü, villası oldu mu gibi sorular ise muhatap bile bulamamıştır.

Önemli bir ayrıntı olarak şunu da kaydetmemizde yarar vardır: İslam'la bir bütün olarak bin yıl savaşma planları yapanların bu tür gelişmeleri bilmezden geldikleri, Kur'an'ın tedrisinden rahatsız oldukları hâlde böyle bir tarikatın varlığından rahatsız olmadıkları izlenen gerçekler arasındadır.

d- Bu ortam, Müslümanlar açısından resmî bir başın yani Halife'nin olmadığı, herkesin baş sayıldığı bir açıdan ele alındığında sapık sayılabilecek fikirler için iyi bir üreme zemini oluşturduğu da görülmüştür. Resmî bir başın olmamasının sonucu herkesin baş olması olarak tecelli etmiştir. Herkesin baş olduğu veya başların çok olduğu ortamlarda da bir tür rekabet ortamı oluşmuştur. Din adına ortada duranlar, bir tarikat, bir kurum temsil edenler, önce ağır güçlerden tepki görme, sıkıştırılma gerekçesiyle, daha sonra da kitleler katında beğenilme arzusuyla dine şekil verip pazarlamaya kalkışmışlardır. Kitlelerin önünde pazara çıkıp tezgâhındakini beğendirme hırsı taviz üstüne taviz, bidat içinde bidat getirmiştir.

Bu gelişme, "yeni bir din anlayışı" adıyla yazılıp çizilirken sıkılan da olmamıştır. Kıyamete kadar baki kalmak üzere gönderilen bir din nasıl "yeni bir din anlayışı" adıyla pazarlanabilir?

Yeni din anlayışının ya da rağbet gören dindarlığın en önemli özelliği, dinin ağır gelen bölümlerinin kuş gibi hafifletilmesidir. Bir grup, kitlelere ağır geldiği için ya da pazarlanması zor olduğu için cihadı yok sayan bir anlayışla çalışmış, cihadın dışındaki her şeyi en zirvede ele alırken cihadı fitne olarak görmüş ve göstermiştir. Kur'an'daki zikir ayetlerini Arş kadar büyük gösterirken, aynı ayetin bir öncesi veya bir sonrasındaki cihat ayetlerini görmemiş gibi davranabilmiştir. Nasıl olsa o, mesela Cüneyd Bağdadî'ye ulaşan bir silsile üzerinden iş yaptığı için onu tenkit eden herkes dışarıdan saldıran düşman hükmünde olacaktır.

Bir diğeri de bunun tersini yapmıştır. O da cihat ayetlerini ele alıp, Allah'ı zikri emreden aynı suredeki diğer ayetleri görmezden gelebilmiştir. Ne o, ne bu doğruyu yapmamıştır kesinlikle. İslam, bütünüyle İslam'dır. Doğranabilecek, ya da müşteri beğenisine göre şekillenebilecek bir bölümü yoktur ama ne yazık ki "yeni din" anlayışı başını almış gitmiş durumdadır. Aslını korumakla mükellef olan ön saftakiler de havaya uyup üzerlerine düşeni yapmakta yetersiz kalmışlardır.

e- Bu dönemde ortaya çıkan en önemli sonuçlardan biri de ilim için bir soy aranma ihtiyacının kaldırılmış olmasıdır. Önceki nesiller, soy kütükleri gibi ilim kütüğü ispat ederek Ümmet'in uleması arasında yerlerini almışlardır. Şimdi ise ilmini kimden nasıl aldığını ispat etme ihtiyacı bile hissedilmemektedir.

Asırlarca Müslümanların en bariz düşmanlarından olan, elan da bir iki asırlık büyük çaplı düşmanlık planlarına sahip olan ulusların üniversitelerinde "İslam eğitimi" görenler, orada öğrendikleriyle Ümmet'imizin gözbebeği isimleri tenkit etmekte sakınca görmemektedirler. Bundan biraz daha ilerisi de onların bu tavırlarına sessiz kalmayı yeğleyen samimi kitlelerin varlığıdır. Zira insanların piyasaya sürülmüş "yeni din" mağazasından beğenerek din almaları tabii hâle gelmiş durumdadır.

En iyiyi en ucuza mal etmek nasıl olsa herkesin hakkıdır. En az gayretle cennetin en iyi yerlerine talip olmayı kim istemez? Cihatsız, meşakkatsiz din neden iyi olmasın? Hele gençlere, lezzetli bir din sunmanın gerekçesi de onları ısındırmak ise o zaman gençliğin hoşlandığı ama aslında İslam'ın yok saydığı işler bile sevap kaynağı sayılabiliyor. Hem futbol zevkini tatmin etmek hem de gençleri ısındırmak yabana atılabilir bir gerekçe değildir. Din üzerinden aldanmak ne kadar gülünç oluyor doğrusu!

Kolay Hoca, Zor Hoca

Aynı Kur'an'ı okuyan, aynı hadisleri izah eden ulema arasında "katı" ve "esnek" ayrımı nasıl yapılabilir? Esnetmek kimin hakkı katı tutmak kimin hakkı? Din aynı hüküm aynı değil mi? Evet, iki âlim arasında izah farkı vardır; onlara yönelenler de bu izah farkına dikkat ederek onları izlerler ama ulemanın, beğenilmek için esnetmeleri veya katılaştırmaları yoktur çünkü ilim takva üzerine kurulu olmalıdır.

Âlim, insanları dinden soğutmakla dini soğutmak arasında dengeli bir yol izlemekle mükelleftir. İlim bir emanettir. Âlim, Allah'tan hakkıyla korkandır. Allah'tan hakkıyla korkan, insanlara hakkıyla mü'min olmayı öğretirse normal olanı yapmış olur. İnsanların hoşnutluğunu esas alan tavır, hatadır. Bu hatayı âlim veya cahilin yapması sonucu değiştirmez.

Âlim veya cahil, bir mü'min, işlediği bir hatadan ötürü cehenneme girmekten sakındığı kadar, başkalarının işleyeceği hatalara neden olmaktan ötürü de cehenneme girmekten sakınmalı değil midir? Kulları memnun edip Allah'ın gazabını çekmek kesinlikle İslam dairesi içinde bir yere oturamaz.

Allah adına, kulları Allah'tan nefret ettirmek de yanlıştır. Bilhassa âlimlerin itidalli olmaları, Allah rızasını esas almaları ve ona göre bir yol izlemeleri ilmin gereğidir.

İnsanlara dini kolaylaştırma adına dinde öz olanlar, kabuk olanlar türünden bir tasnifin dine vereceği zararın akıbeti vahimdir. Bu vahameti iki pencereden aynı anda izlemek mümkündür. Birincisi, bizden önceki dinlerin uleması, mantığı bu ve benzeri düşünceler olan bir siyaset izleyerek ellerindeki hak dini muharref hâle getirmişlerdir. Özellikle Yahudilerin bilinçli bir şekilde izledikleri bu siyasetin akıbetinin bizi de bulmasına bir engel yoktur.

Evet, Allah Teâlâ dinini kıyamete kadar koruyacaktır. Bu kesin bir garantidir. Ulemanın veya cühelanın tutumu bu garantiyi bozamaz ama bir dönemin Müslümanları, bu gevşekliğin sonucu olarak İslam'ı, İslam'ın gerektirdiği gibi yaşamaktan mahrum kalabilirler. Bu da önemsenmesi gereken bir akıbettir.

Dinin tahrif edilmiş olarak kalmasından söz edemeyiz ama bir dönemin insanları tahrif edilmiş fikirlerden ötürü ahiretlerini zarara uğratabilirler. Ahmed bin Hanbel dönemine ait Müslümanların sapık bir fırkanın etkisinde kalarak Kur'an hakkındaki düşüncelerini buna örnek gösterebiliriz. Aynı şekilde laiklik gibi bir sistemi, İslam'la bağdaştıran anlayışlara kapılmış insanların sorumluluğu da iyi düşünülmesi gereken örnekler arasındadır. Bütün bunlara dalışımın nedeni, ulemanın kendisini, insanları memnun etmeye mahkûm hissetmesinin gereksizliğini ispat içindir.

İkinci olarak da bu metotla aslında ulemanın İslam'a kazandırdığı bir şey de yoktur. Taviz esasına dayalı din öğreten ulema, neticede İslam'a değil verdikleri tavizlere insan toplamaktadırlar. Esnek konuşan yazan ulemanın, davetçilerin İslam'ın izzetini artırmadıktan sonra kazanımlarının kişisel veya kurumsal büyüklüğü ne değer ifade edecektir? Hiçbir âlim, İslam değildir ki onun kazanımı İslam'ın kazanımı olsun. Müslümanların vakıflarının, derneklerinin büyümesini doğrudan İslam'ın büyümesi olarak görmeleri doğru değildir.

Allah'a davet gibi mukaddes bir hizmetin sahiplenenleri, Allah'a daveti gölgeleyecek çaptaki isyanları nasıl gizleyebilirler? Hatta İslam'ın en bariz emirlerinden biri üzerine "tek amaç" düzeyinde bir çalışma için bile nihai gaye muamelesi yapamayız.

Başörtüsü konusunu bir örnek olarak ele alabiliriz.

Başörtüsünün dinin emirlerinden bir emir olduğu konusunu tartışmanın gereği yoktur. Başörtüsü farzdır; her farz gibi kulun başörtüsünü tartışma konusu yapmaya hakkı yoktur. İman, teslim olmak ise bir iman konusu olarak başörtüsü de itiraz kabul etmez konular arasında olmalıdır.

Bu hakikat bizi, başı açık Müslüman kadınlara kâfir muamelesi yapmaya sevk etmeyeceği gibi, şu veya bu nedenle onu hafif görmeye de sevk edemez. Bu iki ucun ortasında kendimize bir konum belirlemeliyiz. O konum da şu olabilir: Başörtüsü bir farz olarak tartışılmayacaktır ama bütün farzlar gibi, zaruretler hâlinde terk edilebilir de. Bu terk edilebilmede ulemanın fonksiyonu devreye girecektir. Neler için terk edilebilir, neler için terk edilemez? Eğer ulema, "eğitim-öğretim" diye bir gerekçeyi öne sürerek terke ruhsat üretiyorlarsa, bu o ulemanın dini tavize açmaları demektir. Bütün farzlar için terk edilebilecekleri bir çizgi vardır ama bu çizgi diploma sahibi olma ya da kadının aç açık olmamasına rağmen çalışması olamaz her hâlde.

Müslümanların "kadın doktor" ihtiyacını gerekçe olarak kullanıp fetva aldıktan sonra doktor olunca "kadın doktor" olarak kalanların da baş açmaya yönelik aldıkları fetvalar, hem kendileri hem de onlara esnek fetvalar üretenleri mesuliyet altına koymaktadır. Bunu biz, hasta olmadığı hâlde rapor alan memur mantığından ayırt etmekte zorlanırız.

Allah'a davet görevini icra eden ulema, mütefekkir ve yazarların kısa bir zaman öncesine kadar devletin düşünceyi beyan etmeye sınırlamalar getiren yasalarına dikkat ederek konuşmak zorunda kaldıklarını biliyoruz. Şimdi gelinen noktada ise artık devlet, bu tür sınırlamalar yapmamaktadır buna rağmen aynı davetçiler, yazarlar, konuşmacılar bu sefer televizyon ekranlarında "insanların hoşlanmayabileceği" şeyleri konuşmama ilkesiyle kendilerini sınırlamışlardır. Belki de bu sınırlama şu anda kimileri için laik bir devletin getirdiği sınırların da ötesine geçmiş durumdadır.

Artık tehdit laik devlet değil, Müslümanların kompleksleri olmuştur. Yirmi yıl önce devlet televizyonunda Cuma akşamları din saatinde konuşan diyanet görevlileri, ayetlerden hadislerden kimseye ilişmeyen konuları seçerek okumayı tercih ediyorlardı. Peygamber aleyhisselamı insan hakları yönüyle öne çıkarıyorlardı zira devletin Şeriat'ı olan bir Peygamber'in tanıtılmasına tahammül edemeyeceği açık bir gerçek olarak biliniyordu.

Şimdilerde ise Şeriat'ı olan bir Peygamber, Müslümanlardan bile sakınılmaktadır. Kadınların üzülmesinden, erkeklerin, bankaya müdahale eden bir Peygamber'den rahatsız olmasından endişe edilmektedir. Her iki dönemin de ortak sonucu olarak önemli bir gerçeği öne çıkarmaya mecburuz: Bu endişeler, ne Peygamber aleyhisselamın Şeriat'ıyla, ahlakıyla, insanlığın umudu olarak kökleşmesine engel olabilmiştir ne de önemsenen tepki sahiplerinin bakışlarında olumlu bir gelişme sağlanabilmiştir. Davetçiler, yazarçizerler sadece verdikleri tavizlerle baş başa kalmışlardır.

Yeni bir üslup iddiasıyla ortaya çıkıp gençlerin caiz olmayan ortamlarda, caiz olmayacak tavırlarla bulunmalarına sessiz kalınarak gelinebilecek bir seviye yoktur. Evet, açık bayanların, ağzında çiğnediği sakızla gençlerin "Peygamber'imiz çok güzelmiş!" tarzında beyanlarının televizyon ekranlarına taşınması sağlanmış olabilir. Sağlanmıştır da. Şeriat'tan ürkmesinler diye insanlara plastik güller dağıtılmıştır. Hayatın bütünü yerine yılın bir haftası Peygamber aleyhisselama tahsis edilmiştir. Merkezlere taşınan raporlarda da bu amaçlı faaliyetlerin büyük bir alaka gördüğü de rapor edilmiştir elbette fakat bundan İslam ne kazanmıştır? Sünnet ne kadar yayılmıştır? Münkerat ne kadar gerilemiştir?

Bir spor salonunda yapılan "Kutlu Doğum Haftası" etkinliğindeki salonun yoğunluğunu, hıncahınç dolu olduğunu görüp sevinenler, o salona bir hafta sonra konser vermek için gelen bir şarkıcının salonu doldurmak bir yana insanların izdihamdan salona giremediklerini de görerek İslam ülkesi olan ve halkı Müslümanlıkla iftihar eden bir ülkede neyi başardıklarını düşünmeleri gerekmez mi? Birinde şuradan buradan toplanan insanlarla oluşturulan bir kalabalık birinde de para verip bilet alınarak girildiği hâlde yer bulunamayan salon! Neyi ne ile kıyas edeceğimizi tekrar düşünmemiz gerekmez mi?

Modern Yağcılık Sanatları

Günümüz insanının hiçbir şekilde ilgi alanına girmeyen ve akidevî esaslardan olmayan konulardan birinin televizyon ekranlarında sunulması, sunulurken de abartılması, "Filanca büyük zat bunu söylemişti." tarzında abartı belgelerinin öne çıkarılması,

Mübahlardan bir mübahın veya nafilelerden bir nafilenin farzlardan bir farz gibi şişirilmesi, o nafile sayesinde her şeyin düzeleceği hissiyatının verilmesi,

Abartılı bir şıklık içinde görünme gayreti,

Gereksiz ve uçuk nezaket sözleri ile öne çıkma; oğlu yaşındaki spikere "lütfen, buyurdunuz" tarzında mübalağalı üslup kullanılması,

Ümmet'in geçmiş büyüklerinin kurbanlık olarak öne çıkarılması; Ebu Hanife ve benzeri isimler üzerinden karşı tarafın kinini tatmin etme tarzı,

Anlamını bilerek bilmeyerek modern cümleler kavramlar kullanma, o kavramlar üzerinden kültür gösterimi,

Ayet ve hadislerden, fukahanın fetvalarından en kolay, en şirin görülebilecekleri yegâne ilim olarak öne çıkarma,

Kadınlardan daha kadıncı olma, onların hakkını savunan ölçüsüz kurallar koyma,

Siyaset üstü, tarikatlar/mezhepler/fırkalar dışı kalma veya öyle hissettirme,

Sportmen, özellikle futbola sıcak görüntü verme,

Müzikten, resimden, sanattan anladığını hissettiren mesajlar verme modern bir yağcılık hastalığının belirtileridir.

Hoş Bakmayanları Hoş Görmek

Müslüman kesinlikle merhametli insandır. Savaşa bile rahmet esintileri ile kurallar getiren bir dinimiz var. İnsanların sadece insan olmaları onlara merhamet nazarı ile bakmamız için yeterli bir sebeptir. Hiçbir insan, dini İslam olmadığı için insanlıktan çıkmış değildir. Sosyal ilişkilerimizde en nazik, en tatlı dilli olmayı bize kitabımız Kur'an emretmektedir.

Bizim nazik ve tatlı sözlü olmamızı, dinimizin hesabından ödenecek bir alışverişe kaydırmamız ne kadar doğrudur? Hocalarımızın papazlara muadil görülmelerini nasıl kabul edebiliriz? Müslüman, dinini tebliğ etmekle mükelleftir. Biraz senden biraz benden tarzında bir pazarlığa hangi Müslüman yetkilidir ki kâfirlerle masaya oturup "Sizdeki güzellikleri bize verin, bizdeki güzellikleri siz alın." denebilsin!

Onlardaki teknoloji ve benzeri bizde olmayanları zaten alıyoruz. O konuda bir sıkıntı da yoktur ama Hristiyan veya Yahudilerden alabileceğimiz ne olabilir? Eğer onlardan bir şey almayacağımız hâlde onları masaya çekebilmek için yani alacak gibi gösterip vermek için bunu yapacaksak onlar bunu anlamayacak kadar geri zekâlı mıdırlar?

Elbette hayır. Belki de bunun tersi doğrudur; onlar bizden hiçbir şey almayacakları hâlde bize bir şeyler verebilmek ya da bizim için planladıklarını gizleyebilmek için bizimle masaya oturmaktadırlar. Bizim onlarla iç içe olmamıza, dinimizi sulandırmamıza neden olacak ilişkilerimiz tehlikelidir. Bilhassa din adına büyümüş isimlerin sahiplerinin böyle bir tuzağa düşmeleri ya da yeni zaman hocalarının bu işleri de yürütür hocalar olmaları modernizmin sürüklediği sele ait kalıntılardan olsa gerektir.

Kitleleri Memnun Etmek

Sadece bir tek örnek meselenin daha iyi izah edilmesi için yeterli olacaktır.

Bu Ümmet, Kitabı Kur'an üzerinde oldukça hassastır. Okuyanı ile okumayanı ile herkes Kur'an'a tazim gösterir. Bu tazim beraberinde bir ticari menfaat de getirir. Güzel sesi ile Kur'an okuyanlar bu menfaatin yanı başında beklemektedirler. Son zamanlarda gelişen bir örnek de Kur'an üzerinden izlenebilir.

Kur'an'ın gördüğü saygıdan, yine ona hizmeti öne çıkararak menfaatleşme bir de hizmet/sevdirme/cazip hâle getirme/teşvik kılıfına büründürülünce karşımıza garip sonuçlar çıkmıştır. Önce, "Allah" isimleri renkli yazıldı. Sonra onlar alt alta getirilerek dikkat çekildi. Sonra diğer Esmai Hüsna renklendirildi.

Şimdi ise bir sayfa içinde çocuk romanlarında bile kullanılmayacak renklerle yazılmış Mushaflar basıldı. Gerekçe belli: Halkı memnun etmek... Hatta bunu büyük bir fazilet olarak sunan hocalar da kendilerine göre mihengi bu diye gerekçeler dizmektedirler elbette.

Ne kazanıp ne kaybettiğimizin hesabı yapılmadıktan sonra nasıl kazananlardan olabiliriz?

Hocalık

Halk lisanında hocalık olarak yerleşen ama aslı âlim, davetçi ve benzeri isimlerle anılan meslek bir vekâlettir. Bu vekâlet de Peygamber aleyhisselam adına yapılmaktadır. Müvekkile sadık kalınmadan sürdürülen bir vekâletin, vekiller açısından iyi düşünülmesi gerekmez mi? İş, memnun etmekse bir de müvekkilin memnuniyeti aranmalı değil midir?

Hocalık Talebelik Taslağı

Dinimizin ulemanın dili ve kaleminden bugünlere taşındığı şüphe edilmez bir hakikattir. Ulemanın asırlarını ve imkânlarını aşan himmetleri insanlığın kurtuluşunun yegâne reçetesi olan İslam'ı ayakta tutmuştur. İlim ve âlimden söz edilirken, âlimin yeni bir âlim yetiştirmesi üzerine de tespitlerin yapılması kaçınılmaz olmaktadır.

Bir âlim, ilminin gereği olarak ne yapıyorsa, o yaptığı işlerin başında, yerine geçecek birini hatta ondan da üstün olabilecek birini hazırlama hedefi muhakkak belirlemelidir. Öğrenmiş olmanın öğretmeyi zorunlu kıldığını söylememiz yanlış olmayacaktır. Yakın asrımıza kadar ulemanın en önemli eserleri arasında bu bölümü izlemek mümkündür. Yaşadığımız asırda ise kurumlar bu görevi üstlenmiş gibi durmaktadır. Ulema, fakültelere, enstitülere yüklenmiş bir yetiştirme görevi ile yetinmeyi yeğlemiş gibi görülmektedir.

Konuyu, Ümmet'imizin âlim, davetçi ve mürşit ihtiyacını karşılama olarak ele alabilen ilim adamlarına günümüzde çok daha fazla ihtiyaç hissediyoruz. Bir âlimin, bir davetçinin, bir mürşidin icra edeceği görevi takdir ederek düşünmeye başlamamız durumunda neye ne kadar muhtaç olduğumuz daha iyi anlaşılacaktır.

Hocalık-Talebelik İçin Notlar

a- Hocalarımız ve talebelerimiz, Ümmet'imizin muhtaç olduğu mürşitler olarak anılabilmek için "Allah'ın dinini Allah için öğrenme ve öğretme" kalitesinde işe başlamalıdırlar. Kültürlü olma, dil bilme, aydın olma gibi kavramlar bu Ümmet'in kavramları değildir. Biz de ilim bir cihattır, ibadettir. Kültürü ve diğerleri bunun peşinden gelecektir.

b- Öğrettiğimiz öğrendiğimiz ittiba üzerine kurulu olmalıdır. Dine ilave veya eksiltme değil, olanı anlama, olanla amel etme gaye olmalıdır. Dinin eksik-fazla bir yönü olmadığına iman etmemizin gereği budur. Dini yenilemek değil, dini yaşamak gayemizdir.

c- Okuma ve öğrenme gayretlerimizin ana konusu Kur'an'ımızdır. Onu öğrenmek ve öğretmenin üstünde bir gayemiz olamaz. Bütün eğitimimiz ona hizmete yönelik olmalıdır. Ardından onu açıklar durumda olan hadis ilmi gelmelidir. Bu ikisinin varlığı için gerekli olan Arapça ise bir alet ilmi olarak elzemdir. Fıkıh ve benzeri ilimler de kapasite ve imkânlara göre yerini almalıdır.

d- Âlim ve talebesi ibadet yoksunu olmamalıdırlar. İnsanlara öğretecekleri dini kendileri tatbik etmelidirler ki İsrailoğullarının ulemasına benzemekten korunmuş olsunlar.

e- Eğitimimizde, selefimizin mübarek hayatını öğrenmek önemli bir yer tutar. Bir yandan önceki iyilerin mücadeleleri, örnek hayatları öğrenilmeli bir yandan da yaşarken iyilerin arasında yaşamaya gayret edilmelidir.

f- İyi bir mürşit yetiştirmek isteyen mürşit, imanı kuvvetli, ibadeti zayıf olmayan, en önemliden önemliye doğru dizilmiş bir program izleyen, umutlu ve heyecanlı, yaşadığı dünyayı tanıyabilen ama konu yoğunluğu arasında kaybolmayan bir talebe yetiştirmeye çalışmalıdır.

Ümmet'imizin mürşitlerini yetiştiren ulemamızın değeri, cephelerimizde mukaddesatımızı korumak için cihat eden mücahitlerimizden daha düşük değildir. Böyle bilmeli böyle inanmalıyız çünkü onların eliyle bir kişinin kurtulması, üzerine güneşin ışıkları yansıyan ne varsa onlardan daha önemli ve değerlidir.

Kadın Hocanın Yeri

İnsanlığın yarısı kadın iken, insan eğitimini, iyi Müslüman yetiştirmeyi, dini tebliğ etmeyi erkek görevi olarak görmenin hata olduğu gün gibi açıktır. İnsanlık için çıkarılmış bu Ümmet, kadınıyla erkeğiyle çıkarılmıştır. Kadının hayattaki etkisi erkeğin etkisinden daha az mıdır ki kadınsız bir İslamlaştırma mümkün olsun? "Mü'min erkekler mü'min kadınlar" ifadesi, farklı kalıplarda Kur'an'ın kaç yerinde tekrar edilmektedir.

Her şeyden önce evin çobanı kadındır. Resûlullah sallallahu aleyhi ve sellemin meşhur "Hepiniz çobansınız!" hadisinde, kadın için eşinin evinde çoban olarak görev biçilmiştir. (Buharî, 2409)

Kadınların Allah'a davette, toplumun ıslahında görev alması, onların hoca olmaları olarak anılacaksa kadınlar da hocadırlar. Başka bir isimle anılacaklarsa o isim ne ise onunla anılsınlar çünkü kadınsız hocalık, kadınların yok sayıldığı tebliğ veya eğitim, başarısız olmaya mahkûmdur. Şüphesiz, kadınların bu zorunlu katılımları, onların fakülte amfilerinde ıslaha muhtaç duruma düşmelerini gerektirmez. Kadın eğitimci olacaklar diye, konferans salonlarında Allah'ın Şeriat'ını yok sayacak laubaliliğe düşmeleri gerekmiyor.

Kadın, kadın olarak, imanının gereğine sahip olmuş hâliyle dinine hizmet etsin. Mutfağına tapınmasın, elinde temizlik malzemeleri ile eriyip gitmesin. Özelliklerini ve kabiliyetlerini kaybetmeden doğursun, doğurduğunu büyütüp eğitsin. Mü'min kadın olarak söz sahibi de olsun etki sahibi de... Aradığımız budur.

Eğitimi Rabbanîleştirmek

Her şeyden önce eğitim kavramı, küçük çocukların yetiştirilmesi olarak anlaşıldıkça eğitimin içine girilemeyecek demektir. Eğitimi küçük-büyük, insanın yetiştirilmesi olarak anlamalıyız.

Eğitim adına okulu yeterli görmek yanlışın ilk basamağıdır. Okul, hayatın ne kadarıdır ki eğitimin bütünü olsun? Öğretimle eğitimi karıştırmamalıydık.

Müslümanlar olarak, eğitimimizin en önemli basamağının evlerimiz olduğunu anlamakta geciktik. Anladıktan sonra da eğitimle ilgili kitaplar alıp kitaplığa koymayı yeterli gibi gördük. Hâlbuki asıl eğitim, anne-babanın bizzat kendisinin eğitecek kıvama gelmesi ile mümkündür. Müslümanlar, iyi bir okul iyi bir öğretmenden önce iyi bir anne iyi bir baba bulmalıydılar.

Bugünkü neslin de yarınki neslin de eğitiminin rabbanîleşmesi ile biz, Allah katındaki mesuliyetimizden kurtulabileceğimiz bir eğitim vermiş oluruz.

Eğitimimizin rabbanîleşmesinin, çocukların genç yaşta Kur'an okumalarını, ilmihâl bilmelerini sağlamakla oluşmayabileceğini de idrak etmeliyiz.

Rabbanîleştirme önce mantık ve idrak üzerinden sağlanmalıdır. Çocuğu eğitmek eğer cephede cihat etmek kadar ulvi görülemiyorsa aşılacak mesafeler önümüzde durmaktadır. Eğitimcilik cephede cihat gibi görülmüş ise bu da bizim eğitimle, şehadet, gazilik makamlarını yakalamaya denk ecirler umduğumuz, o denli de sıkıntılar görmeye hazır bir anlayışla yol almaya çalıştığımız anlamına gelmektedir.

Eğitimi İdrak Etmek

Eğitim adı "okul" olan kurumların tek başına yürüttüğü bir iş değildir. Ev, iş yeri, çevre ve en önemlisi mescit eğitim kurumudur. Bu kurumların arasında da en güçlü eğitim kurumu evlerdir. Eğitimin şu veya bu vasıftan çıkarılıp rabbanîleştirilmesi düşünüldüğünde bunu, okulların rabbanîleştirilmesi şeklinde anlarsak hem şu an için zor bir talepte bulunmuş oluruz hem de köklerini ihmal ettiğimiz bir ağacın dallarını süslemeye kalkarız. Eğitim, insanın bulunduğu ve yetiştirildiği her yerde eğitimdir.

Eğitimi rabbanîleştirmek, evlerimizin kıblegâh olmasıdır. Yazlık anlayışımızın, tatilimizin, eğlencemizin şer'ilik vasfına haiz olması da eğitimimizin rabbanîleştirilmesi süreci içindedir. Kurduğumuz derneklerin vakıfların, şirketlerin helal haram süzgecinden geçerek kurulmasını temin etmedikçe, çocuklarımızın hayatlarının bir bölümünde devam edebildikleri okulları arzu ettiğimiz seviyede ve kalitede görmeyi isteme hakkımız da olmayacaktır.

Evlerimizin rabbanîleştirilmesi, mescitlerimizin rabbanîleştirilmesi de öncelikle evlerimizin esası olan kadınlarımızın rabbanîleşmesi, o rabbanîleşmenin simgesi durumunda olan Meryem'e benzemeleri ihtiyacını karşımıza çıkaracaktır. Mescitlerimizde, mihraba geçip bize tekbir getirerek batıla ve nefse karşı savaş ortamında bizi idare eden durumundaki imamlarımızın, Allah'ın adını her gün yücelten müezzinlerimizin kimin vekili olduklarını, kimin makamına vekâlet ettiklerini müdrik olarak iş yapmalarını gerektirecektir.

Namazı memurluk gereği kıldıran arkasında kılınan namazın eğitim gücüyle, kendisini Resûlullah sallallahu aleyhi ve sellemin makamında cılız bir vekil olarak görüp ayaklarının bağı kesilerek o makamda namaz kıldıran bir imamın arkasındaki namazın eğitim gücü aynı olabilir mi? Kendisini Allah'ın insan üretmek için seçtiği bir fabrika gibi görüp, doğurduğunu Allah'a adama lezzetini hisseden mü'min kadınla, erkeğinin hakkı olduğu için bir çocuk doğurmayı kabul eden bir kadının kıyas edilmesi mümkün müdür? Eğitim için okuldan önce ev seçilmelidir. En büyük öğretmen annedir. Anneyi yetiştiremeyenlerin iyi öğretmen arayışları gece karanlığında odun toplamaya benzetilse yeridir.

Çocuklarımızın eğitilmesinde kısa vadeli düşünceler sakıncalıdır. Beş yıllık planlarla iş yeri kurulabilir ama insan yetiştirilemez. Uzun, en uzun olan hesaplarla yola çıkılmalıdır. Bir anne-babanın çocuğuyla ilgili planı, doğumdan önce başlamalı ama ölümle bitmemelidir. Bir çocukla cennette sürdürülecek beraberlik hesap edilerek plan yapılmalıdır ki o plan meleklerin de desteği ile sürsün. Diploma, iş gibi kısır ideallerin öldürdüğü planlar sadece dünyeviliği yansıtır.

Çocuğu Eve Kaydettirmek

Çocuk ve kaydettirmek kelimeleri bir arada bulunduğunda, teamülde okul için kullanılan kelimelerdir. Çocuk okula kaydettirilir. Medreseye kaydettirilir. Ebeveynin en tabii görevlerinden biri de şüphesiz çocuğunu "Bir okula kaydettirmektir." Son zamanlarda bu kaydettirme, "iyi bir okula kaydettirme" şeklinde telaffuz edilmeye başlanmıştır. Toplum gitgide, ebeveynlik görevinin önemli bir bölümünü bu kavrama daraltmaya doğru ilerlemektedir.

Âdeta "iyi bir okula kaydettirmek" hatta "okula kaydettirmek" çocuk için de ebeveyn için de gerekenin yapılmış olmasını yansıtmaktadır. İyi bir okula kaydettirilen çocuklar, kurtulanlar ve yükselenler olmakta, iyi bir okuldan nasibi olmayanlar ise yetişmekten ve yükselmekten mahrumları temsil etmektedirler.

Toplumun okul ve diploma merakının, tamamen yanlış kabul edilmesi de gerekmiyor şüphesiz. Okul ve diplomanın temsil ettiği sosyal temsil gücü büyük oranda gerekli ve tabii bir ihtiyaçtır. Bilhassa mü'min bir ailenin, çocukları için eğitim ve okul endişesi taşımaları, okullar arasında tercihte bulunmaları onların vazifeleri arasındadır fakat okul ve diplomadan vereceğinden fazlasını beklemek doğru değildir. Okulun verecekleri bellidir ve asla okulun verebilecekleri arasında bir annenin verebilecekleri yoktur. Hiçbir bilgi ve eğitim, bir çocuğun izlediği annesi kadar tabii ve müessir değildir. Anne kadar "iyi okul, iyi öğretmen" kim olabilir?

Annelerin, anneliklerini ikinci plana itebilecek işlerle meşguliyetleri bugün aileleri iyi okul arayışına sevk etmiş ise ortada düzeltilmesi gereken bir hata vardır. Bu hatanın düzeltilmesi, çocukların iyi okullara gönderilmesi ile mümkün olmayacaktır. Çocuklar için iyi okul arayışından önce onların anneleri için iyi evler, kıblegâh evler tesis edilmeli ve çocuklar acilen evlere kaydettirilmelidir.

Annelik ve annenin yoğunlukla temsil ettiği aile, mücerret bir kutsiyet noktası olarak görülmekle yeterli bir takdir görmüş olmaz. Hadisi şeriflerdeki ifade ile "çocuklarımız için iyi bir tarla" durumunda olan annelerin, o anneleri barındıran ailelerin, çocuklarına ait sorumluluklarını ikinci kurumlara yani okullara hatta medreselere yüklemeleri, kimseyi nesil yetiştirme sorumluluğundan kurtaramayacaktır. Eğer maksat, çocukların diploma sahibi olacak kadar öğrenmeleri ise o takdirde okul yeterli olabilir. Ama meselemiz insanın hak ettiği makama uygun bir nesil yetiştirmekse ilkokul ev, ilk öğretmen de anne olmalıdır.

Anneler, anneliğin doğumla beraber başlayan bir öğretmenlik olduğunu idrak ettikten sonra, anneliğin üstünde bir işi iş olarak kendileri için benimsemeyerek öğretmenliklerine ihtimam gösterirlerse o takdirde bizim çocuk eğitimimiz önemli oranda rahatlamış olacaktır. Hangi okul diye bir arayış içine girmeden herkes çocuğunu, öğretmeni anne olan evine kaydettirerek, eğitim için en uygun olanı yapmış olacaktır. Herhâlde dinimizin anneyi bezediği onca tazim ve ihtiram, sadece doğurmuş olmaktan ötürü değildir. Doğurmak ve eğitmek beraber olduğunda annenin anneliği, mükemmellik seviyesine yükselecektir.

Evlerimizde anneliğin değer ve etkinlik olarak yükselmesine mâni olan ne varsa biz onu, eğitimin engelleri olarak görebiliriz. Annelerin, annelik dışındaki meşguliyetlerinin umumiyetle "çocuklar için" diye adlandırılmasıyla aklanmış olunmuyor.

Elbette çaresiz değiliz. Umudumuz sönmüş değildir. Yoğun ve yorgunuz ama alternatifsiz değiliz.

Evler kıblegâh evler, anneler de ilk ve tek öğretmenler olarak yerini alsın. Böylece aile, sözü edilip de bir türlü gerçekleştirilemeyen kutsiyetine kavuşsun. Eşler birbirlerinin huzur membası olsun. Helal ve haramların dikkate alındığı, ibadetlerin saat gibi işlediği yuvalar olsun. Sılayı rahmin Allah'ın kesin emirlerinden bir emir olarak görüldüğü ve icra edildiği bağlar kurulsun.

Komşuluğun dinle ilgili görüldüğü, kul hakkının kılıçtan keskin kabul edildiği idraki yerleşsin. Anneler babalar sabrı kuşansın. Erkekler yerlerine, kadınlar da yerlerine otursun. Eşya, eşya kadar değerli tutulsun; insan da insan kadar. İnsan insan olsun, kulluğunu bilsin.

Anneler anneliklerine kavuşunca çocuklar için kayıt sorunu da çözülmüş olacaktır. Bütün çocuklar vakit geçirilmeden evlerine kaydettirilmeli, annelerine teslim edilmelidirler. Tabii olan budur. Allah'ın emri de budur.

Rabbanî Bir Eğitim İçin

a- Eşyayı ve insanı yerli yerine oturtmak birinci esas olmalıdır. İnsan her şeyden öncedir. Her şey insan için vardır. İnsan da Allah'a kulluk için vardır. Plan ve çalışma bu mantık üzerine kurulu olmalıdır. Ahiret için yaşıyoruz ama ahiretimizi dünya üzerinden kazanacağız. Ahireti istediğimiz kadar dünyadan da nasibimizi unutmayız. Dünyanın bütün mübahlarına talibiz fakat hiçbir mübah boğulma ve erime nedenimiz olmamalıdır. Eşyanın doğal yeri, insanlar arasındaki doğal tasnif Allah'ın yaptığı tasniftir. Modern gelişmelerin ortaya çıkardığı tasniften dinimizin temel esaslarına aykırı olanı alamayız. Eğer dinimiz ahlakı öne çıkardı ise biz, işi ve sermayeyi öne çıkaramayız. Mesela bir aile tesisi için "dininden ve ahlakından razı olduğunuz" birini uygun görün dedi ise bunun yerine biz, işi ve kazancı öne çıkaran bir anlayışı kabul edemeyiz.

b- İlimler arasında öncelikli ve daha önemli ayrımı yaparız ama gereksiz ilim görmeyiz. Akide ilmi alfabeden öncedir. Konuşmayı, yazmayı bilmeden hatta Kur'an öğrenilmeden akide öğrenilmelidir. Akide en üst ve sarsılmaz yerine oturduktan sonra diğerleri önem sırasına göre gelmelidirler. Beşerî isimlerle adlandırılan ilimler de insana yararı kadar önemli ve önceliklidirler. İlimsiz kalmak kadar ağır bir yanlış olan iki hataya düşmemeye dikkat ederiz:

Bunların birincisi, ilimler arasındaki sıralamanın yanlışlığıdır. Anatomiyi bilmeyene cerrahi tatbikatın yaptırılmasındaki ağır hata bunun örneği sayılabilir.

İkincisi de yetenek farklılığına rağmen Allah'ın her insana farklı yerleştirdiği yetenekleri yok sayarak herkesin her alanda uzmanlaşabileceği anlayışını yansıtan "bir alanda eğitim" baskısıdır. Bunun örneği olarak da farz ilim olarak namaz kılacak kadar Kur'an bilmenin yeterli olacağı kabiliyet sahibi bir insana bütün Kur'an'ı ezberleme zorunluluğu getirme hatası sayılabilir. Herkes yeteneği ile baş başa bırakılmalıdır. İlmin yersiz verilmesi de bir tür cahil bırakmadır.

c- Tefekkürde aşırılığa sevk edecek ifrat nedeni olan eğitim de rabbanîlik açısından hatalıdır. Allah sevgisi dışında sınırsız bir sevgi ve alaka yoktur. Hiçbir ilgi ve bilgi abartılmamalıdır. Hor görülme, kıymeti bilinmeme seviyesine de düşürülmemelidir ama abartılan ilgi ve alaka, hayatın bir alanını abartıp diğer alanlarında körelmeye neden olacaksa bu yanlıştır.

d- Bilgide ve uygulamada masumluk yoktur. Kimse de kâmil değildir. Kemal sıfatı Allah'a mahsustur. Masumluk da nebilere aittir. Bizim eğitimimizin rabbanîlik kalitesini yakalayabilmesi için eğitenin ve eğitilenin üzerinde kemal ve ismet sıfatlarının bulunmayacağını bilmiş olmalıyız.

e- Bilgiyi uygulama için elde etmediğimiz sürece o bilgiden ibadet ecrinin oluşması mümkün değildir. İbadet düzeyinde olmayan bir bilgi de kimseyi Rabb'ine kavuşturmaz. Bu kural, tefsir ilmi için de geçerlidir coğrafya ilmi için de.

f- Dinde yenilik peşinde olmak veya yeniliğe alet olmak da eğitimimizin rabbanîleşmesine mânidir. Dini olduğu gibi korumak ve bir sonraki nesle aktarmak asıl amaç olarak öne çıkarılmalıdır.

g- İlim öğrenmede ve insan eğitmede tedric (adım adım gitmek) Kur'an medeniyetinin koyduğu bir esastır. Hazmederek ilerlemek birden ilerleme arzusuna göre daha başarılı bir metottur. Bu adımlamanın gereklerinden biri de avam ve havas arasındaki algılama farkına dikkat ederek eğitim vermek olmalıdır. Avamdan olmak yani bir ilim dalında derinleşme imkânı olmayan bir mevkide olmak ilme ve eğitime yüzeysel bakabilmek demektir. Eğiten ve öğreten kim ise o bu hakikate dikkat etmelidir.

h- Eğitim ve öğretim açık seçik kavramlar üzerinden yapılmalıdır. İnsanlar sözlüğe muhtaç olmadan verileni alabilmelidirler.

i- Kur'an'ımız, "güzel öğüt kullanmayı ve en güzel olanla Allah'a davet etmeyi" tavsiye ederken bize de eğitimin ana kurallarından birini göstermiş olmaktadır.

j- Peygamberler başta olmak üzere Allah Teâlâ'nın Kur'an'da örnek gösterdiği isimler ve Ümmet'in tarihini yazan isimlerin örnekliğinin öne çıkarıldığı bir eğitim tatbik edilmelidir.

k- Şatıbî, on alanda gündem oluşturmayı, soru üretmeyi mü'min kültürüne aykırı bulmaktadır. (Muvafakât, Âl-i Selman baskısından özetle, 5/387) Böylece Şatıbî, eğitim ve öğretim önceliğimiz konusunda da bize ışık tutmaktadır.

Din ve davet konusunda gereksiz olan tartışmalar,

Yeterli seviyenin üstünde kalan bölümü tartışmaya açmak,

Zamanı olmayan konularda gündem açmak,

Derin ve muğlak konulara dalmaya zorlayan konular,

Akıl yürütülemeyecek meselelerde fikir yürütmeye çalışmak,

Zorlamaya sevk eden, tabii seviyeyi aşan konular,

Kur'an ve Sünnet açısından ters düşen konular,

Kur'an'ın müteşabih konularına yani Allah Teâlâ'nın kullarına açmadığı bilgilere dayalı konular,

Sahabe, selefi salihin ve ulema arasındaki tartışmaların öne çıkarıldığı konular.

l- Eğitimimizin rabbanî olması muhasebe edilir ve tarafları muhasebeye hazır bir eğitim olmasını mecbur kılmaktadır. Kıyamet gününün hesabına hazırlanan mü'min, dünyada da bir hesap şuuru ile yaşamalıdır.

Ebu Davud'un Üseyd bin Hudayr radıyallahu anhtan rivayet ettiği bir olay, örneğimiz ve önderimiz Resûlullah sallallahu aleyhi ve sellem üzerinden kendimize öğüt almamıza yarayacak bir örneği temsil etmektedir:

Üseyd cemaate konuşma yapıyordu. Konuşmasında da güldürücü espriler vardı. O cemaati güldürürken Resûlullah sallallahu aleyhi ve sellem elindeki bir odun parçası ile onu dürttü. Bunun üzerine Üseyd, kendisini incittiğini söyleyerek hakkını almak istediğini söyledi. Resûlullah sallallahu aleyhi ve sellem de: "Hakkını al!" (Yani "Sen de bana vur.") dedi. Üseyd: "Senin üzerinde gömlek var. Benim üzerimde gömlek yoktu." dedi.

Bu sefer Resûlullah sallallahu aleyhi ve sellem gömleğini kaldırdı. Üseyd, Peygamber aleyhisselamı bağrına basıp onun böğrünü öpmeye başladı. Sonra da dedi ki:

"Ya Resûlellah! Ben bu öpmeyi istemiştim." (Edeb, 150/5224)

Siretinebiye ait bu tatlı hatıra, her şeyden önce sevgili Peygamber aleyhisselam efendimizin bir itiraza karşı nasıl cevap verdiğini örneklendirmektedir. Eğitim ve öğretim alanında bunun kadar cazip bir örnek nereden bulunacaktır?

Eğitim ve öğretimimiz muhasebeye açık tutulmalıdır; harcanan mal kadar harcanan umutlar ve emeller de muhasebe edilmelidir.

m- Eğitimimizin rabbanîleşmesinde en önemli etkenlerden biri de dünya nimetlerine kapılıp kalmaya karşı alınacak tedbirler olacaktır.

Dinimizin bizden dünyadan el etek çekmeyi beklemediğini bilakis dünya nimetlerinin de mü'min kullar için sunulmuş bir lütuf olduğunu biliriz. Her nimetin aynı zamanda bir imtihan olduğunu da biliriz. Hiçbir nimet hesapsız ve sınırsız sunulmuş değildir. Bu bilinçle kullanılmaları hâlinde nimetler nimet olarak kalır. Bu bilinç olmadan sunulan nimetler nimetlikten çok sıkıntıdır.

Sevgili Peygamber aleyhisselam efendimiz üzerinden inceleme yaptığımızda şunu görürüz: Tatlı ve güzel şeylerden hoşlanıyordu ama sürekli onlarla iç içe değildi. Sınırsız bir şekilde de onlara dalmıyordu. Kadınları sevdiğini defalarca dillendirmişti. Kesilmiş bir hayvan eti için "Şurasını daha çok seviyorum." ifadesini kullanmıştı. Ashabı da bunları çok iyi biliyorlardı.

Bütün bunlara rağmen sevgili Peygamber aleyhisselamın hayat tarzı zevklere dalmama, aşırıya kaçmama üzerine kurulu idi. Nesil yetiştirirken oluşturduğumuz eğitimin rabbanîlik düzeyini yakalamasının en önemli mânilerinden biri, çocukların aile büyüklerinden daha lüks ve daha masraflı bir hayat yaşamaya alıştırılmalarıdır. İleriki dönemlerde kendilerinden büyük fedakârlıklar beklenecek bu gençlerin, hiçbir fedakârlık yapmadan, kanaatkârlık eğitimi görmeden tam aksine lüks düşkünü olarak yetişmeleri hâlinde kendilerini lüksün olmadığı hayata alıştırmaları zor olmayacak mı?

Küçükken yapamadıklarını büyükken nasıl yapacaklar? Evet, lüks ve zevke uygun yaşamak bu asrın getirdiği bir imtihan çeşididir. O kadar ki fakirlik standardı yokluğu değil, lüksü bulamamayı temsil eder duruma gelmiştir.

Cihat kalitesinde işlere aday olarak yetiştirilecek neslin sadece sefere çıkma, silah kullanma, yazı yazıp kudretli konuşmalar yapma üzerine yetiştirilmesi yetmez. Nefsine mâni olabileceği, keyfinin bozulmasına karşı hazırlıklı olacağı bir ortamı gençler muhakkak görmelidirler. Telefonsuz da yaşanabileceğini, her istediğinin hemen olmasının her zaman mümkün olmayacağını bilmelidirler. Biz de ticaretin bile evden çıkmadan bir tuşla yapılabilir hâle gelmesinden kendimize ipuçları çıkarmalıyız.

Ailelerimizde "infak günleri" tayin edebilir, aile fertlerinin kendileri dışındakileri de kendileri gibi düşünebilecekleri fırsatlar üretebiliriz.

Nafile oruca yoğunluk kazandırılması böyle bir anlayış için iyi bir eğitimdir.

En azından belli dönemlerde evlerimizde yeme içmeye sınırlar getirebiliriz. Mesela bir ay yağ tüketimini, öbür ay şeker tüketimini kısabiliriz. Bir hafta kahvaltıları normalleştirebiliriz yani bir iki çeşitle yapabiliriz. Nefsimizin çok arzuladığı şeylere ara sıra sınır koyabiliriz.

Kesinlikle selefimizin hayatına dair bize ciddi yollarla ulaşan bilgileri ailece okuyup öğrenmeliyiz.

Öncelik Planı Örneği

Akide, fıkıh bilgisinden önce gelmelidir.

Fıkhın ana bilgileri, farzlar/haramlar ayrıntılı bilgilerden öncedir.

Kur'an ve Sünnet diğer ilimlerden öncedir.

Kur'an'ı namaz kılacak kadar öğrenmek, onu okuyarak ibadet etmekten öncedir. Kur'an okuyan mü'min olmak onu ezberlemekten öncedir. Amel edecek kadar hükümlerini bilmek tefsirini okumaktan öncedir.

Hadis ilmi için de Kur'an ilmi için söylenenler geçerlidir.

İlmihâl bilgileri diğer fıkıh bilgilerinden öncedir.

Yeteneğimizin uygun olduğu ilim dalı zorlanacağımız ilimden öncedir.

Çevrenin iyi olması, iyi bir okul ve iyi bir öğretmenden öncedir.

Farklı Bir Örnek!

Ashaptan Abdullah bin Amr bin As'a birisi "muhacirlerin fakirlerinden sayılıp sayılmayacaklarını" sormuş. O da: "Beraber olacağın bir hanımın var mı?" demiş. "Evet." cevabını alınca: "Gireceğin bir evin var mı?" diye sormuş. Cevap yine "evet" olunca: "Sen zenginlerdensin!" demiş. Bunun üzerine adam: "Benim hizmetçim de var!" deyince şöyle demiş: "Sen o zaman krallardansın." (Müslim, Zühd, 2979)

İlk Nesil Üzerinden Bir Örnek

Resûlullah sallallahu aleyhi ve sellemin ashabının faziletlerini hepimiz biliyoruz. Onların, önlerindeki Peygamber aleyhisselama hizmetlerini, dinin bize kadar ulaşmasındaki üstün himmetlerini dillere destan olmuş şekliyle biliyoruz. Dikkatimizden kaçmaması gereken bir husus daha var onlarla alakalı olarak. O da şudur: Ashabın dine hizmetleri itibarıyla ele alınması hâlinde onların tamamının aynı oranda hizmet erbabı olmadıkları hatta bir çeşit hizmeti hepsinin aynı anda yapmadığı görülür. Hepsi Kur'an hafızı değil. Hepsi hadis rivayet etmemiş. Hepsi fetva vermemiş. Hepsi zeki değil. Hepsi güçlü mücahit değil. Hepsi Ömer değil. Hepsi Ali değil. Aralarında çok büyük farklar var.

Bu farkı biraz ilimle meşgul olan herkesin kavrayabileceği bir örnek üzerinden de izleyebiliriz. Ashabın iki meşhur ismi Ebu Hureyre ve İbni Abbas -Allah ikisinden de razı olsun- dine hizmetleri bakımından büyük bir şöhretin sahibidirler. Birinin şöhreti hadis kitaplarında diğerininki de tefsirlerdedir. Ebu Hureyre'nin ezber zekâsı ve o zekâdaki üstün kabiliyeti onu tarihin erişilmez noktalarına götürürken, İbni Abbas'ın fıkıh melekesi, kıvrak zekâsı onu başka bir açıdan Ebu Hureyre'den aşağı kalmayacak bir noktaya taşımıştır ama ikisinin icra ettiği iş asla aynı değildir. (Bu hususta İbni Teymiye'nin Fetava'sında 4/93'den bu konu ile alakalı güzel bir değerlendirmeye bakılabilir.)

Resûlullah sallallahu aleyhi ve sellemin ashabını, her birinin yeteneklerine göre değerlendirmesi ile muvaffak bir ordu hâline getirdiğini söylememizde bir sakınca yoktur. Halid'den Ebu Hureyrelik beklememiş, Ebu Hureyre'den de Alilik beklememiştir. Resûlullah sallallahu aleyhi ve sellem en güzel örnek olduğuna göre insanların eğitiminin rabbanîleştirilmesi sürecinde Efendimiz sallallahu aleyhi ve sellemin örnekliği esas alınmalıdır.

Oruç Bozanlar Kazandı!

Enes radıyallahu anhın anlattığına göre ashabı kiram, Resûlullah sallallahu aleyhi ve sellem ile beraber bir yolculukta iken bir grup sahabi oruçlu idiler. Bir grup da oruçlarını bozmuşlardı. Çok sıcak bir ortamda bulundukları için oruçlu olanlar hareketsiz kalakalmışlardı. Orucunu açtıkları için su içip serinlenenler ise iş yapma, hizmet imkânına sahiptiler. Onlar yoruldular, oruçlular dinlendiler. Bunun üzerine Resûlullah sallallahu aleyhi ve sellem buyurdular ki:

"Bugün oruçlarını açanlar sevabı kazandılar!" (Bkz. Buharî, Cihat, 71/2890; Müslim, 1119)

Orucun en büyük ibadetlerden biri olduğunda hiçbir şüphe yoktur.

Peygamber aleyhisselam, oruç tutmayanları tutanların üstüne çıkarmış ve onların sevabı kazandıklarını bildirmiştir. Burada zımnen de olsa o gün oruç bozmayanlara bir tür ayıplama vardır.

Oruç açanların yaptığı iş, neyin ne zaman daha üstün olacağını takdir etmekten ibarettir. Yoksa oruç bozmak diye bir sevap çeşidi olamaz. O gün oruç bozmak bir ruhsattı ama o ruhsatla elde edilecek imkânla, başında Peygamber aleyhisselamın bulunduğu bir orduya hizmet edilecektir ki bu idraki yakalamak takdir görmüştür. Neyi ne zaman nerede yapacağını bilmek de bir ilimdir ve rabbanîlik düzeyinde şuurdur.

İbadetlerde Sıralama Kesinlikle Vardır

Dinin hükümlerinin farzlar ve farz olmayanlar, sünnetler ve edepler şeklinde tertip edilmesi her şeyden önce, Allah'ın kullarından istediği işler arasında bir öncelikli ve önemli sıralamasının bulunduğunu göstermektedir. Haramlar ve mekruhlar tasnifi de bu açıdan bakıldığında aynı şeyi ispat etmektedir. Resûlullah sallallahu aleyhi ve selleme sık sık sorulan sorulardan biri olan "Hangi amel daha değerlidir?" şeklindeki soruların sorulmasına müsaade etmesi ve farklı zamanlarda farklı cevaplar vermesi de Allah için yapılan ameller arasında bir sıralamadan söz etmenin gerekliliğini gösterir. Müslümanların insan yetiştirirken böyle bir açıdan eğitime bakmamaları mümkün değildir. Belki de rabbanîliğin ilk şartı olarak ele alınmaya değer bir konu olarak bu incelenmelidir. Kime önce ne öğretilmelidir, nereden başlanmalı nelerle devam edilmelidir?

Tevbe suresinin 19. ayeti, ikisi de Allah için yapılan ve ibadet olan hacılara su dağıtmak, Mescid-i Haram'ın imarı ile ilgilenmekle Allah yolunda cihat etmek arasında karşılaştırma yaparken iki işin aynı olamayacağından söz etmektedir. Haramlardan söz eden ayetler büyük/küçük günahlar ayrımı yapmaktadır. İmanın yetmiş küsur şube olduğunu bildiren sahih hadisi şerif, birinci, ikinci şeklinde bir sıralamayı imana bağlı konularda bile yapmaktadır.

Buradan hareketle yapılacak bir tahlilde Müslüman'ın dini ile alakalı işlerde neyi ne zaman nasıl yapacağı konusunda Kur'an ve hadis eksenli bir siyaset izlemesinin gerekliliği gayet açık bir şekilde anlaşılır.

Yine fukahanın Müslüman'ın yaşam tarzını belirleyen standartları "zaruriler, ihtiyaçlar ve lüksler" şeklinde belirlemesi de gayet anlamlıdır. En doğal bir ev ihtiyacını gidermede dahi, zaruri olan vardır, ihtiyaç olan vardır. Lüks olan vardır.

Müslüman'ın, "Allah emretti!" diyerek başlaması, samimi olmasına samimi olabilir ama yeterli olmaz. "Allah neyi ne zaman, nasıl emretti, ne kadar emretti?" ise öyle yapıldığında rabbanîlik kalitesine gidilen yola girilmiş olacaktır. Aksi takdirde sadece usul bilmemek bile bizim için zaman ve ecir kaybına neden olacaktır. Daha da önemlisi usul bilememeyle, elimizdeki imkânları -başta çocuklarımız olmak üzere- hakkıyla değerlendirememiş olacağız. Aile içi huzur ve aileden beklenenler açısından da bu kuralı öne sürebiliriz.

Din öğrenmek için hocanın önüne diz çöken öğrenciye nereden ve nasıl öğretileceğini bilmeyenlerin, Arapça biliyor olmaları, fıkıh okumuş olmaları bu asırda "bilmiş" olmaları için yeterli değildir.

İyisi Değil "En İyisi"

Mülk suresinin 1-2, Hûd ve Kehf suresinin 7. ayetleri, mü'minlerin önüne rabbanî bir hedef koymaktadır. Bu hedef, mü'minin iman ehli olarak -namazdan cihada, sadakadan infaka kadar- bulunduğu her yerde, çalışma karakteri olarak önündedir. Bu ayetlerde Allah Teâlâ, ince bir çizgi üzerinden mü'min kullarından beklediği kulluk kalitesini ilan etmektedir: "Kimin daha iyi iş yapacağını görmek!"

Ayetlere dönüldüğünde görülecektir ki ayetler, göklerin ve yerin altı günde yaratılması, her şeye kadir olan Allah'ın ölümü ve hayatı yaratması, yeryüzünde ne varsa onu bir süs olarak yaratmasının amacı, kimin daha iyi iş yapacağını görmek üzerine kuruludur. Mü'min idraki, mü'min işi mücerret bir iş değildir. Bilakis kalite üzerine kurulu, daha iyiyi hatta en iyiyi arama üzerine kuruludur. Bu anlayışın en tabii gereklerinden biri, yapılan her işi ibadet düzeyinde algılayabilmek, ihsan makamında iş sahibi olabilmektir.

Adalet Sadece Mülkün Temeli Değildir

Adalet sözcüğü genelde yargı ve siyaset etrafında dönen konularda akla gelir. Hâlbuki Hadid suresinin yirmi beşinci ayeti, bütün enbiyanın gönderilmesini, onlara verilen mucizeleri, ellerindeki kitapları ve mizanı, insanlar adalet içinde olsunlar diye bir gerekçe ile bezemektedir. Adalet, mü'min karakteridir. O karakter, ailesinde, işinde, evinde ve sözlerinde bulunur. Adalet bütün insanlarda, bütün insanlar için, hayatın bütününde bulunmalıdır ki Allah'ın maksadı tahakkuk etsin.

Kapasite Fıtrattandır

Allah Teâlâ'nın kullarını, kadınlı erkekli, siyah beyaz, uzun kısa yaratması kadar büyük bir hakikat de her kulunu farklı bir kapasite ve yetenekte yaratmış olmasıdır. Kimse kimse gibi değildir, herkes sadece kendisidir. Evet, bütün insanlar için uyarlanabilecek bir ortak kapasite vardır ama bu ortak kapasite zaten Şeriat'ın ortak emirleri için kullanılmaktadır. Herkes namaz üzerinde ortak bir kapasiteye sahiptir.

Bütün insanlar, özürleri yoksa namazı kaldırabilecek kapasitededirler. Namaz fıkhı üzerine derinleşmek ise farklı yeterlilikleri gerektirir. İstisnai durumlar dışında, ortak kapasite ile yapmamız gereken işlerle özel olarak eğitim gerektiren işler arasında benzerlik kuramayız. Rabbanî eğitimin özelliklerinden biri de her taşı yerli yerinde kullanmak, herkesi yaratıldığı iş için değerlendirmektir. Kitabımız Kur'an'da şu ayetlerde bu hakikati izleyebiliriz: Bakara, 286; A'raf, 42; Talak, 7.

Bir Anlayış Örneği

Eğitimi, okul yaşına gelmiş çocukların elinden tutup bir okula kaydetmekten ibaret göremeyeceğimize göre asıl eğitimin, insanı insan kalitesinde yaşayacağı ortamda tutmak olduğunu biliyoruz demektir. Böyle bir anlayış ise bizi, neyi ne zaman ve ne kadar yapabileceğimiz bilgisini öğrenmeye mecbur tutmaktadır. Öncelikliler, önemliler, gerekliler şeklinde bir tasnifi, günlük hayatımızda ve ibadet telakkimizde yakalamaya da mecburuz.

Genel bir yaşama tarzı olarak kendimize şöyle bir anlayış ve tatbik tablosu çizebiliriz:

İlk görev, şirkten ve şirk sebeplerinden uzak kalmaktır. Buna imanı sahiplenme adını da verebiliriz.

Bundan sonra Allah'ın haramlarından korunma, haramsız bir ortamda bulunma gayreti içinde bulunuruz.

Sonra da Allah'ın emirlerini yerine getirmeye çalışırız.

Sünnetler, edepler bunlardan sonra gelir.

Mekruhsuz bir ortamda bulunmak ise bundan sonraki gaye olmalıdır.

Son olarak da mübahları yerli yerinde değerlendirme gayretimiz gelmelidir. Bu da bizim mekruhları kuralsızlık kuralı gibi görme aşırılığına neden olmayacak bir çizgide olmalıdır.

Unutulmuş Bir Eğitim Konusu

Mü'min, fert olarak da aile olarak da üç düşmanla savaşmadan Allah'ın rızasını kazanamaz. Bu savaşa biz cihat diyoruz. Cihadın hükmü de farzdır. Bu üç düşman, nefis, şeytan ve küfür ehlidir. Bir mü'min, hangi durumda olursa olsun her anı bu üç düşmandan biri ile cihat ettiği bir andır. Bizim cihada mesafemiz yani bu üç düşmanla vuruşmaya karşı tavrımız ne kadar mü'min olduğumuzu ispat edecek bir belge durumundadır. Cihadı meydanlarda vatan savunması olarak anlama kısırlığı, diğer iki düşmandan birinin elinde esir olmakla sonuçlanabilecek bir hatadır.

İnsan eğitiminin cihattan ayrı düşünülmesi, bu düşünce Kur'an eğitimiyle beraber bulunmuş olsa bile kulluk açısından olumsuz sonuçlara esirdir. Nefsiyle, şeytan ve sistemiyle, küfür ve sistemiyle cihat ruhu edinmemiş insanın hangi kapana kapılıp gideceği belli değildir. Mü'minlerin zamanımızdaki dağınıklığına, başkalarının hâkimiyeti altında yaşamaya mecbur tutulmuş hâllerine bakarak cihat için karar vermek, Allah'ı tanıyamamaktır. Bu durum ilk mü'minlerin de Mekke'de benzer bir hayat yaşadıklarını gerekçe göstererek, evlere kapanmaya, maişet derdiyle yoğrulmaya gerekçe olamaz. Mü'minlerin başkalarının hâkimiyeti altında yaşamaya mecbur tutulmuş hâlleri Yesribleri Medineleştirme emelleri ile dolu olmamızı ve her birimizin Musablaşmasını en azından o heyecanla dolu olmasını gerektirmektedir.

Belki mü'minler, silahlı bir mücadeleye girecek durumda değildirler ancak bu durum ne ebedîdir ne de cihat sadece silah kullanmaktan ibarettir. Bilakis cihat, Allah için ne yapılması gerekiyorsa onu yapmaktır.

Delidolu bir cihat anlayışı kadar; içine kapanmış, sıfır umutlu bir anlayış da İslam akidesine muhaliftir. Mü'minlerin Mekke dönemi varsa Medine dönemi de vardır. Nesillerimizin eğitiminde bu mantığın unutulmaması gerekiyor. İslam'ı bugünkü Müslümanların durumuyla tanıtmak büyük bir iftiradır. Geçmişteki muhteşem sahnelerle avunup, benzerleri için gayret etmememiz de bir tuzaktır, bir daha tarih sahnesine dönemeyecek bir dinin mensupları olarak yaşadığımıza inanmak da tuzaktır. Her iki tuzağı da kuran, şeytandır.

Resûlullah sallallahu aleyhi ve sellem buyuruyor ki:

"Cihat etmeyen ve cihadı planlamayan münafıklık şubelerinden biriyle ölür." (Müslim, 158)

Hadisi şerifin ifadesi gayet açıktır: İslam için çalışmamak, İslam'ı dert edinmemek nifak tehlikesi ile yaşamaktır ve bu tehlike kişiyi en kritik anında yani ölüm anında bulacaktır. Herkes dini için elinden geleni yapmaya mecburdur. Bu bir fantezi, ihsan değildir. Elbette her Müslüman'ın yapabilecekleri aynı olmaz; dili işe yarayan dilini, eli işe yarayan elini, malı işe yarayan malını kullanacaktır.

Verilmesi gereken ne ise o verilecektir. Hangi fedakârlıksa aranan onu feda edecektir. Yeri gelecek maldan, yeri gelecek vakitten, yeri gelecek hatıralardan, zevklerden fedakârlık yapılacaktır. Cihat da budur. Bilhassa çocuklar yetiştirilirken onların bu ruh hâline sahip olarak yetiştirilmeleri gerekiyor. Daha sonra aşılama ile cihat mantığının verilebilmesi güçleşmektedir.

Bu hadisin tehdidinden kurtulmanın, akşam yemeğinden sonra oturup cihat muhabbeti yapmakla olmayacağını mü'min anlar. Kalpler Allah'ın elinde iken biz dillerimizle bir şey ispat edemeyiz.

Uyku ile Başlanmalıdır

Cihat, nefse, şeytana ve küfür ehline karşı olacağına göre nefsi etkileyen unsurlar disiplin altına alınmadan, fiilî bir cihat yapmak mümkün olmaz.

Uyku, insanın yemekten daha aşağı kalabilecek bir ihtiyacı değildir. Yer yer uykunun, yeme ihtiyacını da geçebileceğini söyleyebiliriz. Uykusuz ne kadar ayakta kalabileceğimize ve gıdasız ne kadar kalabileceğimize bakarak uykunun önemi hakkında bilgi sahibi olabiliriz. Günlük altı-yedi saat arasında bir uyku düzeni oluşturulması, aynı saatlerde yatılıp kalkılması, uyku ile yemek arasına en az altı saat bir mesafe konması gibi sebepler hazırlanarak uyku disiplini oluşturulabilir.

Müzzemmil suresi iyi incelenerek uykunun nereye oturduğu anlaşılabilir. Kur'an davasını yüklenecek nesilleri Allah Teâlâ'nın önce uyku sınavından geçirdiğini, uykudaki başarılarının üzerine onları Kur'an davasını taşıyacak nesil olarak çıkardığını' görebiliriz orada. Bu bir cihat eğitimidir.

Mücahit ile haramlar arasında da asla bir yakınlık olmamalıdır. İyi bir eğitim ya da eğitimin rabbanîleştirilmesi haramların ve harama kaydıran ortamların kaldırılması, uzaklaştırılması demektir. Haramlarla iç içe bir ortamdan mücahit yetiştirilmesi nasıl mümkün olur? Dini için cihat edecek düzeyde bir nesil yetiştirmeyi hedeflemeyen eğitim nasıl İslami bir eğitim olabilir? Ne din kolaydır ne de cennet ucuzdur, gerçekçi olmalıyız.

Bu bir cihat eğitimidir.

Söze ve yoruma gerek yoktur. Kur'an, her şeyi gayet açık söylüyor. İşte, Tevbe suresinin 111 ve 112. ayetleri:

Önce 111. ayet:

"Gerçek şu ki Allah, mü'minlerden cennet karşılığında canlarını ve mallarını satın almıştır. Onlar Allah yolunda çarpışırlar; öldürseler de öldürülseler de bu; Tevrat, İncil ve Kur'an'da Allah'ın değişmez bir vaadidir. Kim Allah'tan daha iyi sözünde durabilir? Öyleyse kutlu olsun size yaptığınız sözleşmeniz. İşte bu, büyük kurtuluştur."

Bu ayet, mücahit mü'min kulların özelliklerini anlattı. Bu da 112. ayet:

"Günahlardan uzaklaşan **tevbekârlar**,
İbadetlerine devam eden **âbidler**,
Allah'a övgülerde bulunan **hâmidler**,
Lezzetlerden uzaklaşarak oruç tutan **zahidler**,
Rukü ve secdeleriyle Rablerine boyun eğenler,
İyiliği emredip kötülüğü engelleyenler ve
Allah'ın belirlediği sınırları aşmayanlar var ya!
O hâlde müjdele o mü'minleri."

Bu ayet de cihat etmeye müsait mü'minlerin altyapısını, onların gündeminin neler olabileceğini öğretiyor. Canlarını ve mallarını Allah'a verenlerin kimler olacağını gösteriyor.

Cihat eğitimi görmüş olmak bir anlamda sabır eğitimi görmektir. Eğitimin rabbanîleşmesi açısından bakıldığında, nefsin şehvetlerine, zevk ve keyif düşkünlüğüne, dış şartların baskısına, insanların içinde yalnızlığa, zor anlarda dayanmaya, yaşanan yerlerden uzak kalmaya sabretmeyi becerebilme anlamına gelmektedir.

Eğitimde Rabbanîlik Arayışının Nedenlerinden Biri: İmam mıyız?

İmam, önder kelimesinin tam karşılığıdır. Bize namaz kıldıran kişiye de bu anlamda imam diyoruz. Namazda önümüze geçen, namazda imamımızdır. Siyasette önümüze geçen siyasette imamımızdır. Ticarette önümüze geçen de orada imamımızdır. İmamlık, sadece namazla ilgili bir görevin adı değildir.

Müslüman, hayatı Müslümanca yaşamakla mükellef olduğuna göre önünde imam bulunan biridir. Camide namaz kılarken önünde imam vardır. Dünya hayatını imanıyla çevrelenmiş bir dairede yaşamaya mecbur olduğundan sokağında, ticaretinde ona imamlık edeni vardır.

Her Müslüman, bir imamın altında olduğu kadar bir başkasının da imamı durumundadır. Resûlullah sallallahu aleyhi ve sellemin "hepimizin çoban olduğunu ve hepimizin gütmekle yükümlü olduğu kimseler bulunduğunu" bildirmesi de bu anlamı tekit etmektedir.

Müslüman, imamı olan ve imamlık durumunda olan biridir. Evlerimizin imamı, iş yerlerimizin imamı, öğretmen isek sınıflarımızın imamı durumundayız. Bir dağa çekilip ecelimizi bekler durumda olmadığımız sürece imamlıktan da uzak kalamayız. Hiç imam olmayan, yürüdüğü bir caddede gördüğü yanlışı düzeltmeye karşı sorumluluk taşıdığı için bir imamlık noktasında bulunur. Müslüman olmak, imamlıktan uzak kalamamaktır.

Müslüman olmak, imamlıkla muhakkak bağlantılı durumda olmayı gerektirdiği için "İmam olamaz." Müslüman yoktur. Fakat imamlığının sorumluluğunu hissetmeyen veya hissetse bile hakkını veremeyen, içini dolduramayan Müslüman olabilir.

İmamlık önderliktir. Müslümanlık, önde ve önder bir şahsiyeti temsil etmeyi gerektirir. Güdülmek için yaratılmış tipi anımsatan Müslüman, övünebileceği bir vasıf sahibi değildir. İçini doldurduğu kimliği ile Müslüman, önder karakterli, imamlığın yüklediği sorumluluk ve çalışmayı yürütmeye azimli biri olmaya mecburdur.

İmamlık, Kur'an'da Allah Teâlâ'nın peygamberlerinin üzerinden bizi teşvik ettiği bir rütbedir de. Enbiya suresinin yetmiş üçüncü ayeti, imamlık makamının içinin nasıl doldurulabileceğini de göstermektedir:

"Onları, emirlerimiz doğrultusunda insanlara yol gösteren imamlar yaptık. Şüphesiz biz onlara namazı aksatmamalarını, zekâtı vermelerini ve iyi işleri yapmalarını emrettik. Ve onlar, yalnızca bize kulluk eden kimselerdi."

Bu ayet, önder olarak vasıflandırılabilecek imam karakterli kimseleri peygamberler üzerinden bize tanıtmakta ve o karakteri benimsemeyi emretmektedir. Ayette geçen imamlık karakterinin şu görevlerle elde edileceğini görüyoruz:

a- İnsanlara yol gösteren durumunda olmak,

b- Namazın hakkını vermek,

c- Zekât vermek,

d- İyi işler için donanımlı olmak,

e- Yalnızca Allah'a kulluğun şuurunda olmak.

Secde suresinin yirmi dördüncü ayetinde de Allah Teâlâ, imamlık vasfını elde etmeye aday olmanın dinî hayatta sabırla donanımlı olmaktan geçtiğini buyurmaktadır.

Mü'min, imam yürekli, imamlık vasfını doldurabilir şahsiyettir.

Evimizin imamı olmaya mecburuz.

Otobüs durağında beklerken de imam olarak beklemek karakterimizin gereğidir.

Namaz kıldığımız mescitte imamın arkasında imamlık vasıflarına haiz bir kişilikle dururuz.

Allah'ı ve rızasını gaye edinmiş, kulluk şuuru ile yaşamış biri olmamız imamlık arayışımızın sonuçlarındandır. Tek önder ve örnek olarak Resûlullah sallallahu aleyhi ve sellemi görmemiz, onun dışındakileri onun yerine oturtulamaz isimler olarak kabul etmemiz, imamlık seviyemizin sonuçlarındandır.

Ahlaklı bir hayat mücadelemiz, "önce ahlak" arayışımız, iş yerindeki kimliğimizin Allah'tan korkma üzerine kurulu olması da bu arayışımızın tabii sonuçlarındandır.

Evlerimizdeki tavırlarımız, evimize bakışımız, evimizi idare edişimiz, aile fertlerimizi koruyup kollamamız, onların gelecekleri ile alakalı planlarımız, onları Allah korkusu ve cennet umudu ile yetiştirme çalışmalarımız "imamları" olmamızdan kaynaklanır.

Komşulara bakışımız da böyledir. Kendi çapımızda ve çevremizde sıradanlığı aşıp imam olmayı arzulayışımız bizi bu düşünceye sevk eder. İmam olmayı düşündüğümüz için sıhhatimize dikkat ederiz. Bütün insanlığı dert edinen anlayışımız, insanlar arasında bir insan olmayı aşıp, insanların önderi, insanların imamı olma peşinde oluşumuzdandır.

İmam bir neslin, imam soyu olmak, elbette farklılıktır.

İmamlık başka, sürünüp gitmek başkadır. Biri bu Ümmet'e biçilmiş bir kaftan diğeri de başkaları için biçildiği hâlde bize giydirilmeye çalışılan yabancı bir kıyafettir. Sıradan biri değiliz; ümmeti Muhammed'iz. İmamlarız, önderleriz, öndeyiz.

İmam nesil için uğraşıyoruz.

İmamlık dersi veriyoruz, imamlık mücadelesi veriyoruz.

Mahallemizde, yöremizde ve dünyada... Cihat yapılan her yerde...

Kızlarımızı Nasıl Örteceğiz?

Tesettürün İslam adına yapılmasının zorunlu bir görev olduğunu, Müslümanlar kadar Müslüman olmayanlar bile anladılar ve kabullendiler. Önceki yıllara göre tesettürün gerekliliği konusu, daha benimsenmiş bir vakıa olarak önümüzde durmaktadır.

Tesettürümüzü bir asra yakın bir zaman, bize fikirlerini din olarak aşılamak isteyenlere karşı müdafaa ettikten sonra bugün, "tesettürü" örtülü kadınlardan korumaya mecbur kalmış gibiyiz. Örtülü ama tesettürlü olmayan Müslüman kadınlar olarak adlandırabileceğimiz bir sorunla yüz yüze geldik.

Tesettür de marka ile uygulanır oldu. Tesettür, güzelliği teşhir, cazibeyi artırma unsuru hâlini aldı. Müslümanların küçücük kızları, annelerinin kıyafetinden daha pahalı kıyafetlerle sokaklara çıktılar. Kurstur, kolejdir, toplantıdır derken Müslümanlara ait yerlerde bile genç kızlar birbirlerine markalarını tanıttılar. Örtü yeni bir şekil aldı. Örtü güzellik için aranır oldu neredeyse. İlginç ve gülünç kıyafetler peyda oldu. Başörtüsü ile alt teşhiri aynı kişide birleşebildi. Tesettür yeni bir anlam kazanmaya başlayınca çoban kıyafeti kot pantolon bile tesettür ismi ile bir arada anıldı, uygulandı.

Bu durumda Müslüman aileler, çocuklarının nasıl giyinecekleri hususunda tam bir çıkmaza sokulmuş durumdadırlar. Aslında erkek çocuklar için de küçümsenemeyecek bir sorun vardır. Yine de biz âdet olduğu üzere, erkek çocuklarını kurtulmuş kabul edelim de kızların giyiminin ne olacağını araştıralım. Araştırmamızın ana sorusu, kızlarımızı ne zaman ve nasıl tesettürle buluşturacağız?

Hiçbir ailenin bu soruşturmadan kendini kurtaramayacağı kadar yaygın bir sorunla iç içe yaşıyoruz. Kızlarımız kaç yaşında ve hangi kıyafetle tesettüre bürünecekler? Bu sorun, aslında dinimiz için ne fedakârlıklar yapabileceğimizin de göstergesidir. Hâlimizin izahı açısından da iyi bir göstergedir bu.

Kadının Tesettürü

Öncelikle şunun tespit edilmesinde fayda vardır. "Tesettür" asla giyim değildir. "Tesettür" bir kıyafet tarzının adı da değildir. Bilakis "tesettür" görmemesi gerekenin gözünden korunmaktır. Görmemesi gerekenin gözünden korumadıktan sonra hatta biraz daha "gör beni" dedikten sonra hiçbir kıyafeti tesettür adı ile anamayız. O, giyinmedir.

Kadının tesettürü öncelikle, güzelliği gizleme, gözlerden uzak tutma üzerine kurulu olmalıdır. Bu imkânı hangi kıyafet veriyorsa o tesettürdür. Bunun adı çarşaf veya başka bir şey olsa durum değişmez. İslam, belli bir kıyafet emretmemiştir denirken de kastedilen budur. Zamanımızda karşılaştığımız sıkıntı hadiste açıklanan "giyinmiş çıplaklar" hakikatini önümüze koymuştur.

Müslüman kadının tesettüründe şu incelikler bulunmalıdır:

a- Tesettür olan kıyafet, bütün bedeni örtmelidir. Tek başına başörtüsü veya tek başına bir şalvar tesettürün adı değildir.

b- Kıyafetin kendisi mıknatıs vazifesi görmemelidir. Kıyafet, alttaki bedenden önce "bak bana" diyorsa onun adı İslamî tesettür nasıl olur? Bir kıyafetin satıcısının Müslüman olması, satın alınan mağazanın kapısında tesettür yazması bir şey değiştirmez. Müslüman kadının üzerindeki dış kıyafetin kendisi ziynet niteliğinde olmamalıdır.

c- Kıyafet, bedenin ayrıntılarını teşhir edecek nitelikte ince ve şeffaf olmamalıdır.

d- Elbise veya kıyafet, darlığı nedeni ile bedenin ayrıntılarını ortaya koyacak şekilde de olmamalıdır.

e- Müslüman kadının kıyafeti erkeklerle benzeşen bir kıyafet de olmamalıdır.

f- Kâfirlere mahsus bir kıyafet de olmamalıdır ki Müslüman kimliğini yansıtsın.

Ana hatlarıyla bu özelliklere sahip bir kıyafetle Müslüman kadın sokağa çıkmalıdır.

Çocuklar İçin Tesettür Vakti

Çocukların tesettürü için bir eğitim vaktinden bir de kesin tatbik vaktinden söz etmeliyiz.

Fukahanın görüşlerine bakıldığında şu yaş veya bu yaş şeklinde bir izah yaptıkları görülecektir. Özet olarak, dört yaşından önce avret mefhumunun oluşmadığını ama on yaşında da büyük gibi tutulduğunu görüyoruz. Yedi yaşından itibaren de tesettür eğitimine alınmalıdır deniyor.

Burada üzerinde durulması gereken çok önemli bir husus şudur:

Pek çok anne-baba, bir türlü çocuklarının büyüdüğünü kabullenemezler. "Daha çocuk" kadar yaygın bir hata örneği az bulunur. Ne hikmetse bu "daha çocuk" mantığı namaz ve tesettüre, Kur'an öğretmeye gelince devreye girer. O imtihandan bu imtihana, hafta içi okula hafta sonu dershaneye gönderilirken çocuk birden bire büyür. Dershanedeki tesettüre gelince, tıp okumayı planlayan çocuk için "daha çocuk" kararı verilir ve iş biter.

Bu, ebeveyn adına bedeli ağır bir hatadır. Hele bu zamanda küçük mü kaldı? Çocuklarımızın, cinselliği ve silahı tanıma yaşı hızlı bir şekilde aşağılara doğru inmektedir. Bunu da herkes görüyor ve biliyor. Dünkü çocuğa çocuk denebilirdi ama bugün çocuk yok artık.

Bunun aksine doğru bakıldığında bir husus daha ele alınmayı bekler:

Bazı aileler, bebek denecek yaşta iken çocuklarını büyük kadınlar gibi giydirmeyi bir eğitim olarak tatbik ederler. Beş yaşındaki bir kız çocuğunun elli yaşındaki ninesi ile aynı kıyafetleri paylaşması da gerekmiyor. Evet, beş yaşında bir kız çocuğu bacakları açık gezmemelidir. Kendisi mini olduğu gibi mini bir tesettür o çocuk için yeterlidir. Erken meyve talebinin tamamen kaybetme riski taşıdığı unutulmamalıdır.

İdeal olan şudur:

Kız çocuğu, yedi yaşından itibaren tesettür üzere olmalıdır. Ancak bu tesettür yaşı ile uyumlu kıyafetler üzerinden uygulanmalıdır ki erken bir bıkkınlık gelmesin. Kızımız, on yaşından gün aldığında tesettürün hacmi ve şekli büyümeye başlamalıdır artık. Kızımız on beş yaşından gün aldığında veya daha önce aybaşı olduğunda ise annesi gibi örtünmeli ve namahremlerinden kaçınmalıdır. Aybaşı olmuş hiçbir kız "daha küçük!" kesinlikle değildir.

Tesettüre büründürme aşamaları:

a- Tesettürden önce Allah ve din duygusu güçlendirilmelidir. "Bu, Allah'ın emridir." dendiğinde teslim olacak mantığa sahip olması işimizi kolaylaştırır.

b- En önemli mesele de çocuğu iyi örneklerle doldurmaktır. Mahallenin tek örneği olmak, gerçekten çocuk için zordur. Gerekiyorsa semt değiştirmek ailenin görevidir. Çocuğa iyi örnekler gösterme gayreti yıllar öncesinde oluşmalıdır. Okuldaki durum, aile ziyaretçileri, geziler, TV ve internet gibi göz dolgu malzemeleri, önceden düşünülmeli tedbirler alınmalıdır. Öğretmenin, yakın akraba arasındaki okumuş veya iş sahibi hanımların etkisi ihmal edilmemelidir.

c- Kız çocukları, ev dışındaki yerlerde kalma oranları arttıkça tesettürü kavramaları da zorlaşmaktadır. Mümkün olduğunca en yoğun süreyi evlerinde anne ve babalarının yanında geçirmelidirler. Gezi ve diğer dış beraberlikler de gözlerden ırak mekânlar seçilerek gerçekleştirilmelidir. Ticaret merkezleri ve turizme açık alanlar afete davetiye durumundadır.

Bilinmelidir ki çocuklarımızın iman ve takva üzere yetiştirilmeleri temenniler üzerinden yürümeyecektir. Bu bir cihattır. Cihadın her türlü zorluğuna hazır olmak ve uzun süreli bir sabır sahibi olmak şarttır. Bir emirle, bir örnekle iş bitirmek belki dün mümkündü ama bugün bir ömür mücadeleye hazır olmamız gerekecek bir zamanda yaşıyoruz. Bilhassa, kız çocuklarımızın birbirlerinden etkilenmelerini özellikle dikkatten kaçırmamalıyız. En yakın aile dostumuzun veya akrabamızın evindeki bir mikrobu ellerimizle evimize taşıyabiliriz. Dikkat etmek ve dua etmek çaremizdir.

İslam Adına İş Yapmak

Allah adına konuşmak kadar ağır bir sorumluluk olmadığı hâlde Allah adına konuşmak kadar hafif gördüğümüz bir iş de yok gibidir.

Bir işin Allah adına olması yani ondan sevap beklenmesi, bizim temennilerimizle değil Allah Teâlâ'nın kabulü ile mümkündür.

Bir köpeğe bile su vermek cennet nedeni olabilir. Bir cami yaptırmak kadar büyük bir sevap o camiye bir tuğla koymak olabilir ama hepsinin en temel şartı, o işin Allah için yapılıyor olmasıdır. Neyin nasıl Allah için olacağını da bizim özel konumumuz, isteklerimiz belirlemeyecektir.

Müslümanlar olarak yaşadığımız asrın yaşantısından etkilenerek icat ettiğimiz ibadet taslaklarının hiçbir değeri yoktur. Nuh aleyhisselamı bir çorba ile yâd etmekten, ölüler için yaptığımız ve iyi olduğuna hükmettiğimiz işlere kadar her şeyde temel prensip şudur: Allah için yapılacak bir işin makbul olmasının ilk şartı, o işi Allah Teâlâ'nın istediği gibi yapmış olmaktır. Bu kural İslam adına yapılan hizmetler için de geçerlidir. İnsanlar arasında iyi görülüyor olması bir işe İslamilik kazandırmaz.

Allah İçin İş Yapmak ya da İşi Allah'a Adamak

Bir ezanın daha yükselmesine, bir yetimin daha doymasına, bir kişinin daha kötülükten uzak kalmasına, bir sahife Kur'an'ın daha okunmasına, köpek bile olsa bir hayvana bir çanak su vermeye sebep olan her ne varsa o hayırdır, o Allah'ın rızasına götüren bir araçtır. O, İslam adına yapılan bir iştir.

Bir mahallede cami derneğine üye olmaktan Ümmet'imizin yetimleri ile ilgilenecek bir derneğe, ilim adamı yetiştirmek için kurulmuş vakfa kadar İslam eksenli iş yapanlar bir Cuma günü Cuma namazını kılmak için camiye girenlerle aynı gayeyi paylaşmaktadırlar. Eğer ana maksat Allah Teâlâ'nın rızasını kazanmak ise ve bu büyük gaye camide Cuma namazı kılmakla gerçekleşiyorsa, yetim başını okşamakla, ilim adamı yetiştirmekle de gerçekleşmektedir. Bir işin camide diğerinin ise dernekte yapılması Allah katında her ikisinin de sevap olarak yazılıyor olmasına mâni değildir. Zira İslam, camilere hapsedilebilecek bir din değildir. İslam hayat dinidir; ona binalar, minareler dar gelir. İnsan nerede ise İslam orada olmalıdır.

Bir Müslüman'ın kendisini iş/ev/cami üçgeni arasında sıkıştırmayıp, iş/ev/cami/bulunması gereken her yer şeklinde bir denkleme uygun hâle getirmesi, o Müslüman'ın cihat mantıklı olmasının göstergesidir. Evet, asla cami/iş/ev üçgeni basit ve değersiz değildir. Böyle bir konumda olmak itilmişliği gerektirmez ama dördüncü bir mekân üreten mü'min sahabe mantığına daha yakın mü'mindir. Allah'ın kullarından beklediği pratik mü'minlik buna daha yakındır.

İş yoğunluğu arasında eriyip gitmeden çok iş becerebilmek kesinlikle bir meziyettir. Kim ne kadar dini için ne yapabiliyorsa onu yapmalıdır ve muhakkak Allah Teâlâ herkesi yapabileceği bir iş için yaratmıştır.

Allah rızası için çıkılan yolda, çıkış idrakinde bir arıza yoksa hüsran veya eli boş olmak yoktur. Bir tebessüme bile ecir yazan Allah'ımız varken bizim çok iş yapamadığımız için esef etmemiz gerekmiyor.

Allah sadece kendisi için yapılanı değerli görmektedir. Vakıf olsun dernek olsun fertler olarak olsun İslam için yapılan işlerin hacminden, bütçesinden önce önemsememiz gereken temel ilkeler olmalıdır ya da en azından korunması gereken temel esaslara dikkat edilmelidir ki yapılan iş Allah rızasına uygun olsun. O rızaya uygunluk sonucu olarak da yapılan işte bereket olsun.

İhlas Esastır

İhlas, bir işi sadece Allah için yapmaktır. İnsanların takdirini de o işe karıştırmaya riya adı verilir. Riya bir işe ne kadar karıştı ise o iş, o kadar Allah'ın rızasından uzak kalmış sayılır. Bunun için Ümmet olarak, ihlas üzerinden iş yapma düşkünü bir Ümmet'iz biz. Namaz kılarken de ihlas aranır bizden, hacca giderken de...

Bunu biz şimdi çağımızın diliyle kullanarak "Dernekçilikte de vakıfçılıkta da ihlas şarttır." diye söyleyebiliriz zira ihlastan uzak bir işte bereket yoktur. Abartılı bütçeler harcanmış olsa da büyük kitleler tarafından takdir edilse de Allah katında beğenilmedikten sonra neyin değeri olacak.

İslam için yapılan çalışmalarda bilhassa bütçeli ve şöhret getiren alanlardaki çalışmalarda ihlası engelleyen ya da ihlasın azalmasına neden olan engeller arasında şu dört şeyi öne çıkarabiliriz:

a- Cemaat olmanın, beraber iş yapmanın gerektirdiği her iş yapılırken bir liderin emrinde olma zorunluluğu vardır. Liderin arandığı her yerde de o liderlik için hırs vardır.

Aramadan aranır adam olmak ise İslam'ın istediği bir özelliktir. Liderlik özentisinin ihlasa engel olabileceğine dikkat edilmelidir.

b- Liderlik olmasa da önde olma, bilinme ve takdir edilme arzusu da ihlasa mânidir.

c- En önemli mânilerden biri de niyet sıkıntısı yaşamaktır. Niyet sıkıntısı ile kastedilen de şudur: Herhangi bir işi yaparken "Niyet ettim şu işi yapmaya..." şeklinde bir niyet gerekmediği gibi yapılan bir işteki amacın Allah'ın dinini yüceltmek, O'nun rızasını kazanmak olduğu da unutulmamalıdır. İş yoğunluğu arasında neyi neden yaptığını bilmeyenlerin düşebileceği sıkıntı budur.

d- Reklam amaçlı uygulamalar ve iş bitirenlere yapılan övgüler de ihlası kaldırmaya veya eritmeye neden olabilmektedir.

Ölçebiliriz

Yaptığımız bir işte ne kadar "Allah için"lik bulunduğunu ölçmek için şuna bakabiliriz: O işi, tek başımıza ve kimsenin bilmeyeceği ortamda ne kadar yapmaya hazırdık, kitlelerin önünde yapmaya ne kadar hırslıyız? Bu sorunun cevabında bir ihlas soruşturması sonucu elde edilebilir.

İlimsiz Yol Alınamaz

Allah için iş yapmanın ihlastan sonraki en önemli şartının "bilmek" etrafındaki kavramlardan oluşan ilim olması gerekmektedir. "Oku!" emri ile başlayan bir din için yapılacak işlerin bilgisiz olması nasıl kabul edilebilir?

Önce yapılacak işin şer'i boyutu bilinmelidir. Ardından da o iş için gerekli maddi bilgilere sahip olunmalıdır. Bu da hangi iş yapılacaksa, işin onu bilene yaptırılmasını gerektirmektedir. Örnek olarak bir cami inşasını inceleyebiliriz. Nasıl namaz kıldırma konusunda namazın fıkhına vâkıf birini öne geçirmeyi şart görüyorsak, aynı şekilde caminin binasını inşa etme işini de inşaat bilgisi olan ve bu bilgisi muteber olan birine devretmemiz şarttır.

Cami inşasını üstlenecek kişinin inşaat bilgisi yetersiz ise yine bilgi ihtiyacımız kalkmış olmayacaktır. Bu sefer de inşayı üstlenen, bilgisi olanla beraber olarak bilgi ihtiyacını giderecektir.

Yetimlere destek olmayı kendine iş olarak seçen biri de o işi Allah için yapıyorsa Allah'ın dininin o konudaki inceliklerini öğrenerek yola çıkmalıdır. Aksi takdirde yaparken yıkmak gibi üzüleceği bir sonuçla karşılaşabilir.

Allah'ın helallerinin ve haramlarının bilinmediği bir yerde O'nun rızası aranamaz. Teknik ve şer'î bilgi ne kadar gerekiyorsa o kadar nerede gerekiyorsa orada verilmelidir.

Şunun önemle bilinmesi gerekmektedir:

İslam adına bilinen ve genel kültür düzeyinde olan bir bilgiyi aşan, özel bir araştırma ve eğitim sonucu ortaya çıkan bilgiye bilgi diyoruz. Yoksa her Müslüman şu kadar veya bu kadar namaz kılmayı bilir ama namaz kıldırma görevlisi olmak için daha geniş bir ilmihâl bilgisine sahip olmak gerekmektedir. Allah için iş yapılırken önemli bir husus olarak bu gündemimizde bulunmalıdır.

Ümmetin Birliğine Zarar Vermeden İş Yapmak İştir

Bütün asırlarda Ümmet'imiz ayrılık nedenlerinden büyük zararlar görmüştür. Bu zararları derinleştirecek işlerden sakınılmalıdır. Birlik beraberlik edebiyatları yerine ayrılığa neden olabilecek işlerden uzak kalmak elzem olandır.

Allah rızası amacı ile iş yapanlar, Asr suresini çalışma ilkesi olarak öne çıkarıp kendilerini oradaki ilkeler üzerinden test etmelidirler. Birbirimizi tenkit ederken veya överken de Asr suresi kaynaklı ölçüler kullanmalıyız.

Dış Etkilerden Arınmak Şarttır

İslam, kendi başına bir dindir. Allah rızası için çalışanlar İslam'la ters düşen düşüncelerden etkilenmeden çalışmalıdırlar. Başkalarındaki teknolojik ve bilimsel birikimden yararlanmakla, onların ideolojilerinin etkisi altında İslam akidesini yaşamak aynı şeyler değildir.

Mü'minler, akideleri özel olduğu için "mü'min ayrıcalığı" ile yaşamaktadırlar. Bu ayrıcalık işte de tefekkürde de kendini göstermelidir. Mü'min, Allah için bir iş yapıyorsa o işi, kendi akidesi üzerinden o akidenin kendi ayakları üstünde tutarak yapabilmelidir; yabancı ideolojilerden destek ihtiyacı içinde olmamalıdır.

Allah İçin İş Protokoli

Tevbe suresinin 105. ayeti, iş yapmayı emretmektedir. Yapılan işlerin de nasıl değerlendirileceğini göstermektedir. Kur'an'a iman edenler olarak bu ayeti okumak sonra da gereği üzerinde mevcut işlerimizi ya da işsizliğimizi kıyas etmek vazifemizdir:

"De ki: Çalışın, yapın. Yaptıklarınızı Allah da Resûl'ü de mü'minler de göreceklerdir. Sonra gaybı da görülen âlemi de bilen Allah'ın huzuruna döndürüleceksiniz. O da size bütün yapmakta olduğunuz şeyleri haber verecektir."

Ayeti, imanımız gereği Rabb'imizin bize emri olarak gördüğümüze göre basit bir tavsiye olarak göremeyiz.

Biz, çalışmaya memuruz. Allah Teâlâ'nın bize lütfettiği kabiliyetlerimiz ne üzerine ise o konuda çalışacağız. Bu kabiliyetlerimiz, insanla alakalı ne varsa o alanlardan herhangi birinde olabilir. İnsanla alakalı olduktan sonra gereksiz bir alan yoktur.

"Çalışın." emrinden, "Çalışmazsanız olmaz!" anlaşılacağı gibi, "Çalışmadıkça iddianızı ispat edemezsiniz!" şeklinde bir tehdit de anlaşılabilir.

Çalıştığımız işleri Allah ve Resûl'ü görecek elbette ama mü'minler de görmelidirler. Onların görmesi, çalışanların İslam cemaatine intisabının tekidi olacaktır.

Hiç kimse çalışmasının neticesinde endişe etmemelidir. İnsanlar takdir etsin veya etmesin neticede Allah'a döndürülmek var ya! Nasıl olsa O, herkese yaptığını ve yaptığının akıbetini gösterecektir. Mü'mine düşen çalışmaktır.

Gayeli İşler Yapılmalıdır

Yapılan işin türü ne olursa olsun, bir köye su getirmekten bir yetimi giydirmeye, hastaya hizmete kadar her iş Allah için olmalıdır. Allah için olan işte de yeryüzünün Allah'ın dinine göre renk alması, mü'minlerin yekvücut olmaları kısacası cihat maksadı olmalıdır. Bu ulvi gayeye doğrudan veya dolaylı hizmet etmeyen bir işin Allah için olduğu iddia edilebilir fakat bu iddiayı ispat etmek zor olur.

Uzmanlığa Saygı Gerekir

İnsanların doktorların işine karışmamaları, o mesleğe saygılarından ya da yapamayacakları bir iş olarak görmelerinden kaynaklanmaktadır. Aslında her meslek saygındır. Uzmanlık gerektiren hiçbir iş ulu orta herkesin işi değildir. Herkesin her işi yapması diye bir beklenti içinde olamayız.

Filan işi yapmak isteyenler, o işte uzman değilseler o işi uzmanına yaptırarak "yapmış olma" hazzını yaşamalıdırlar. Bir boşluk dolduracağım diyerek yeni boşluklar üretmenin Allah için yapılan işlerdeki ölçülere uymadığını bilmeliyiz.

Dönüş Yapmayı Bilmek Fazilettir

Kimse yaptığında kâmil veya masum değildir. Ne kadar iyi niyetlerle ve ne denli himmetle yapılırsa yapılsın herkesin yaptığında yanlış olma ihtimali vardır. Tevbe gereken yerde tevbe, özür gereken yerde de özür dilemek fazilet olarak bilinmelidir. Bilhassa, Müslümanların imkânları üzerinde tasarrufta bulunanların hataları üzerinde ısrar etmemeleri gerekir. Müslümanların enerjilerini, çocuklarını yıllarca aynı hatalarla eritmeye kimsenin hakkı yoktur. İstişare etmeli, istişare sonucuna göre de gerekiyorsa işten el çekmeli, istiğfar etmesini bilmelidir.

İslam Adına Konuşabilmek

1- Allah'ın dini İslam kolaydır, kolaylığı emretmiştir. Mü'minlerin gevşeklikle kolaylık arasındaki ayrıma dikkat ederek kolaylıktan yana tavır koymaları gerekmektedir. Aile içi ilişkilerde, nesil yetiştirmede, siyasette, toplum düzeninde, kolaydan yana olmak İslam'ın şiarıdır. Kur'an, Allah Teâlâ'nın bize kolayı istediğini, zorluk murat etmediğini bildirmektedir. (Bakara, 185)

Peygamber aleyhisselam efendimiz de "Kolaylaştırıcı olarak gönderildiniz. Zorlaştırıcı olarak gönderilmediniz." şeklinde ikazda bulunmuştur. (Buharî, Vudu, 58/220) Kendisi de iki şeyden birini tercih edeceği zaman günah olan bir iş olmadığı sürece kolay olanı tercih etmiştir. (Buharî, Menakıb, 23/3560) Şu emri, kıyamete kadar gelecek bütün Müslümanlara hitap etmektedir. Nefislerimize ağır gelse de gelmese de yolumuz yordamımız bu olmalıdır: "Kolaylaştırın, zorlaştırmayın! Müjdeleyin, nefret ettirmeyin!" (Buharî, İlm, 11/69)

Mü'minler olarak, evde çocuklarımıza, iş yerinde çalışanlarımıza, nasihat ettiklerimize ve kendimize karşı, keyfimize esir davranma aşırılığı ile keyfimize göre zulmetme gerginliği arasında mutedil yolu bulmaya mecburuz. Din adına nefret ettirmenin, normal bir nefret ettirme olmayacağını da mı anlayamayacağız? Dediğimizi yaptıramadığımız için gerilen sinirlerimizi, Allah adına gerilmiş göstermeye bir hakkımız var mı? Kazandırdıklarımız veya kazandıklarımızın bizi mutlu etmesi kadar gerekli bir alaka da kaybettiklerimiz, ittiklerimizin akıbeti üzerinden olmalıdır. Bu Ümmet, kaybetme Ümmet'i değildir. Kazanmak ve kazandırmak için geldik. Orta Ümmet'iz.

Dinimizin zorluk dini olmayışının tabii gereklerinden biri olarak "meşakkatle ve zoraki" iş yapmanın da teşvik edilmediğini söyleyebiliriz. Evet, Allah yolunda eziyete katlanmak vardır. Allah yolunda yalın ayak yollara düşmek ashap kalitesinde bir ameldir ancak alternatifsiz bir işten dolayı meşakkate katlanmakla meşakkati alternatif hâline getirmek aynı şeyler değildir. Konuşurken bile zorlanarak konuşmaya karşı ciddi bir ikaz vardır.

Resûlullah sallallahu aleyhi ve sellem ashabına yaptığı bir ikazda üç defa art arda "Gereksiz zorlama yapanlar helak olmuştur." buyurmuştur. (Müslim, İlm, 4/2670) Bu gereksizlik, konuşurken, ibadet yaparken, aile düzeni yürütürken, talebe yetiştirirken, mescitte mü'minlere namaz kıldırırken, imanımızla baş başa bulunmamız gereken her yerde geçerlidir.

2- Dinî yaşayışta basamaklandırma kesinlikle olmalıdır. Elbette, Veda Hutbesi'nden sonra artık Mekke dönemine göre on üç yıl, sonra da Medine dönemine göre on yıl yaşayıp ardından da bütünüyle İslam'a geçiş gibi bir program teklif bile edilemez. Her iman eden, bir on beş yıl alkol kullansın ardından alkole veda etsin diyecek değiliz. Bunu demeye cüret bile deliliktir. Din olduğu gibi yaşanacaktır ama Allah Teâlâ'nın bizim için koyduğu basamaklara neden basmayalım?

Farzlar var, vacipler var, müstehaplar var. Farza karşı gösterdiğimiz titizliği müstehaplara göstermek bir abartıdır. Önce farzlar eda edilir. Onlarda doyum noktasına gelindiğinde yani farzlar hayat programımızın bir doğalı durumuna gelince farzların altındakilere geçilir. Bu bir basamaklandırmadır. Bu basamaklandırmayı da bizzat Allah ve Resûl'ü yapmıştır, bir Müslüman'ın farzlar konusunda yalpalaması varken nafilelere yoğunlaşması bir şeytan tuzağı değildir denemez. İşçi hakkının geciktirilmeden verilmesi bir farz iken, umrenin tuzak olmadığını kim söyleyebilir? Bu farzlar örneği, tersten bakıldığında haramlar için de geçerlidir.

Müslüman, dininin tamamından sorumludur ama elinden gelmeyeni yapamayabilir. Allah Teâlâ, kullarını yapamadıklarından dolayı muaheze etmeyeceğini vaat etmiştir. Buradaki tek ince çizgi, "yapamama" anlayışında çizilidir. Yapmamakla yapamamak arasında kalan amellerin aslında hangi kelimenin içinde olacağını sadece Allah Teâlâ bilebilir. Bu bir imtihan noktasıdır; o imtihan, kulun kalbi ile Rabb'i arasındaki ilişkiden izlenebilir ki bu da ancak Allah Teâlâ'nın işi olur.

Ameller arasında bir önemli/öncelikli ayrımı kesinlikle olmalıdır. Müslüman, namaza da zekâta da Allah'ın emri olarak bakar ama ezan okunduktan sonra zekâtla meşgul olmaz. Zekât vakti gelince de yurt dışında sılayı rahim gezisine çıkmaz. Önemli/öncelikli ayrımı yapamayan Müslüman, çok işler becerebilir becermesine de becerdiklerinin kime yaradığını bilemez.

İbadetlerde çokluk yerine ihlas kalitesi aranır. Ne yoğun, ne çok yerine "ne ihlaslı" demeye alışmalıyız. İnsan kaldırabileceğinin altına girmelidir. İnsan zayıftır; uykuya, yemeğe, havaya, dinlenmeye ve pek çok şeye muhtaçtır. Bir de her bünyenin kapasitesi farklıdır. Herkesin Halid veya Ömer olması gerekmiyor ama herkeste Halid ve Ömer heyecanından bulunması gerekiyor. Kesinlikle Allah Teâlâ bizim için hafif tutma yönünü tercih etmiştir. (Nisa, 28)

Allah'a davet edenler, İslam'a insan kazandıracak olanlar tatlı söz ve hikmet seçeneği üzerinden yol almalıdırlar. Bu bir başıboşluk değildir bilakis, bütün imkânları en iyi ve en ihlaslı şekilde kullanmaktır.

3- İslam için yapılan işlerde en temel ilke süreklilik ilkesidir. Saman alevi gibi ameller yerine toplanınca göl olacak ameller tercih edilmelidir. Bu, çocuk eğitiminde de böyledir. Bir çocuğun ebeveyni tarafından her gün bir kere cennet cehennem tembihi görmesi belki de bir hafta Medine'de bir medresede eğitim görmesinden daha müessirdir. Eğitim olarak da böyledir, bir ibadet mantığı ile de böyledir. Allah Teâlâ'nın en çok sevdiği amelin "az da olsa sürekli olan amel" olduğu sabittir. (Buharî, Rekaik, 18/6464)

Bu ilke gereği de bizim, yaptığımız işlerden günübirlik acil sonuçlar beklememizin doğru olmayacağını bilmemiz şarttır. Bir çocukta, günlük eğitim günlük net sonuç olmaz. Ailede yıldırım hızlı değişimler bereketli olmaz. Toplum bir hafta içinde eksiye veya artıya doğru kaymaz. Gerçekçi olmak şarttır.

4- Kulların İslam'ı bölümlere ayırmaları ya da kendi zamanlarına göre sınıflandırarak kabullenmeleri hiçbir şekilde mümkün değildir. İslam İslam'dır ve olduğu gibidir; ırklara ve şartlara, iklime göre şekillendirilemez.

Bu mantığın tabii bir sonucu olarak diyebiliriz ki Allah adına ve Allah'ın Şeriat'ına uygun olarak ne yapılırsa o mübarektir; az veya çokluk ölçütü yoktur. Yeter ki kul, keyfî bir tutum içinde olmasın. Allah Teâlâ, "yapabildiğimizi yapmış" olarak gördüğünde kazanma gerçekleşmiş olur.

5- Züht, İslamî bir uygulama olarak kişinin ruh ve bedenine, davasına, ailesine zarar vermemelidir zira züht, kendini veya davayı eritmenin adı değildir. Asıl züht, zarar vereni terk etmek, yararlıyı kullanmaktır. Başka bir ifadeyle dünya nimetlerinden yararlı olanı ile yetinmek ama nimetler içinde boğulup gitmek veya kaybolmaktan kurtulmaktır. Bazı büyüklerin bunu, ahirete yararı olmayandan uzak durmak olarak ifade etmeleri de güzel bir tanımdır.

Buradan hareketle, Müslümanların dünya nimetlerinden yararlanmalarının, evlerinde bir veya iki lüks araba bulunmasının zühde mâni olmayacağını söyleyebiliriz. Zühde mâni olan o nimetlerin dine hizmete dönüşmemesi veya dini ikinci plana atmasıdır. Bu da ahirete yararsız bir nimet bulundurma demek olur. Elde avuçta ya da kasalarda bulundurulan malın ne zararı olacak? Sorun, malın kalplerde yer edinmiş olmasındadır.

6- Allah'a güvenmek mü'min olmanın gereğidir. Allah'a güvenmeyen bir mü'min olabilir mi? Tevekkül dediğimiz bu güvenin, suistimal edilmesi yanlıştır. Tevekkül, çalışmayla emeli bir arada tutmanın adıdır. Çalışanın emeli olmalı, emeli olan çalışmalıdır. Bunları birbirinden ayıranın ne emeli vardır ne de çalışması çalışmadır. Bu ilkemiz, tarlasında buğday eken çiftçimizden evinde çocuk yetiştiren annemize kadar bütün mü'minler için muteberdir.

7- Mal, Allah'ın nimetlerinden bir nimettir. Bu nimete en layık insanlar da Allah'ın mü'min kullarıdır çünkü şükrünü yapmak ve onu yerli yerinde kullanmak hususunda mü'minler diğer insanlardan farklıdırlar. Mal ve mü'min bir arada olduğunda yeryüzü imar görür, şeytanın beli bükülür, iman yücelir. Aksi olduğunda da aksi sonuçlar gerçekleşir. Küfrün elinde mal olduğunda yeryüzünde yapılar yükselir ama imar olmaz. İnsan kendi eliyle kendi dünyasını harap eder. Şimdi olan da budur zaten. Mü'minler mal sahibi olmalı ama onu Allah'ın nimeti ve emaneti olarak kullanmalıdırlar. Mü'minler malla cihat edeceklerinin şuurunda yaşadıklarından kendileri de aziz olarak yaşarlar yeryüzünde de huzurun kaynağı olurlar.

Malının esiri Müslüman tasavvur bile edilemez. Hayırdan uzak, malını peşine takması gerekirken malının peşine takılmış Müslüman, hatalı Müslüman'dır. Kanaatkâr, dengeli, israfsız bir hayat bereketli hayattır. Böyle bir mal sahibi imrenilecek bir insandır ama mal arttıkça imtihanın ağırlaşacağını anlayamayan, burs toplayarak öğrencilik yaptığı yıllardan sonra burs verecek hâle gelmenin bir imtihan olduğunu anlayıp gereğini yapamamak erimektir.

Biz mal isteriz. Çok malımız olsun arzu ederiz.

Helal kazanarak,

Helal harcayarak, israf etmeyerek, pintileşmeyerek,

Maldaki Allah'ın hakkını vererek, maldan cihada pay ayırarak, kanaatle yaşarak...

Bu hususlara dikkat ederek malı da huzur ve sevap kaynağına dönüştürürüz.

8- Müslümanların sürekli matem tutmaları gerekmiyor. Cephelerdeki cihada rağmen düğünlerimiz olabilir. Cenazeler gömdükten sonra da tebessüm edebiliriz. Düğünlerimizin şehadet marşları ile yapılması, düğünlerimizde bize hitap edenlerin bizi kabir azabı ile tehdit ederek düğün yerini mezarlığa çevirmeleri gerekmiyor. Bunlar hatadır. Biz, dünyadan da nasibimizi alabiliriz. Dünya da bizimdir. Ahiretimize zarar vermeyen dünya hoştur, güzeldir. Kem ve kederlerle dolu bu dünyada, bizim de yatak odalarımızda lezzetlerimiz bulunabilir.

Kimse bize üç günlük dünya edebiyatı yapmasın. Üç gün de olsa lezzetten payımıza talibiz. Kadınımızın da erkeğimizin de hakkı olan şeyler inkâr edilmesin. Sevilmek, sevinmek kadar büyük hak var mıdır? Yemyeşil bahçelerde sevdiklerimizle mutluluktan kanatlanmaya ne mâni var? Bu mâni Kur'an'dan mı, sevgili Peygamber aleyhisselam efendimizin hayatından mı gelecek? Kederlerimizi abartmayalım. İşte dünya budur; kem ve kederle tebessüm aynı apartmanda yaşar. Sadece cennet vardır sırf saadet diyarı olarak.

9- Yaşadığımız asırda bir gıda çılgınlığı inkâr edilemez duruma gelmiştir. Biz ise "âdemoğlunun midesi gibi bir sıkıntı ile karşı karşıya olmayacağı" hususunda ikaz edilmiş bir Ümmet'iz. (Tirmizî, Zühd, 47/230) Haramlık şüphesi bulunanlardan uzak bir sofraya oturmalıyız. Bu birinci ilkemiz olsun. Ekmek israfından önce de midelerimizi israf etmeyelim. Bu da ikinci ilkemiz olsun. Bu denge üzerinden de Ümmet olmamızın farkını görelim, gösterelim.

10- Sevgi kavramı tarumar edilmiştir. Mü'minlerin birbirlerini sevmelerini, artık bir iman konusu olarak ne kadar ele aldığımızı düşünmeliyiz. Futbol takımlarına ayırdığımız sevgi ve alakanın nereden koparılarak onlara verildiğini izah edebilecek durumda da değiliz. Filistin'deki veya Afrika'daki kardeşlerimize gönderdiğimiz yardımla kardeşliği savuşturduğumuzu, meleklerden gizleyebilecek miyiz? Âlimleri, salihleri sevmek diye bir kavram kaldı mı? Fakir de zengin gibi sevilebiliyor mu? Bu sorular zihin çatlatan sorulardır artık.

11- Müslüman ve şıklık kadar birbirine uyumlu ve birbiri için gerekli iki kelime çok değildir zira İslam fıtrat dinidir.

Müslüman da fıtratın hoş tuttuğu her şeye taliptir. "Allah güzeldir, güzeli sever." (Müslim, İman, 39/91)

Bu güzellik, bedende, kıyafette, çevrede, işte, ahlakta, temizlikte, kokuda, konuşmada, oturmada kendini göstermelidir fakat bu hiçbir zaman mü'minlerin şu tavizlerine gerekçe olmamalıdır:

Asla güzellik uğruna Allah'ın yaratması bozulmamalıdır.

Güzellik uğruna sıhhate zarar verilmemelidir.

Kâfirlere benzemeye ve onları taklide neden olan bir güzellik istemeyiz.

Erkekler kadınlara, kadınlar erkeklere benzeşmemelidir.

İsrafa neden olacak, önemlinin önceliklinin yerini alacağı bir tutum olmamalıdır.

Kibre ve gösterişe kaçılmamalıdır.

Ömürler ayna karşısında heba edilmemelidir.

Birbirimize ispat edilmek istenen emeller peşinde koşulmamalıdır.

Ama kızlarımız güzel olsun, delikanlılarımız şık olsun.

Tarihten Bir Örnek: Hariciler

Dinde aşırılığın en net örneklerinden biri Ali bin Ebu Talib radıyallahu anhın şehit edilmesi başta olmak üzere pek çok cinayete ve vahim olaylara neden olan Haricilerdir.

Ümmet'ten günah işleyen herkesi kâfir olarak görmüş ve kâfir muamelesi yapmışlardır. Zamanla bir ekol durumuna gelmişler, namaz kıldıkları mescitlerin imamlarına varıncaya kadar mü'min canına kıyacak kasaplara dönüşmüşlerdir. En ibret verici taraf ise bu grup hiçbir zaman, ibadet etmeyen, sokak serserilerinden oluşmamıştır.

Sabahlara kadar namaz kılan, günü oruçla geçiren, mallarını Allah yolunda infak edebilen kimselerden oluşmuştur bu grup. Ne var ki bir kere ilkeleri aşırılık üzerine kurulu olduğu için de aşırılıkları başka aşırılıklara neden olmuş ve mü'minlerin içinde mü'min katleden kasaplara dönüşmüşlerdir. Kendilerinden olmayanların mallarına kâfirlerin mallarından daha değersiz bir gözle bakmışlardır.

Büyük bir şecaat ve yüreklilik sahibi olmuşlar ama o yürekliliklerini küfre karşı kullanamamışlardır.

İslam'ı dar bir pencereden gördükleri için, değil asırlar sonrasını, yaşadıkları yılların ötesini bile göremeyen kararların sahibi olarak ahirete göçtüler. Ümmet'in çok değerli yıllarını ve çok değerli büyüklerini boş işlerle meşgul ettiler.

Büyük bir esefle söyleyebiliriz ki aynı Haricî kafası onca ağır zararlı örneklere rağmen hâlâ taraftar bulabilmektedir. Bu da Allah'ın farklı imtihanlarından biridir elbette.

En Güzel Örnek Üzerinden İzleme

Uzun sözlere, koca koca ciltlere, gereksiz tartışmalara girmeden sevgili Peygamber aleyhisselam efendimizi izleyebiliriz. Onun gibi olmasak da onu taklit etmek için uğraşmaya mükellef değil miyiz?

İşte o, işte yaşantısı ve tavsiyeleri.

Ve işte bizim iddialarımızın aslı.

1- Resûlullah sallallahu aleyhi ve sellem cihatta, ibadette, ahlakta en önde idi.

2- En cesur, en fedakâr o idi. Allah yolunda hiçbir şeyden kaçınmazdı. Hakkı söyler, hakkı kaldırırdı.

3- Siyaset yaptı, ibadet yaptı, ev idare etti, devlet kurup idare etti. Camide konuştu, meydanlarda konuştu. Kadınlarla oturdu, erkeklerle oturdu. Ticarette vardı, gece ibadetinde vardı.

4- İkna eder ikna olurdu. Baskı yapmaz, gerekçe sorar söylerdi.

5- Allah'a tatlılıkla davet ederdi. Zalime karşı tavizsizdi. Mazlumun hakkını almadan oturmazdı.

6- Kızmazdı, yumuşaktı. Allah'ın hakkı söz konusu olunca hiçbir esneme yaptırmazdı.

7- Cömertti, fakirlikten korkmayan biri gibi verirdi verirken.

8- Miskinlerle beraberdi. Yetimin yanında yetim, kadının yanında kadın, açın yanında aç gibi yaşardı. Hâlden anlardı. Bunun için de en zor günde kıyamet saatinde Ümmet'inin ona en çok muhtaç olacağı zaman için dua hakkını sakladı. O gün şefaat edebilmek için duasını bile o güne erteledi.

9- Zahitti.

10- Tebessüm ederdi, asık suratlı, çatık kaşlı değildi. Torunlarının dedesi idi. Kızlarının biricik babası olmayı yeğledi.

11- Dostlarının sofrasına davet edilince icabet ederdi. Fakir zengin ayırmazdı.

12- Kendi işini kendi görür, erinmezdi.

13- Hastaları ziyaret ederdi.

14- Özür dileyenin özrünü kabul ederdi.

15- Sılayı rahime pek düşkündü.

16- Misafire ikram ederdi.

17- Konuşanın sözünü kesmezdi. Her söze de karışmazdı.

18- Temizliğe önem verir, hoş kokuyu pek severdi.

19- Bütün insanların hidayete ermesi için uğraşırdı.

20- Kötülüğe kötülükle karşılık vermezdi. Affeder, görmezden gelirdi.

21- Ailesinin biriciği idi. Ağalık yapmazdı evinde.

22- Mütevazı idi.

23- İyinin iyiliğini takdir ederdi.

24- Hediye kabul eder, hediye verirdi.

25- Selamı yayardı.

26- Yedirirdi.

27- Asla sözünü ihmal etmezdi.

28- Pek ince kalpli idi. Dullara, yetimlere ve kadınlara ilgi gösterilmesini ısrarla emretti.

29- İnsanlara anlayacağı dille konuştu.

30- Yürüyen Kur'an'dı.

Bir Akşam Tefekkürü

Allah Teâlâ'nın lütfu ile elde ettiğimiz bütün teknolojik imkânlara rağmen yeterli vakit bulamama iddiamız bir acayip hâl almıştır. Vaktimiz de yok yapacağımız iş de!

Binlerce senedir dünya, aynı yirmi dört saati üretmektedir. Ama bize, bu yirmi dört saat gitgide azalan bir eğilimle yetersiz gelmeye başlamıştır. Kolumuzdaki hassas saatler bile bizi ikaz etmek için yeterli gelmez olmuştur.

Beceriksizliğimizden başka hiçbir yorum kabul etmeyen bir gerçek vardır: Vakti kullanamıyoruz. Varlık içinde yokluk çekiyoruz. Kendimize, sıhhatimize bile vakit ayıramıyoruz. Bu, bu asrın ürettiği bir afettir.

En azından, vakit konusunu önemli bir sorun olarak düşünmeye, gündem olarak ele almaya çalışsak belki gelecek nesillere daha iyi zaman değerlendirme imkânları hazırlamış olurduk.

Zaman Kullanımı İçin Örnek Bir Teklif

Ortada çözümü güç bir çelişki var: Bunca teknik gelişmeye ve işte uzmanlaşmaya rağmen neden insanların vakit sıkıntısı vardır? Neden insanlar, kendi doğurduklarıyla bile ilgilenmeye vakit bulamadıklarını söylerler ya da böyle bir iddiaya nasıl inanabilirler?

İki noktayı tespit etmemiz gerekiyor. Birincisi büyük bir vakit kaosu yaşıyoruz. İkincisi ise ilgilenen de ancak kendi ekseni ile ilgilenebilmektedir. O eksen de kişinin dünyalık değerleri etrafında olmaktadır. Ahiret işlerine vakit bulmakta zorlanıyoruz. İşimizin yoğun, aşımızın zor pişer olduğundan şikâyetçiyiz.

Bizden öncekilere göre çok daha geniş imkânlarla yaşadığımız hâlde kendimizi vakit fakiri olarak görmemizin makul gerekçeleri yoktur. Makul gerekçe ise bizim vakit israfı konusunda oldukça rahat oluşumuz gerçeğidir. Vakit harcarken mala gösterdiğimiz titizliği gösteremiyoruz. Hatta israf kelimesini örneklendirirken örneklerimiz arasında zaman israfı örneği bulunmayabiliyor. Bir dilim ekmek üzerinden, bir bardak su üzerinden konferanslar verilebiliyor, enerji israfı üzerine devlet programları yapılabiliyor ama zaman israfı nedense ilgi alanımızda kalamıyor.

Elimizdeki nimetlerin yanında bizi zaman kasabı hâline getiren sebepler gündeme gelmelidir.

Televizyon,

İletişim cihazlarının mesela telefonun muhabbet cihazı olarak kullanılması,

Dostluğun, ailevi bağların, akrabalık bağının anlamsız işlerde kullanılması mesela bir düğün merasiminin başı dibi belli olmayan bir davete dönüşmesi,

Trafik sorununun ciddiye alınmaması; iş, ev seçiminde trafik önceliğinin oluşturulamaması,

Gereksiz toplantılar, görüşmelerin teklif edilmesi, kabul edilmesi,

Uykumuzun düzensiz ve sağlıksız hâle gelmesi,

Yemek üzerine toplantıların yapılması,

Dinlenmenin yanlış algılanması,

Ve benzer pek çok neden zaman israfımızın gerekçeleri olarak zikredilebilir. Bu gerekçeler kişiden kişiye de değişebilir. Kimine göre gerekli olan bir başkası için israf olabilir. Bazılarının israf yoğunluğu gece vakitlerinde ortaya çıkarken başkalarınınki gün ortasında olabilir. Hepimiz zamanı nerede nasıl israf ettiğimizi muhasebe etmedikçe, insanoğlunun aldandığı iki önemli nimetten birinin aldananlarından olmaktan kendimizi kurtaramayız.

İş Ümmetiyiz

Ne kadar çok olursa o kadar lehimize olacak bir sevap mücadelemiz var.

Başta sorumlusu olduğumuz çocuklarımız olmak üzere ne kadar insanın Allah'a kul olmasına vesile olursak o kadar cennet kazanacağımız bir görevimiz var.

İslam'a bir alanda hizmet edebileceğimize, bize düşen bir görevin muhakkak bulunduğuna imanımız var.

Ölümden sonra bizi bulacak sevap kaynakları üretmeye mecburuz.

Evimiz ve ailemizin Allah'ın razı olacağı işlerin merkezlerinden biri hâline gelmesi gerekiyor.

Daha çok mal kazanıp daha onurlu bir mü'min olmaya ve dinimize daha çok hizmet etmeye teşvik edildik.

Herhangi bir vaktimizi ziyanda geçirmiş olmamakla mükellefiz.

İyi örnek olmak zorundayız.

Mü'minler arası kardeşliği aktif tutmaya mecburuz.

Bu ve benzeri hedeflerle yoğrulurken ecelimizin bizi bulması emelimizdir.

Örnek:

Bütün günü değil sadece bir akşam ile yatsı arasını nasıl israf etmeden değerlendirebileceğimiz üzerine tefekkür etmeye çalışabiliriz. Sadece bir buçuk saatlik bir dilimi kurtarsak, bütün günü kurtarabilecek projelere girmeye cesaretimiz olacaktır. Sadece örnek bir teklif olarak akşam namazı ile yatsı namazı arasında neler yapabileceğimizin planı:

a- Akşam namazını mescitte kıldıktan sonra oradan ayrılmayıp yatsı namazına kadar beklemek suretiyle bir Sünnet ihya etmiş olabiliriz. Bu esnada zikir veya Kur'an kıraati ile meşgul olursak iki kere kazanırız.

b- Aynı maksatları kendisi için benimsemiş bir arkadaş grubu oluşturarak ilimlerden birinin konuşulduğu bir ders halkası tesis edebiliriz.

c- Bu vakti periyodik şekilde bir sılayı rahim vakti olarak belirleyebiliriz. Akrabalık bağı bulunanlarla sılayı rahim görevimizi bu vakitte ifa ederiz.

d- Kendimize oluşturduğumuz kitaplığımızda kitap mütalaa ederek kendimizi yetiştirebiliriz.

e- Bir hasta ziyaretinde bulunabiliriz.

f- Mü'min kardeşlerimizle programlı ve hedefli ziyaretleşmeler yapabiliriz.

g- Aile içindeki meselelerimizin, görüşülecek konuların, yapılacak çalışmaların, çocuk eğitimlerinin programlı zamanı hâline getirebiliriz.

h- O zaman diliminde faaliyeti olan bir hizmet kuruluşunda kendimize görevler alıp programlı bir şekilde o görevleri icra edebiliriz.

i- Hatırat yazabiliriz.

j- Günlük Kur'an okumaya tahsis ettiğimiz vakit yapabiliriz.

k- O saati bir zikir ve tefekkür saati olarak geçirebiliriz.

l- Bu aralıkta uyumak, gece uykusunu böleceğinden hem uyku düzenine hem de yatsı namazının sıhhatine zarar vereceğinden hiçbir şekilde doğru olmaz.

Bu çalışmayı istikrarlı yapmaya da zorunluyuz çünkü istikrarsız, günübirlik işler, programsız çalışmalar bereketsiz kalmaya mahkûmdur.

İşimizi, çevremizi, dostlarımızı, arkadaş muhitimizi, bizim vaktimize katkıları veya zararları esasına dayalı bir tasnife tabi tutsak çok doğru bir iş yapmış oluruz.

Kırk Yaş Dağı

İnsanın ne kadar yaşayacağını Allah'tan başkası bilemez. Önü meçhul olan bir ömür sürüyoruz.

Hayatımızın bir bölümü "çocukça" geçmektedir. Bir bölümü de "delikanlıca." Gençlik yıllarına delikanlılık adını verenler gerçekten güzel bir ad bulmuşlardır.

İnsanın kırk yaşı ile beraber, gençlik yılları da bitmiş olmaktadır. Kırktan sonrasının olgunluk yılları olması gerekmektedir.

Kırk yaş sonrasını olgunluk ve ahireti kazanma yılları olarak yaşayabilmek için bir hedef çalışması yapmamızda yarar vardır. Geçmişi kapatan, geleceği planlayan bir hedef üzerinden kırk yaşını değerlendirmek kulluk mantığı açısından gereklidir.

Ölülerin Çocukları Değil miyiz?

İnsan olarak ölümden nefret eden bir kimlik sahibiyiz. Cenneti hayâl etsek de etmesek de dünyadan ayrılmamak isteriz. Ölüm ağır, ölüm zordur. Çocukken büyüklük hayâli bizi canlı tutar. Büyüyünce de daha ileriki yılların hayâliyle yaşarız. Hâlbuki her geçen gün bizi Rabb'imize biraz daha yakın duruma getirmektedir. Yarını garanti olmayan günler yaşıyoruz.

İlk büluğ yılından itibaren insan, bir mükemmellik yarışına girmeli, ömrünü zayi etmemelidir. Hele ecele yakınlık biraz daha gözle izlenir hâle gelince bu daha iyi olma gayreti yoğunlaşmalıdır. Bu Ümmet'in büyüklerinden yapılan nakiller arasında "kırk yaşı"nı bir değişim, geçmişi kapatma geleceği nurlandırma dönemi olarak değerlendirdiklerine dair bilgiler vardır. Ölüm, gözümüzün önündedir. Bizden öncekiler bizim gibi yaşadıkları hâlde şu anda ölmüşlerin çocuklarıyız. Bizim de kalıcı olmaya yönelik hiçbir ihtimalimiz bile yoktur. Hazırlanmaya ve hazırlığı ciddiye almaya mecbur değil miyiz?

Bir İman Yenilemesi Yapabiliriz

Eğer mü'min olarak mecbur olduğumuz imanî görevlerimizde eksiklik varsa onları telafi ederek, eksiklik yoksa daha iyi hâle getirerek imanî bir yenileme yapabiliriz. Bu imanî yenileme/yenilenme önce tevbede kendini göstermelidir. Tevbe gerektiren dosyalarımızı inceleyerek bir tevbe yolu açmalıyız. Yenilik olarak da gece namazına alışma programı yapabiliriz. Nafile oruç, umre ve hac devreye girebilir.

Ahlak olarak da bir yenilenme süreci yaşamamız doğru olacaktır. İnsanların nazarında da nasıl biri olduğumuz önemlidir.

İşe Yarar Mü'min Hamlemiz Olsun

Kime ne kadar faydamız oldu, kaç insanı dinime kazandırdım gibi sorular cevabı düşünülmesi gereken sorulardan oluşmaktadır. Sadece kendisini düşünen bir mü'min olarak ölmeyi kabullenmemeliyiz.

Kültürel Yenilenme Gereklidir

Kur'an ile bağımızın ne durumda olduğunu incelemek gerekir. Biraz daha fazla Kur'an ezberlemeye başlayabiliriz. Biraz daha fazla tefsir öğrenmiş olmayı hedefleyebiliriz.

İlmin yaşı olmayacağına göre bir ilim halkasına oturabiliriz.

Ailemizi Yenileyebiliriz

Gençlik yıllarındaki hataları kapatarak, küslükleri kaldırarak, aile fertlerinin birbirlerine karşı muhabbetinin arttığı, birbirlerini Allah'ın rızasına teşvik ettikleri bir gayretin içinde olabiliriz.

Aile fertleri sağlık konusunda birbirlerini ikaz edebilir, daha sıhhatli ve daha dik mü'minler olarak yaşamaya çalışabilirler. Kırk yaş sonrasında tıbbın sakıncalı gördüğü yiyecekler tüketilmemeli ve tıbbın belirlediği standartlara uyulmalıdır. Bu amaçla bir spor programı yapılabilir. İstikrarlı bir şekilde tıbbi yönü olan sporlardan biri icra edilebilir.

Çevre Temizliği Gereklidir

Artık başının çaresine bakması gereken biri olarak bu şurdan uzak arkadaşlardan kopmanın tam zamanı kırk yaşıdır çünkü arkadaş ve çevre temizliği yapılmadan yapılabilecek bir iyileştirme zordur.

Ayet Üzerinden Tefekkür

Ahkaf suresinin on beşinci ve on altıncı ayetini mealinden okuyalım:

"Biz insana, anne-babasına iyi davranmasını emrettik. Annesi onu zahmetle taşımış ve zahmetle doğurmuştur. Onu annesinin taşıması ve sütten kesmesi otuz aydır. Nihayet insan, olgunluk çağına girip ardından kırk yaşına bastığında şöyle demelidir:

Rabb'im! Bana ve anne-babama verdiğin nimetlere karşılık üzerime düşeni yerine getirmemi ve hoşnut olacağın doğru ve yararlı işler yapmamı bana nasip et. Soyumdan gelecekleri de iyi insanlar kılarak beni mutlu et. Şüphesiz ki ben, tevbe edip sana teslim olanlardan oldum."

İşte biz böylelerini, yaptıklarının en güzeliyle mükâfatlandırarak günahlarını sileriz ve onlar cennetlikler arasına katılırlar. Bu, onlara verilen değişmez bir sözdür.'

Bu iki mübarek ayetin işaret ettiği hakikatlerden bazılarına ve o hakikatlerin sıralamasına dikkat edelim:

a- Anneye-babaya iyi davranmak Allah Teâlâ'nın emridir. Annenin doğurma ve büyütme eziyetinin normalin üstünde bir eziyet olduğunu kimse tartışamaz zira Allah Teâlâ, annenin sıkıntısına "zahmet" adını vermiştir.

b- İnsanın annesini ve babasını, onların ne yaşadıklarını anlaması için en uygun yaş "kırk yaşı"dır. Bu da kırk yaşına kadar herkesin bir çeşit çocukluk yaşadığını gösterir. Kırk yaşına kadar olan süreçte hem çocukluk tamamen atılmamış olur hem de yapılan hataların "çocukluktan sayılması" mümkün olabilir ama kırkından sonra insanın "çocukluk yapması" artık mümkün olmaz.

c- Kırk yaşı ile beraber insan, şükür kavramını iyi düşünmelidir. Rabb'ine şükretmeli, anne-babasının kadrini daha iyi bilmelidir. Allah'tan kırktan sonraki günleri için iyi işler yapmaya kendisini muvaffak kılmasını dilemelidir.

d- Kırk yaşı ile beraber insan, iyi bir nesil bırakma derdine düşmelidir.

e- Kırk yaşından sonra tevbe kesin tutulacak bir kulp olarak bilinmelidir, asla geciktirilmemelidir.

f- Kırk yaşını idrak edip, o yaşa uygun bir hayat tarzı dönüşümü yapabilenler için Allah'ın, günahlarını affettiği kimseler ve cennetlikler dememiz mümkündür.

g- Bütün bunlar tersten okunduğunda da kırk yaşını değerlendiremeyenlerin kötü bir gidişi hızlandırdıkları anlaşılmaktadır.

Haram Temizliği Şarttır

Dünya hayatında derinleştikçe haramlardan etkilenme oranımız da artmaktadır. Her tuttuğumuzda bir haramlık payı olma ihtimali vardır.

Haramların gitgide yayılması kadar önemli bir nokta da artık haramların et kemik hâline gelmesidir. Giyimden gıdaya kadar her alanda haram tehlikesi vardır.

Kazanç yollarında da bir haram fırtınası esmektedir. Nereden, nasıl kazandığına bakmadan geçim kaynaklarını evlerinde çocuklarına yediren Müslümanlar olarak yaşayanlar vardır.

Bilhassa faiz ve hileye dayalı kazanma, ticareti haram olan eşya üzerinden geçinmek, şüpheye bulaşmış kazanç türleri asrın önemli sorunlarından birini oluşturmaktadır.

Hadisi şerifte beyan edilen, bu Ümmet'in imtihanının mal üzerinden olacağı hakikatini de dikkate aldığımızda haramların bizim için ne büyük bir tehlike olduğu ortaya çıkar.

Haram kazançtan, kul hakkından arınma, temizlenme arzusu her mü'minin emeli olmalıdır. Ahirete intikal eden haklar, yiyip bitireceği sevaplar açısından bile bakıldığında büyük bir sorundur. Şeriat'ımızın bize bu konuda gösterdiği çıkış yolunu iyi değerlendirmeye mecburuz.

Haram Mal

Şeriat'ın mübah görmediği yollardan biri ile elde edilen her mal haramdır. Çalıntı, gasbedilen, rüşvet ve faizle gelen, hile ile yapılan ticaretten gelen, kumar, alkol ve domuz mamulü satılarak elde edilen, yalan üzerine kurulu bir işle elde edilen vb. mübah olmayan yollardan biriyle elde edilen bütün kazançlar haram sınıfına girer.

Haram vasfıyla elde edilen hiçbir mal, onu elinde tutanın malı değildir. O malı elinde bulundurması onun sahibi olmasını gerektirmez. İlk fırsatta o maldan kurtulması gerekmektedir. Eğer mal, ikinci bir insanın hakkını ihtiva ediyorsa sadece tevbe etmekle de o haramdan kurtulmak mümkün değildir. Hak sahibinin hakkının verilmesi şarttır.

İnsanın mal sevgisi yeni bir hastalık değildir şüphesiz. Bir vadi malı olanın ikinciyi, üçüncüyü isteyeceğini sevgili Peygamber aleyhisselam efendimiz bildirmiştir bize. (Buharî, Rekaik, 10/6434) Müslüman anlamalıdır ki Allah Teâlâ bizi imtihan etmeyi murat ettiği ne ise ona dair yeterli sebepleri de yaratmaktadır. Bizi mal üzerinden imtihan etmeyi murat edince malı içimize tapınılacak düzeyde sevilebilecek bir put gibi yerleştirmiştir; vadiler dolusu da olsa insanın gözünü doyurmamaktadır. Hayat imtihan, mal da hayatın direklerinden ise bizim mal ile imtihanımız en büyük imtihanlarımızdan birisidir. İnsanların gitgide haram sınırlarını çiğnemeye cesaretlenmeleri hatta buna iman ve ibadet ehlinin bile cesaret edebilmesi imtihanımız açısından çok önemli bir açığımızı önümüze koymaktadır.

Buharî'nin rivayet ettiği bir hadisi şerif, bu açığımızı asırlar öncesinden bize bildiren bir mucize niteliğindedir: "Kişinin malı nasıl elde ettiğine, haram mı helal mi olduğuna bakmayacağı bir zaman insanlara muhakkak gelecektir!" (Büyü', 22/2083)

İnsanların şu andaki durumlarını ortaya koyan bu bilginin yanında bir de Kur'an'a ilk muhatap olan neslin helal haram hususundaki titizliğine işaret eden şu bilgiye de dikkat edelim. Her iki bilgi ile kendi durumumuzu kıyas etmeye çalışalım. Ömer bin Hattab radıyallahu anh diyor ki: "Biz, harama düşme endişesinden dolayı, helalin de onda dokuzunu terk ederdik." (Abdürrazzak, Musannaf, 14683)

Harama Vâris Olmak

Haram kazanmış birinin malına vâris olan bir Müslüman o malda nasıl tasarrufta bulunacaktır?

Haramın ceplerimize sızdığı bir zamanın Müslümanları olarak, bu sorunun cevabı üzerinde derin bir tefekküre mecbur bulunuyoruz. Fıkıh kitaplarında yapılacak bir inceleme ile ulaşacağımız sonuç, doğrudan haram kazanan birinin malı ile malında haram bulunan birinin malına vâris olan arasında fark olabileceği sonucudur.

Haram mala vâris olmak ne kadar caizdir sorusundan önce bizim Müslümanlar olarak "haram mal miras bırakmama-harama vârisliği kabul etmeme" şuurunu gündeme taşımamız gerekecektir. Evlada bırakılan mal, onun muttaki bir hayat yaşamasını sağlayabilir. Evlada bırakılan, haram olduğuna dair şüphe bulunan mal, evladın ahiretine zarar verebilecek bir hayat sahibi olmasına sebep olabilir. Evet, evladın babadan anneden miras olarak devraldığı bir malın onlara da haram olması etrafında, "Şöylesi haramdır da böylesi haram değildir." tarzında bir zorlama fetva bulunabilir ancak berrak bir malı bırakmakla şüpheli bir malı bırakmanın arasında büyük bir fark olacağını da unutamayız.

İçinde haram bulunan bir malın haramlık oranı malın bütününü kuşatacak kadar ise o mal, vârisler için bir sorundur.

Haram bir malın vârisi olanın ne yapması gerektiği konusunda görüş belirten Hanefi ulemasından İbni Abidin meseleyi özetledikten sonra diyor ki: "Malın sahiplerini biliyorsa, malı onlara götürüp teslim etmesi gerekir. Sahipleri bilinmeyen bir haram mal ise o mal ona helal olmaz. Sahibinin niyetine o malı tasadduk eder. Eğer miras kalan mal, haram helal karışmış bir mal ise ve sahipleri de belli değilse hüküm olarak o mal vârise helaldir ama daha güzel olan vârisin ondan feragat etmesidir." (Ed-Dürrü'l-Muhtar, 5/99) El Fetava el Hindiyye'de de (3/210) haram bir malı miras olarak alanların sahiplerini aramaları gerektiği, bulamazlarsa malın tasadduk edilmesi hükmüne varılmıştır. (Bu meselenin tafsilatı için bkz. Abbas Ahmed el-Baz, Ahkâmu'l-Mali'l-Haram, 73, Ürdün 1198)

Haram Tarlaları

Hırsızlık, faiz, gasp, vurgunculuk, rüşvet haramdır.

Kumarın her çeşidi haramdır.

Haram olan bir şeyin üzerinden yapılan ticaretle elde edilen mal haramdır.

Asıl sahibinden izinsiz yani rızası olmadan alınan her şey haramdır.

Vaktinde ödenmeyen işçi maaşlarının elde tutulması ile kazanılan oran haramdır.

Ticaret esnasında yapılan yalan yeminle elde edilen kazanç haramdır.

Yargıyı bile bile yanlışa yönlendirerek elde edilen kazanç haramdır.

Yetim malı yemek haramdır.

Amme malına tecavüz etmek haramdır.

Devletin zalim uygulamalarını gerekçe göstererek elektrik ve benzeri tüketim mallarını çalmak, kaçak kullanmak haramdır.

Devletin veya özelin işinde, işe mahsus malzemeyi mesela bilgisayarı hususi iş için kullanmak haramdır.

Banka gibi alenen haram işlenen bir yerde çalışmak haramdır. Oradan elde edilen kazanç da haram olur. Böyle bir kazanç sahibinin davetine icabet etmek, hediyesini kabul etmek hatadır.

Bulunan şey, buluntuya ait hükümlere tabi olunmadığı takdirde bulanına helal olmaz.

İşi iyi yapmayarak, vakit israf edilerek, iş sahibinin izni olmadan iş saatinde ikinci bir iş takip ederek gelir elde etmek haramdır.

Memurların veya seçilmişlerin kendi isimlerine yaptıkları reklamlar için devletin malını kullanmaları ya da devletteki güçlerini özelden yararlanmak için kullanmaları haram kazançtır.

Doktorların, ilişki içinde olduğu firmanın ilacını hasta için birinci dereceden gerekli olmadığı hâlde reçeteye yazması haramdır.

Haram Maldan Nasıl Temizlenilecek?

Elde ediliş tarzı ne olursa olsun haram mal, onu elinde bulunduranın kullanabileceği bir mal değildir. O mal elinde bulunduranın mülkü olmaz. Onu ne kendine ne de ailesine harcayamaz. Onunla hac ve benzeri ibadet de yapamaz. Hayır işlerinde kullanamaz. Haram maldan sadece tevbe etmek de yeterli değildir. Kesinlikle haram malın sahibine iade edilmesi gerekmektedir.

Sahibi bilinen bir mal, elinde onu haram olarak bulunduran tarafından sahibine iade edilecektir. Çalınmış, gasp edilmiş veya aldatılarak ya da rüşvet olarak alınmış mal böyledir. Mal harcanmış veya kaybedilmiş ise değeri verilecektir. Malın gerçek sahibi ölmüş ise vârislerine aynı şekilde verilecektir.

Kendisi ve vârisleri tanınmayan meçhul birine ait mal ya da bankalardan faiz gibi bir yolla alınan, rüşvet olarak karma bir yolla elde edildiği için sahibi bilinmeyen mallar ise sahiplerine geri verilmeleri mümkün olmadığı için Müslümanların umumi menfaatlerine kullanılır ama yine onu haram bir şekilde elinde bulundurana kalmaz.

Banka Faizlerinden Temizlenme Yolu

Bankalarda yürütülen işlemler nedeniyle verilen işlem bedellerinin, açılan hesaplarda tutulan paralara verilen faiz gibi olmadığı açıktır. Zaruret gereği Müslüman'ın bankalarda mal bulundurmasının ve bu mala, o bankanın kuralları gereği bir faiz takdir edilmesinin de işlem olarak Müslüman'ı vebale sokmayacağı da bellidir. Meselemiz, faizin haramlığında tereddüdü bulunmadığı hâlde eline faiz parası konan Müslüman'ın o parayı ne yapacağı meselesidir.

Hiçbir mü'minin faizin en büyük haramlardan olduğunda ve nesilleri helak eden bir afet olduğunda tereddüdü yoktur. Zina ve alkol gibi bir afet olarak Müslümanları kuşatan bir bela olarak faiz içimize sızmıştır. Ya doğrudan faizle yüz yüze geliyoruz ya da faize bulaşmasak da faizin hükümran olduğu bankalarla yüz yüze geliyoruz.

Bir yandan uygulamadaki yasalar bir yandan da yürüyen para mekanizmasının gereklilikleri Müslümanları bankalara girip çıkmaya mecbur etmektedir. Müslüman istemese de adına açılan hesapta bir miktar faiz işletilebilmektedir. Bu faizin çok veya az olması hükme etki etmez. Bir kuruş faiz de faizdir.

Faizin haram olduğunu bildiği için önüne konan faizden arınmak isteyen ya da faize ait hükmü bilmediği için günaha bulaştıktan sonra ondan kurtulmak isteyen Müslüman ne yapacaktır? Bu soru, bankalarla iş yapmak durumunda olan herkesin sorması gereken bir sorudur zira faiz ateştir. Ateşten ne kadar uzak durabiliriz diye endişe etmemek mümkün değildir.

Elindeki faiz parasını ne yapabileceği hususunda Müslüman bir insanın önünde şu alternatifler bulunmaktadır:

a- Bankalardan bir yolla tahakkuk eden faizin, faiz Müslüman'a haram olduğu için bankada bırakılması, o bankaya az veya çok destek olunması anlamına gelmektedir ki bu ne aklen doğrudur ne de şer'an doğru olabilir. Bunun adı, büyük bir harama küçük çapta da olsa destek olmaktır. Bu destek bir tek kuruş şeklinde de olsa adı destektir. Bu bankanın Müslümanların yaşadığı bir ülkede ya da kâfirlerin ülkesinde olması meseleyi değiştirmiyor. Bu para faizdir diyerek onu veren bankaya terk edilmekle savaş kurallarını bilmeden düşmana kendi silahından yardım etmek gibi bir duruma düşülecektir. Bu paranın yakılması veya denize atılması gibi bir yolu da tercih etmenin akılla izah edilebilir yönü yoktur.

b- Bankadan alınan faiz paralarının, hesap sahibi tarafından devlete ödenecek vergi ve benzeri yerlerde kullanılması da makul olmayan bir tutum olur çünkü bu, sağ cepten çıkarıp sol cebe koyarak aklamak gibi bir hile olur. Kişi sadece kendisini aldatmış olur.

c- Müslüman'ın böyle bir parayı evinde kullanabilmesi için ise zaruretin bulunması gerekmektedir. Buradaki zaruret de ölümcül nedenlerdir. Domuz etinin yenmesini mübah hâle getiren pozisyon, faizin de yenebilmesi için oluşacak ruhsatın pozisyonudur.

d- Bir sadaka sevabı beklentisi içinde olmadan, faizden gelen para, sosyal hizmetler icra eden bir sivil toplum kuruluşuna devredilebilir. Bu da sadece bir kurtuluştur. Asla hayır ve sadaka mantığı ile yapılmamalıdır.

Nerede Bereketimiz?

Bereket, hayatımızın en önemli gereklerinden olduğu hâlde onun yoksunu olarak sürdürüyoruz yaşantımızı. Bereket ve bereketi çeken sebeplerin yokluğu her alanda karşımıza çıkmaktadır. Maaşımız yetmiyor, evlerimiz dar geliyor, sokaklara sığmıyoruz.

Camilerimizde bile huzur bulamıyor, gelecek endişesi içinde kıvranıyoruz.

Dünyevileşme hastalık hâlinden afete dönüşmeye başladı. Neredeyse dünya, bir kişiye yetmeyecek duruma geldi. Doymak bilmeyen, ebedî kalmaktan başka bir şey düşünemeyen insanlar olduk.

Bereket yollarını yeniden keşfetmeye mecbur olduğumuzu idrak edebilsek, elimizdekinin bize yeteceğini de anlamış olacağız.

Bereketi Nasıl Çekebiliriz?

A'raf suresinin 96. ayeti açık bir şekilde bereketin temel nedenini vurguluyor: İman ve takva. Bu iki neden, bereketin varlığı veya yokluğunu sağlamaktadır. Eğer günümüzde bir bereketsizlikten, vaktin ve paranın varlığına rağmen yetmezliğinden şikâyetçi isek iman ve takvada ne durumda olduğumuza bakmaya mecburuz demektir. Cin suresinin 16. ayeti de aynı hakikati başka bir gerekçe ile vurgulamaktadır.

Bereketin elde edilmesinin bir başka sebebi de duadır. Resûlullah sallallahu aleyhi ve sellemin farklı kişilere farklı zamanlarda yaptığı dualarda, Allah'ın onlara bereket vermesini dilediğini görüyoruz.

Kazancın helal yollarla olması da bereket sebebidir.

Cömertlik bir başka bereket nedenidir.

Ticarette doğru olmak, güne erken başlamak, yemekte Sünnet'e uygun olmak bereket nedenlerindendir.

Bereket için önemli bir neden de istihare ile iş yapmaktır.

Kanaatkâr olmak, davranışlarda adaletli olmak da önemli nedenlerdendir.

Rûm suresinin 41. ayeti ise bereketin gitmesinin nedenlerinden birine işaret eder: Günahlar, isyanlar.

Besmelesiz sofralar, ticarette yemin, yalan ve hile, sadakayı çürükten vermek, dünya hırsı ile dolu olmak, haram yemekte beis görmemek, zekâtın ihmal edilmesi, yaşlıların hor görülmesi bereket kaçıran tutumlardır.

Şükürsüzlük, azla yetinmemek, başkalarının elindekine imrenmek bereket kaçırır işlerdendir.

Bereket imanla ilgilidir. Gayba imanı, kaderi doğrudan ilgilendirmektedir çünkü bereket, çalışmakla üretilebilir bir şey değildir. Bizzat Allah'ın yaratıp bazı kullarına lütfettiği şeyler arasındadır. Maddi hesaplarla anlaşılması mümkün olmaz. Kararlar alınarak bereket getirilemez. Bereket bir zenginlik çeşidi değildir, aksine fakiri zenginden daha huzurlu kılan maneviyatın adıdır.

Aile Dosyası

İnsan olarak, Müslüman olarak temel çıkış noktamızın aile olduğunu bilmede bir sıkıntımız yoktur ama aileyi oturttuğumuz yer bu bilgimizle uyumlu bir yer değildir. Aileyi işten, mekândan, zevklerden sonraya atabiliyoruz.

Dinimizin aile ve aileye ait konulara ne kadar önem verdiğini de biliyoruz. Doğurduklarımızdan, evlendiklerimizden hesaba çekileceğimizi de biliyoruz, buna rağmen hiç hesap vermeyecekmiş gibi rahatız. Eriyip giden aile mefhumunun endişesi uykularımızı kaçırmamaktadır.

Ailenin görevini okula, görevli memurlara devrederek rahatlamaya çalışıyoruz.

Dünyayı misafirhane olarak gördüğümüz hâlde, aile kurarken aşı, işi şart olarak koşuyoruz.

Aileyi çok konuşuyor, çok tartışıyor, çok kitap konusu yapıyor ama uğruna fedakârlık yapmaya cesaret edemiyoruz.

Müslüman İçin Ailenin Anlamı

Hayata İslam gözlüğü ile bakmakla mükellef olan Müslüman'ın, aile gibi hayatın özü olan bir kavramı her şeyden evvel, İslam gözlüğü ile görmesi gerekmektedir. Aile hakkında temel ilkelerin neler olduğunu bilmek, diğer ayrıntıları da Müslümanca görmeye yardım edecektir:

a- İnsan neslinin sürekliliği gayesi:

Aileden beklenen birinci gaye, insan neslinin devamını sağlamasıdır. İnsan ancak aile ortamında kendi nevini sürdürebilir. Nisa suresinin ilk ayetindeki derin hikmetler, bir Müslüman için ailenin ne olduğunu anlamaya yetecek kadar açık anlatılmıştır. İnsan neslinin devamı için tek çare olan aileyi, evlenmeyi, evliliğin ana unsuru olan kadını anlatan hadisi şerifler de bu anlamı tekit etmektedir. Bazı hadisi şerifler ise çok açık bir dille bu hakikati teşvik etmektedir: "Nikâhlanın, çoğalın! Ben kıyamet günü sizinle övüneceğim." (Abdürrezzak, 10391) "Sempatik ve doğurgan kadınla evlenin. Ben, diğer ümmetlere karşı sizinle övüneceğim." Ebu Davud, Nikâh, 4/2050 "Sizden gücü yeten evlensin." (Buharî, Nikâh, 2/5065)

Bu tür teşvik hadislerinin dışında bir de insan neslini sürdürmenin önünde engel olarak görülebilecek, çocuk düşürme gibi tutumların, zinanın, yakın akraba ile evlenmenin yasaklanması, süt emzirmenin kurallara bağlanması bir bütün olarak insan neslini ve onurunu korumaya yöneliktir.

b- İçli dışlı olma gayesi:

Nikâhın ve onunla oluşan ailenin gerçekleştirmesi gereken ikinci gaye, eşler arasında bir içli dışlılık oluşmasıdır. Bu içli dışlı olma, anne-babanın, kardeşlerin ve hiçbir yakının oluşturamayacağı düzeyde birbirine kaynama düzeyidir. Kitabımız bu düzeyi büyük bir belağatla, "birbirlerinin elbisesi olma" şeklinde beyan etmiştir. Bu içli dışlılık yani iki eşin birbirinin bütünleyen parçaları olma hakikati sadece yatak odası ilişkilerinde değildir. Evet, yatak odası ilişkilerinde bu durum zirveye çıkmaktadır ancak Rûm suresinin yirmi birinci ayeti bu içli dışlılık düzeyinin "kendilerinde huzur bulma" arayışını da getireceğini beyan etmektedir.

Hayatın yüklerine karşı bunalan eşlerin, birbirlerinden cinsî olarak yararlandıkları kadar, birbirlerinin huzur kaynağı olmaları da Kur'an'ın evliliğe yüklediği görevlerdendir. Bilhassa kadın tarafının bir huzur ve sevgi kaynağı olması, süngerin suyu emmesi gibi sıkıntıları emip rahatlatıcı fonksiyon icra etmesi kendisinden beklenen tavırdır.

Nisa suresinin yirmi birinci ayeti, herkesin anlayacağı bir dille, eşlerin "birbirlerinin içli dışlı olunabilecek son noktada olmaları" gereğine işaret etmektedir. Bu düzeyin tabii neticesi de iyi bir uyum ve birbirine huzur verme, böylece de ailenin varlığından beklenen gayeyi gerçekleştirmedir.

c- Cinsel rahatlama gayesi:

Aileyle ortaya çıkan cinsellikte sınırsız tatmin hakkı, Allah Teâlâ'nın erkek veya kadın, insana ihsan ettiği en büyük nimetlerdendir. Cinsel tatmin hakkı, nimet olarak beraberinde, her şeyden önce ailenin sürekliliğine katkısı açısından büyük bir önem taşımaktadır.

Bu nedenle de yatak odası etrafında, başta Kur'an'ımız olmak üzere hadisi şerifler ve fıkıh kitapları kurallar ve teşviklerle doludur. Bir pencereden bakıldığında edep ve hayâ sınırlarının muhafaza edilmesine yönelik kurallarla donatılıyor, diğer pencereden bakıldığında da değerlendirilmesi, kıymetinin bilinmesi açısından kurallar ve teşviklerle donatılıyor.

Bakara suresinin iki yüz yirmi üçüncü ayeti ele alındığında ve sadece bu ayet ele alınacak olsa dinimizin, nikâhlı eşler arasındaki fıtri ihtiyaçlardan olan cinselliğin tatmini ile alakalı olarak muazzam bir beyanda bulunduğu görülecektir.

Yatak odasındaki ilişkiler tam bir mübahlık dairesine konmuş, iki eşin önünde hiçbir mâni bırakılmamıştır çünkü yatak odası, iş hayatından cihada, ibadetten sosyalliğe kadar pek çok alanda mü'minin huzur ve boşalma merkezi fonksiyonunu icra etmektedir.

İyi bir yatak odası sağlandığında aile güvende olmakta, aile güvende olunca da mü'min büyük oranda kendini güvene almaktadır. Bu ayet, cinsel tatminde en üst seviyeden yararlanmayı ilahî kaynaklı bir teminat altına almaktadır:

"Kadınlarınız sizin ekinliğinizdir. Ekinliğinize dilediğiniz biçimde varın!"

Bu mübarek ayet, beşerî mantığın eğitiminden etkilenmiş nesillerdeki kadınlar açısından buruk bir ifade ile algılanabilir. Kadının ekinliğe benzetilmesi, kadını hor görme olarak telakki edilebilir ama ekinle insan arasındaki ilişki, bir insan için "tarla" ve "ekin" kelimelerinin ifade ettiği anlam, kadın üzerine yüklendiğinde, kadının ekine tarlaya benzetilme mantığının anlaşılması durumunda Allah Teâlâ'nın aileye ve kadına hangi mevkiyi takdir ettiği de anlaşılmış olur.

Yatak odasının sadaka gibi mukaddes bir mefhum dairesinde anılması, o odaya ait hükümlerin din hükümleri arasında zikredilmesi özellikle düşünülmesi gereken konular arasındadır.

A'raf suresinin yüz seksen dokuzuncu ayetini tefekkür edebiliriz: "Sizi tek bir candan yaratan ve kendisiyle huzur bulması için eşini de ondan yaratan O'dur."

Ayet açık bir şekilde eşin yaratılmasının gerekçesini beyan etmektedir: "Huzur bulmak!"

Ailenin kurulması, Allah adına nikâhların kıyılması bu büyük maksat içindir: "Huzur bulmak!"

Mobilya ve ziynetin bu huzurun yerini alamayacağını bildiği hâlde Müslümanların da evliliği, iş ve diploma kapasitesine dayandırıp, mobilya ve beton yığınları ile eş değer hâle getirmeleri bir tür kıymet bilmezlik veya zayi etme olarak karşımıza çıkmıştır.

Bakara suresinin yüz seksen yedinci ayeti ise, erkeklere hitap ederek evlilikteki en uç noktayı göstermektedir: "Onlar sizin elbiseleriniz, siz de onların elbiselerisiniz!"

Evliliğe bundan daha derin hangi anlam yüklenebilir? Olması gereken, uygun olan bundan daha üstün ne olabilir?

d- Müslüman toplum kurma gayesi:

Aileden beklenen önemli gayelerden biri de aile üzerinden Müslüman toplumu oluşturma gayesidir. Aile esas olacak, Allah adına kurulmuş nikâhla ayakta duran aileler sayesinde de Müslüman nesil yetiştirilecektir. Nikâha ve nikâhın sonlandırılması olan talaka ait fıkıh ahkâmı ele alındığında bu hakikat çok rahat göze çarpar. Kimin kiminle evlenebileceği, evlilik sonrasında kimin ne oranda söz sahibi olacağı gibi meselelere din kılıfı giydirilmesi bu nedenledir.

Allah'ın adı ile kurulu aileler sayesinde de Ümmeti Muhammed, insanlığın üzerindeki şehadet görevini icra etmiş olacaktır.

Müslüman'ın Erkeklik Anlayışı

Kadınların erkeklere karşı, onları kendilerini hakkıyla takdir etmeyenler olarak gören anlayışları ne kadar eskidir bilemiyoruz ancak bunun ilk insana kadar dayandırılmasının çok da yanlış olmayacağı aşikârdır. Her ailenin şöyle veya böyle bir sorunudur bu; erkek kadını kendisini takdir edemeyen biri görürken kadın da erkeği kendisini küçük gören biri olarak görmektedir. Bu ne kadar eskidir ne kadar köklüdür, bizim için çok önem arz etmiyor çünkü biz, kitabımız Kur'an ile amel etmeye mecburuz. Kitabımız ne diyorsa doğru olan odur, yapılması gereken odur diye telakki ederiz.

Kur'an, aile düzeni içinde erkekle kadının rollerini yerli yerine oturtmuş ve erkeği, aile düzeni içinde bir puan öne geçirmiştir. Bu da filan müçtehidin içtihadı veya yorumu ile değil bizzat Kur'an'ın ayetiyle karşımıza çıkmıştır. Erkeğin aile düzeninde kadından bir puan önde olması gerçeği, öyle olduğuna inanmadığımız takdirde imandan kopabileceğimiz gerçeklerden biridir. Nisa suresinin otuz dördüncü ayeti şu şekildedir:

"Allah, insanların kimine kiminden daha fazla verdiği için ve erkekler kendi mallarından harcadıkları için, erkekler kavvamdırlar. Bunun içindir ki iyi kadınlar, itaatkârdırlar. Allah'ın korunmasını emrettiği namuslarını kocaları yokken de korurlar."

Ayeti tekrar okuyabiliriz:

Allah Teâlâ, insanları farklı yetenek ve güçlerde yaratmıştır. Bu farklılık kadınla erkek arasında bariz bir şekilde vardır.

Erkekle kadın arasında bir farklılık olduğuna göre bu farklılıkların gözetildiği bir görev taksimatının yapılması da doğru olandır. Bu farklılık aile giderlerinin erkeğin üzerine yüklenmesi şeklinde ortaya çıkmıştır. Aileyi, kadını koruyup gözetmek de erkeğe yüklenmiştir.

Erkeğin farklılığı ve sorumluluğu gereği, kadına karşı bir puan önde olarak ailede bulunmasının anlamı erkeğin, hâkim, yönetici ve sorumlu olması şeklindedir. Bunu ayet, kavvam kelimesi ile izah etmiştir.

Bu hakikati bu şekilde tayin eden Allah Teâlâ olduğuna göre mü'min bir kadın, nefsine ağır gelmiş olsa bile eşine itaat eder. Buna itiraz, dinin hükümlerinden birine itirazdan önce fıtrata itirazdır. Eşitlik iddiası, erkek de doğurmadıkça gerçekçi bir iddia olamaz. Yoksa ortada, kadının hor görülmesini, yetersiz kabul edilmesini gerektirecek bir durum yoktur.

Kur'an'a döndüğümüzde, erkekleri kadınların kavvamı olarak belirledikten sonra yine Nisa suresinin on dokuzuncu ayetinde erkeklere şöyle hitap etmektedir:

"Kadınlarınıza iyi davranın. Geçimlerini uygun olarak sağlayın. Eğer kendilerinden hoşlanmazsanız, belki Allah, hoşlanmadığınız bir şeyde sizin için birçok hayır kılabilir."

Erkeğin muhatap olduğu bu ayet, erkeği imanıyla yüz yüze getirerek kadına karşı eli kolu salınmış olmadığını ona hatırlatmaktadır.

Müslüman için Resûlullah sallallahu aleyhi ve sellem en güzel örnektir. Namaz kılarken de o en güzel örnektir, aile geçindirirken de en güzel örnektir. Onun emirleri ve uygulamaları, Müslüman erkeğin de kadının da nasıl bir erkeklik ve nasıl bir kadınlık üzerinde olması gerektiğini gösterir. Elbette, imanda doğruluk söz konusu ise!

Erkeklerin, ailelerinin geçimlerinden mesul oldukları için elde ettikleri üstünlüklerine rağmen, ailelerinin geçiminde yetersiz kalmaları, iş beğenmeyip işsiz kalarak evlerini nimetlerden yoksun bırakmaları ne tasvip edilebilir ne de önünde konuşulamaz bir erkek profilini İslam'la örtebilir.

Anneye babaya ihsanı din olarak gören bir mü'min erkek, eşini anne-babasını ziyaretten alıkoyarak, onlara iyilik yapmasını engelleyerek İslam'ın kendisine verdiği bir hakkı kullanmış olmaz. Bilakis, bir hakkı suistimal etmiş olur.

Nikâh masasında konuşulan şartlara daha sonra sadık kalmayan bir erkek için de söylenecek söz iyilikle ifade edilebilecek bir söz olmayacaktır. Erkekliğin getirdiği üstünlük hakkını kullanırken İslam'la hareket ettiğini bilen ama erkekliğin sözünde durmak olduğunu bilmezden gelirken, yaptığının onu mesul duruma düşüreceğini idrak edemeyen hatalıdır. Müslüman erkek sözünde duran, nikâhtaki şartlara riayet eden erkektir.

İyi geçinmeyi emreden Kur'an'ın "iyi" olarak gördüğü seviye, erkeğin kadından beklediği güzellikleri ona göstermesi şeklinde anlaşılmalıdır. Cinsel ilişkide bile beklediğin kadarını vererek beklenti içinde olmayı hak etmek gerekmektedir.

Adım Adım Müslümanca Erkeklik

Zulüm haramdır. Kadın kocasının hakkına riayet etmeyerek zulmedince zalim olduğu gibi erkek de kadının hakkına riayet etmeyerek zulmetmiş olur ve zalim hâline gelir. Zulüm kimden gelirse gelsin haramdır.

Erkeğe tanınan kavvame hakkı yani erkeğin kadından bir puan önde olması, erkeğin yükünün ağır olması, kadının ise sorumluluklarının hafifletilmesi içindir. Erkeğin bu hakkı zulüm için kullanması caiz değildir.

Kadınların erkeklere göre bir puan geride bırakılmaları, onların doğum ve erkeğin yükünü taşımak gibi ağır görevlerinden dolayıdır. Yoksa kadınla erkek arasında Allah katında bir kulluk farkı yoktur. Kadının cuma namazı ile cihatla mükellef tutulmaması, onun yeteri kadar yükü olmasından dolayıdır.

Erkek, kadına normal ölçülerle davrandığında adaletle davranmış olur. Despot erkek, iyi erkek değildir. Kadının dünyadan koparılması, akrabalarından uzaklaştırılması, nimetlerden mahrum bırakılması normallik değildir. Kadının kendisini sokağa salması, eşinden çok akrabaları, arkadaşları ile ilgilenmesi de karşı tersliktir.

Erkek ve kadın, nikâh görüşmesinde ne söz verdilerse onu yapmaya mecburdurlar. Nikâh ise sadece mehir görüşmesi değildir. Nikâhlar akdedilirken bütün ayrıntılar, özel istekler de konuşulmalıdır.

Müslüman Erkeklere Kur'an Uyarıları

Birinci Uyarı:

Allah Teâlâ, Bakara suresinde boşama ile alakalı hükmünü açıkladıktan sonraki ayeti bitirirken şöyle buyurmaktadır: "İşte bunlar Allah'ın sınırlarıdır; bu sınırları çiğnemeyiniz! Çünkü Allah'ın sınırlarını çiğneyenler zalimlerdir." (Bakara, 229)

İkinci Uyarı:

Yine kadınların boşanmaları ile alakalı hükümlerden birini açıkladıktan sonra da ayet şu şekilde bitmektedir: "Bu, sizden Allah'a ve ahiret gününe iman edenlere bir öğüttür. Sizin için en temiz, en şaibesiz olan budur. Allah bilir, siz bilmezsiniz." (Bakara, 232)

Üçüncü Uyarı:

Kadınları belli bir nedenle boşadıktan sonraki hükümlerden bazılarının açıklandığı ayetler de şu şekilde bitmektedir: "Ama sizin bağışlayıcı olmanız, Allah'ın emirleri konusunda duyarlı olmaya daha uygundur. Hem aranızdaki insanlığı da unutmayınız. Şüphesiz ki Allah, her ne yapıyorsanız görendir." (Bakara, 237)

Dördüncü Uyarı:

Bu Kur'an uyarılarının yanında Resûlullah sallallahu

aleyhi ve sellemin: "En iyi iman sahiplerinin, eşlerine en iyi davrananlar olduğu" (Tirmizî, İbni Mâce), "Kadınlar konusunda Allah'tan korkmamızı emrettiği" (Müslim, Ebu Davud, İbni Mâce), "Bir huydan dolayı kadından kopmamanın gerektiği, biri değilse başka bir yönünün iyi olabileceği gerçeğini hatırlattığı" (Müslim, Ahmed), "Allah'ın annelere iyi davranmayı üç kere üst üste tavsiye buyurduğu, sonra da babalara, ondan sonra da akrabalara iyi davranmayı tavsiye buyurduğu" (İbni Mâce), "Üç kız çocuğu veya üç kız kardeşe iyi bakana cennet vadettiği" (Tirmizî) unutulmamalıdır.

Kadın, Erkek Oldu da Ne Oldu?

Muasır hayat, kadının önceki asırlardaki itilmişliğini örtebilmek için onu erkeğin dengi hâline getirmeye çalıştı. Bunun ayarını da kaçırıp erkekten üstün bir noktaya taşıdığı alanlar da oldu. Bu gelişmeden erkek zarar gördü, kadın da fıtratı dışına kaydırıldığı için zarar gördü. Erkek erkekliğini kaybetti. Kadın da en başta annelik hazzını, ev sultanlığını kaybetti. Din zarar gördü, ahlak eridi gitti.

Gerçek olan ise kadının erkek, erkeğin kadın olamayacağı idi. Herkesi Allah en uygun şekilde yaratmış ve görevlendirmişti. Anne olması için yaratılan kadının hücrelerine kadar her şeyi kadınca idi. Daha duygusal, daha itaatkâr, daha hassas, daha sabırlı yaratılan kadının erkeklerin konumuna getirilmesi önce onun değişmesine neden oldu. O erkekten önce kaybetti.

Evet, erkekle kadın arasında insanlıkta ve Müslümanlıkta eşitlik olması kadar tabii olan yoktur. Bir bütünün iki parçası gibidir her ikisi de. Yanlış olan kadının yerinden oynatılmasıdır. Kadına haklar verileceği iddiası ile çıkılan yolda kadın, kadınlık hakkından mahrum bırakıldı. Kadın ailesini yitirdi. Onun yüzünden de toplum ahlakını yitirdi.

Kadına yeni biçilen rol, onu kadınlıktan uzaklaştıran siyaset, doğum engelleme politikalarını üretti. Kadınlar, iki çocuktan fazla doğum yapmayı utanılacak bir iş olarak gördüler. Önceki nesillerin kadınları doğurdukça kendilerini güçlü hissederken şimdiki nesillerin kadınları, doğurdukça bittiklerine inandılar.

Bu projenin sonunda zina gibi en ağır suçlar "hak" hâlini aldı. Değil yüz kızartmak övünme vesilesi bile oldu zina. Zina konuşulurken sapıklık türünden hatalar bile haklar arasına kondu.

Evlilik bir lüks hâlini aldı; "Evlenmesen de olur!" denebildi. Fıtratın çığlığına rağmen iş/aş barikatından önceki evliliğin adı "erken evlilik" oldu. Evlenince de erkeği olmayan evlilikler üretildi. Erkeğin adı var kendi yok hâle getirildi. Babaların kız veya erkek çocukları üzerinde otoritesi kanunlarla imha edildi. Baba kızının karşısında, o kızın bir arkadaşı kadar bile etkisi olmaz duruma getirildi ve bu hâl kanunlarla teyit edildi.

Kadının kültürü ve eğitimi en büyük silah olarak kullanıldı. Kadının hiçbir şekilde fıtratına uygun olmayan meslekler bile eğitimi için uygun bulundu.

Kadının, dilediğini doğurup büyütme, dilediğini de karnından bir çöp gibi atması onun hakkı olarak görüldü.

Neticede kadın erkekten zulüm görüyordu şimdi ise erkek, kadının zulmünden inlemektedir. İşe çıktı kadın, erkek işsiz kaldı. Siyasete girdi kadın, erkek kadınca siyaset yapmaya mecbur oldu.

Ailemizin Yatak Odaları

Kadın ve erkek arasında nikâha dayanmayan hiçbir cinsi alakanın olurluğu yoktur. Eğer cinsi alaka, nikâh esasına dayanıyorsa o alaka, Allah Teâlâ'nın himayesindedir. Nikâhla bir araya gelen erkek ve kadının beraberliği, Allah'ın yeryüzündeki hilafetinin bekası için atılmış bir adımı yansıtmaktadır. Bu nedenle de böyle bir ilişkinin sevapla taltif edilmesi söz konusudur.

Bunun için cinsel ilişkiye dua ile başlamak, ondan hayır beklemek emredilmiştir. Böyle bir ilişkinin en bariz vasfı hayâ ile duygusallığı, tam doyumla eşler arasında birbirinin doyumunu gözetmeyi dengelemiş olmasıdır. Kadının bu sahneyi oluşturmayı engelleyen bir tavır içinde olması ise meleklerin lanetine müstahak olma nedeni olarak gösterilmiştir. (Buharî, Bed'ul-Halk, 7/3237; Müslim, 1436)

Yatak odası, evin çocuklarına bile sınırlı saatlerde açılabilen bir mahremiyetle örtülmüş olmalıdır.

Kadınları erkeklerden ayrı yapan hususiyetlerden biri de onların fiziki yapılarında aybaşı hâlinin bulunmasıdır. İslam, kadının bu özel durumunu dikkate alarak erkeklerin aybaşı durumlarında kadınların üzerinden cinsel ilişki tatminini yasaklamıştır. Cinsel tatmin dışındaki ilişkileri ise serbest bırakmıştır.

Evlerimizdeki Çocukların Cinsel Eğitimleri

Cinsel eğitimin ihmal edilmesi ile bu çağda bir insanın elektriği tanımaması arasında fark yoktur dense, bu bile dengeli bir örnek olamaz. Belki elektriği bilmeyenin cahilliğinin bir anlamı olur da cinselliği bilmeden ona yakalananın hâlinin bir anlamı olmaz. Hele hele cinselliğe ait çok ayrıntı denebilecek konuları zikreden Kur'an ve sahih hadisleri bile bile, "ayıp, müstehcen" gibi kelimelerin arkasına sığınarak Müslümanların, çocuklarını cinsellik bilgilerinden yoksun yetiştirmeleri ağır bir hatadır.

Müslümanların çocuklarına vermedikleri ya da veremedikleri bu bilgileri daha sonra kimlerin vereceğini düşünmeleri bile konunun önemini kavramaya yeterlidir. Cinselliğin Allah Teâlâ'nın en ağır ve en yaygın imtihanlarından biri olduğu, Âdem aleyhisselamdan beri kimsenin bundan muaf tutulmadığı da bilinebilecek bir gerçektir.

Cinsellik bir imtihan konusudur ve mü'min imtihan maksatlı bir hayat yaşamaktadır. Ahirette mesulü olacağı çocukları da bu imtihanın içinde aynı şeylerle karşılaşacaktır. Bu da bir hakikattir. Cinselliğin en azından bir bölümü farzı kifayeliğin üstünde farzıayın düzeyindedir. Bunu da her mü'min bilir veya bilmek zorundadır. Çocuklarımıza gusül abdestinin ayrıntılarını öğretip de ne zaman ve neden gusül yapmaları gerekeceğini öğretmemek ne ile örtbas edilebilir acaba?

Müslümanlar olarak bugüne kadar, "ayıp" kılıfı ile gizlediğimiz bu ihmalimizin bedellerini çok ağır faturalarla ödediğimiz hâlde hâlâ aynı hataya devam etmemizi de anlamak mümkün değildir.

Cinsellik bilgisini bu fitne çağının getirdiği bir sorun olarak göremeyiz. Zina ilk asırdan beri vardır. En ağır cinsel hastalıklar, insanlık kadar eskidir. İnsan aynı insan, sorunlar aynı sorunlardır. İnsanın fiziği değişmemiş, şeytanın taktikleri kalkmamıştır. Değişen ya da gelişen ambalajlardır, fitnenin hızıdır.

Cinsel Eğitim Ne Zaman Başlamalıdır?

İlk yıldan itibaren cinsel eğitim başlamalıdır çünkü cinsel veya başka bir eğitim sadece eğitilecek kişi üzerinde yürümez. Eğitecek olanın da o kıvamda olması gerekmektedir. Cinsel eğitimi verecek önce anne ve babanın sonra da mürebbilerin cinsellik şuuruna vâkıf olmaları gerekmektedir. Kız çocuğunun bezlenmesi ile erkek çocuğunun bezlenmesi arasında bir farktan başlamalıdır bu eğitim. Kız çocuğunun bezini babasının yanında değiştirmeyerek bu eğitim düzeyinde bir kalite hazırlığı yapılmalıdır.

Kız çocuğu bebekken bile üç beş yaş büyüğü olan ağabeyinin yanında temizlenmemelidir ki bir eğitim sürecinden söz edilsin. Kısaca cinsellik eğitimi, cinsel organ ve yapının ortaya çıktığı andan başlamalıdır. İsim koyarken, kıyafet beğenirken, seslenirken, severken, oyuncak alırken, oynatırken, ilgilenirken... Her yerde bu mantık anne-babanın aklında mahfuz kalmalıdır.

Cinsel Eğitimi Kim Vermelidir?

Sırasıyla anne-baba, Kur'an muallimi, cami imamı/müezzini bu yükü taşır. Muallim olmak, yönetici olmak, etkili olmak hangi alanda olursa olsun su ve hava kadar çocukla iç içe olan bir konuda, görevsiz olmaya mânidir. Evet, herkesin görevinin bir sınırı ve etki alanı vardır ama herkes görevlidir. Ümmet'in çocuklarının şehvet fitnesine yakalanmadan yoluna devam etmesi için görevli olmayan kim olabilir? Hele anne-baba, ilmihâl öğreten hoca!

Büluğ Çağından Önceki Dönem

Büluğ çağından önce çocukların cinsellik bilgilendirilmeleri, bu konuda eğitimleri dört esas üzerinden yürütülmelidir:

a- Eğitim tabiilik ölçülerinde sürdürülmelidir. Aşırılığa meydan verilmemelidir. Vaktinden önce bilgilendirmenin sakıncalı olduğu alanlara girilmemelidir.

b- İlk eğitime abdest, gusül ve bunları gerektiren/bozan şeyler üzerinden başlanabilir. Çocuğun gusül alması gerekecek hâlinin yaklaştığını hisseden ebeveyn, çocuk başkalarından bu bilgiyi öğrenmeden önce bilgilendirme yolunu kullanmalıdır. Özellikle gusül bu konuda ebeveyne meselelere girmede bir zemin oluşturabilir. Her çocuk için büluğ çağı yaşının farklı olabileceğini de dikkatten kaçırmamalıyız.

c- Bilhassa zeki ve meraklı çocukların sorularından kaçmamak gerekir. Bilhassa onların sorularını eğitim için fırsata dönüştürmek daha doğrudur.

d- Soru soran, merakını açan çocuğun "ayıp, seviyesiz, yaşı küçük olmak" gibi kelimelerin arkasına geçilerek itilmesi yanlıştır. Bu konuyu utanma konusu yapan ebeveyn yanlış iş yapmaktadır.

Cinsel Eğitim Çalışması

Çocuklar, cinsellikle alakalı konularda, konuşup anlamaya, ikna olmaya ve ikna etmeye yönelik teşvik görmelidirler.

Çocuğa, mahremlerimiz ve namahremlerimiz ayrımı erken yaşlardan itibaren gösterilmelidir. Aile ve akraba buluşmalarında bile kim kimle tokalaşabilir, kim kimin yanında oturabilir konuları, temyiz yaşı olan yedi yaşından itibaren çocuklara verilmelidir.

Cinselliğin sürüklediği yanlışların akıbetleri hususunda çocuklar bilgilendirilmelidir. Zinanın ve benzeri suçların Allah katındaki ağır cezaları çocuklara yaşları ile uyumlu bilgiler olarak verilmelidir.

Yanlış cinsel bağlantıların tıbbi ve ahlaki sonuçları abartılıp reklama dönüştürülmeden çocuklara öğretilmelidir.

Büluğ çağına yaklaşan ve giren çocuklara örnek şahsiyetler gösterilmeli, onlarla beraberlik sağlanmalıdır çünkü bu dönemde onların örnek alacakları, beraber olacakları şahsiyet ihtiyacı artmaktadır. Aile gerekiyorsa sırf bu nedenle yer değiştirmeye, hicrete hazır olmalıdır.

Çocukların boş vakit bulmaları engellenmelidir. Ruhi ve bedenî ihtiyaçları önceden giderilmelidir.

Caiz spor çeşitlerinden biri, çocuğun kabiliyeti de dikkate alınarak ona öğretilmeli, yapmasına imkân verilmelidir.

Bilhassa anne-baba çocuğa güven telkin etmeli, adam yerine konduğunu hissettirmelidir.

Çocuklardan hayâlî hedefler beklenmemeli, sabırla yola devam edilmelidir.

Çocukların yatakları muhakkak ayrılmalıdır. Kız ve erkek çocuklarının odaları da ayrılmalıdır.

Böyle bir eğitimi anne-baba mümkün olan erken yaşta ve şartlara dikkat ederek başlatmalıdır. Mesela üç yaşını doldurmuş bir çocuk anne-babasının yatağında onlarla yatmamalıdır.

Çocuğun temizliğine dikkat edilmelidir. Bunu da abartmamak şartıyla anne yapmalıdır.

Çocuğun önünde hiçbir şekilde aile içi tartışmalar yapılmamalıdır.

Çocuğun cinsellik organına yönelik ilk hata belirtilerinde şiddet türü tepkiler, çocuğun gizlenerek iş yapmasına neden olacağından böyle bir yol tercih edilmemelidir. Sabırla ve yumuşaklıkla ikna etme, aydınlatma yolu tercih edilmelidir. Gerekiyorsa aile bu konuda istişare etmekten, bir bilene danışmaktan çekinmemelidir.

Annenin kız çocuğunu, babanın da erkek çocuğunu eğitmesi daha uygundur.

Çocukların, diğer cinse imrenmesine sebep olacak davranışların onların önünde yapılmaması gerekir. Erkeklerin kız gibi, kızların erkek gibi davranmasını ciddi bir tehlike sinyali olarak görmeli ve hemen yapılacaklar hakkında uzmanına danışılmalıdır.

Aile çocuğunun vakti gelen evliliğini hiçbir gerekçe ile ertelememelidir.

Çocukların, içindeki cinsellik gücünü azdıracak yiyeceklerden ve şehvet abartan ortamlardan uzak tutulmaları gerekmektedir.

Çocuklar, ebeveynlerinin yatak odalarına izinsiz giremeyecekleri konusunda ikaz edilmelidirler.

Aileler, gelişen fitnelere karşı muhakkak belli dönemlerde seminerlere katılmalıdır.

Kimse özel birikimine güvenmemelidir.

Aileden Anladığımız, Evlenirken Hedefimiz

İslam ailesi elbette Müslüman bir erkekle Müslüman bir kadının kurduğu ailenin adıdır. Buna kimse itiraz edemez. Ne var ki sözler üzerinden bir şey ispat edemeyiz. İspatımız amellerimizle olacaktır. Ailemizi test edebileceğimiz genel kurallar olmalıdır. Bu kurallar da kandil gecelerinde simit dağıtmak, aşure tatlısı yapmakla ölçülemez.

Evin erkeğinin namazlarını camide kılması, evin kadınının da tesettürlü olması bile ailenin İslam ailesi belgeli olması için yeterli olmayabilir. Nitekim olmamaktadır da. Tesettürlü aileler, bir kereliğine evlendirdikleri çocukları için tesettür kurallarını aşmakta bir sakınca görmemektedirler. Bu da gösteriyor ki tesettür varlıkla yokluk arasındadır. Evlerimizde Kâbe posterlerinin bulunması da bizi aldatmasın. Bunlar evlerimizin değil duvarlarımızın rengini gösteriyor olabilirler.

Aile Basamakları

Birinci Basamak:

Evimizde kural koyan Allah ve Resûl'ü olmalıdır. Yatak odasından perdenin şekline kadar her şeyin kuralını Allah ve Resûl'ü koyuyorsa bu basamak var demektir. Cenazelere ait kuralları koyanla düğün günü kurallarını koyan arasında fark bulunmayacak. Evimizi, evdekileri seve seve Allah'a feda edebilmeliyiz: Yeme zevklerimizi, uyku saatimizi, çocuklarımızın kendilerini, adlarını, kıyafetlerini, gelecekleri dediğimiz şeyi...

Bir yandan İslam ailesi olmak diğer yandan da çocuğun Kur'an'la haşır neşir olmasını onun geleceği için sakıncalı görmek! İslam ailesi, Medine'den binlerce km uzakta bile olsa, Enes'in poşetlenip Mescid'e hediye olarak götürüldüğü ailenin adıdır. Sünnet o ailenin, küçük bir ameliyat için kullandığı isim değildir. Perdelerinden sızan güneş ışınları gibi evlerine sızan ahengin adıdır Sünnet.

İkinci Basamak:

İslam o ailede hayat dinidir. Bir seccade bir tesbih ile yaşanılan ev değil tesbih ve seccadenin yanı başında teknoloji de bulunan evdir. Muasırlarının gerisinde kalmayan fertler o evde yaşar. İfrat ve tefrit yoktur orada. Her şey dengelidir; ibadetten yemeye içmeye, gezmeye uyumaya, sılayı rahime kadar her taş yerinde durur.

O evde çocuk çocuktur, büyük de büyüktür. Yerleşimi belirleyen de Allah'tır. Takvayı esas alırlar. Azimetle amel etmek gerektiğinde onunla amel ederler. Allah'ın ruhsatlarından bir ruhsat önlerine çıkarsa onu da bir ihsan olarak alırlar. Kör bir gidişleri yoktur. Mübahları yok saymazlar, onlara batmazlar da.

Üçüncü Basamak:

Sabır bu ailenin altın basamağıdır. Hayatın zorluklarına karşı sabreden anneleri, babaları, çocukları vardır. Fertleri birbirlerine karşı sabırlıdırlar. Eğitmenin ve eğitilmenin zorluklarına karşı sabırlıdırlar. İbadetlerin zorluğuna karşı sabırlıdırlar.

Dördüncü Basamak:

Dünyayı fâni görürler. Onlar için evleri kerpiçten de olsa betondan da olsa fânidir. Villayı da ölümlü görürler bodrum katı da... Fâniyi ebedîlik boyasıyla boyayıp tuzağa düşmezler. Zevklerin fâniliğini bile bile onlara dalıp gitmezler.

O ailenin fertleri, bedenlerini dünyada tutarken akılları, yürekleri ahirete gitmiş gibidir; cennetle oturup cennetle kalkarlar âdeta. Birbirlerine cennet duaları ederler. İnsanların nesi var nesi yok onunla ilgilenmezler. İffetleri ile yaşadıkları bir günü muhteşem bir nimet olarak bilip şükrederler.

Beşinci Basamak:

Nimet azmanı değildirler; sonu gelmez bir nimet iştahı ile yaşamanın tuzak olacağını bilirler. Çok olsun isterler ama çok verebilmek için; depoculuğu kendilerine uygun bulmazlar. Dünyalık olarak kendilerinden daha aşağıdakilere bakarlar.

Altıncı Basamak:

Affedilmeyi uman Allah'ın mü'min kulları olarak, birbirlerini affetmekten mutluluk hissederler. Affederler, affı da başa kakmazlar.

Yedinci Basamak:

O ev, haramlardan muhafaza edilmeye çalışılan bir evdir.

Önce haramdan uzaklık ardından da haramdan dönüş kuralı ile yol alırlar.

Evlenmeyi Engellemek Hak Değildir

Meşru bir sebep bulunmadıkça babaların veya babalık mevkisini kullananların, kızlarının evlenmelerini engellemeye hakları yoktur. Aslında kızların velileri onları, ne evlenmeye zorlamada ne de evlenmelerini engellemede bir hak sahibi değildirler. Böyle bir hakkı kendilerinde gördüklerinde zulmetmiş olurlar.

Velinin böyle bir evliliği engellemede haklı olması ancak engelleme nedeninin, evlenmeye mâni bir eş adayı üzerinde olması durumunda doğru olabilir. Eş adayının Müslüman olmaması evliliği engelleyici meşru bir nedendir ama ekonomik ve sosyal gerekçeleri öne sürmek meşru bir neden değildir. Ekonomik ve sosyal gerekçelerin böyle bir yetki doğurması kabul edilemez.

Evlenmeyi sadece evlenecek kız ve erkeğin tabii ihtiyacı olarak göremeyiz. Evlenmek, Müslüman toplumun ahlak sigortalarındandır. Her geciken evlilik, bu sigortaya bir zarardır. Geciktiren de bundan mesuldür.

Din, İtidal İster

Dünya ile ahiret arasında dengeli bir yaşam kurabilmek İslam'ın Müslümanlardan beklediği şeydir. Dünyadan da nasibini unutmamak Kur'an'ın emridir. Ne yazık ki dünyaya dalmak kadar dünyayı ihmal etmek de bir hastalık olarak tezahür etmiştir.

Dengesizliklerden biri de İslam'ın bir emrini veya bir yönünü alıp diğer bütününü yok sayma dengesizliği olmuştur. Hâlbuki Allah Teâlâ, İslam'ı bir bütün olarak yaşamamızı emretmektedir.

Aile ile iş arasında, meslekle insanlık arasında dengeli olmak da Müslümanlık gereği iken bu alanda da bir aşırılık görülebilmektedir.

Cihadı cihat olarak anlamak gerekirken bir fikre yoğunlaşıp o fikir de kilitlenmek de cihat olarak telakki edilmek istenmektedir.

Müslümanların insanları, Allah'ın gördüğü gibi görmeleri İslam olmanın gereğidir. Dileyenin dilediğine dini ile alakalı bir hüküm takdir etmesi yanlıştır. Kimsenin ahireti ile alakalı bir karar verilemez.

Tefekkür İçin Bir Ayet, Bir Hadis

"Elini boynuna bağlayacak kadar cimri olma! Büsbütün de saçıp savurma, yoksa kınanmış ve üzülmüş bir hâlde ortada kalırsın!" (İsra, 29)

"Sevdiğini dengeli sev, bir gün aranız açılabilir. Nefret ettiğinde de dengeli ol, bir gün sevdiğin biri olabilir." (Tirmizî, Birr, 60/1997)

Denge Noktalarımız

İnsanlarla ilişkiler dengede tutulmalıdır. Anneden değerli eş, evlattan değerli arkadaş, babadan değerli ortak olamaz. Takva üzerinden seviye yükselebilir ama bir anadan doğmak, evlat olmak, baba olmak başka şeydir. Rahim bağı çok ciddi korunmalıdır. Sevdiğimizi sınırsız sevmemiz yanlıştır. Düşmanlık ettiğimize de sınırsız ve bir daha dönüşü olmayan seviyede düşmanlık etmek yanlıştır. Yarına bir dostluk veya buğz kapısı açık bırakmak gerekiyor. İtidal en güzelidir. Allah için sevmek, Allah için buğzetmek bir hedeftir; o hedefe koşmalıyız.

Allah'a tevekkül etmekle, esbaba yapışmak, üzerine düşeni yapmak arasında iyi bir denge kurulmalıdır.

İbadetlerde bile abartı yanlıştır. Aç kalma pahasına, çocukları yok sayma pahasına nafile ibadet doğru değildir. Doğru olan, Resûlullah sallallahu aleyhi ve sellem gibi yaşamaktır. Bir görevimizi diğerine ezdirmemiz de İslamca değildir. Çocuklarımızın fakruzaruret içinde kalmalarına sebep olacak işlerden uzak durulmalıdır. Onların, bizden sonra zengin kalmaları, fakir kalmalarından daha hayırlıdır. Sadaka verirken bile bunu gözetmeliyiz.

Sürekli ibadet, sürekli iş, sürekli züht bıktırabilir. Dinlenmek, neşelenmek de haktır. Bilhassa ev hanımlarının, çocukların dinlenmelerini sağlamak şarttır. Dinlenirken de abartmamak, taviz vermemek, kimliğimizden kopmamak şarttır. Dünyamız ahiretimizi ezmesin, ahiret görüntüsünde de dünyamız kaybolmasın. Konuşurken de böyle bir ölçümüz olsun; sınırsız konuşan, konuştuğunun altında kalan Müslüman yanlış iş yapmaktadır.

Yediğimiz içtiğimiz helal olsun, temiz olsun, sağlıklı olsun. Bakkalda satılan her şey yenmek için değildir. Sanayi ürünlerini gıda olarak tüketmemeye gayret etmeliyiz.

Karşımızdakini tenkit etmek hakkımızdır ancak tenkidimiz, tenkit edilecek işe olmalıdır, kişinin kendisini tenkitten uzak durmalıyız. Tahminle, duygusallıkla, gruplaşma gereği tenkit olmaz. Tenkit belge ile olmalıdır.

Doğrular/Hatalar

Yemede içmede aşırılık hatadır.

Hastalık nedeni olan bir işi bilerek yapmak hatadır.

Vesvese ve evhamda ısrar etmek hatadır.

Malı yersiz harcamak hatadır

Duada ısrar doğrudur.

Sabırda ısrar doğrudur.

Ümitvarlık doğrudur.

Cennet sevgisi ve cehennem korkusunda süreklilik doğrudur.

Her şeyi Allah'ın rızasına göre yapmaya çalışmak doğrudur.

Tefekkür İçin Bir Belge

Zeyd bin Sabit radıyallahu anh diyor ki:

"Resûlullah sallallahu aleyhi ve selleme vahiy geldiği zaman bana haber verirdi, ben de vahyi yazardım. Biz ahiretten konuşurken o da ahiretten konuşurdu. Dünyadan konuştuğumuzda da o da bizimle onu konuşurdu. Yemekten söz ederken de o da bizimle onu anardı. Bunları size ondan naklediyorum." (Taberânî, el-Kebîr, 4882)

Bu sözlerin sahibi, vahiy kâtiplerinden biri olan ve Kur'an'ı cemeden sahabi Zeyd bin Sabit radıyallahu anhtır. Zeyd b. Sabit Peygamber aleyhisselamı ara sıra görenlerden biri değil yanı başında on yıl kalan ve en yakınında duranlardan biridir. "Bunları size ondan naklediyorum." derken de yaptığı naklin başkasından duyduğu şeyler olmadığını vurgulamaktadır. Bu tabloda gördüğümüz şey ise şudur:

Resûlullah sallallahu aleyhi ve sellem ahiret için uğraşırken dünyayı ihmal etmemiştir. Onun Sünnet'i, her şeyin hakkını vermektir. Genç bir sahabi, yemekten söz ederken onu paylamak yerine konuştuğuna katılmayı tercih etmiştir. İş ahirete gelince zaten ahiret gündemi olmuştu. İşte Peygamber'imiz! İşte denge!

İlimden Eğlenceye Bir Denge Denemesi

Ümmet'imizin ilk büyükleri birkaç uzmanlık alanını birleştirmeyi başarmışlardır. İlmi ticaretle veya silah kullanmakla birleştirenlerin sayısı oldukça fazladır. İlimde de birkaç alanda uzman olan ve her birinde de uzmanlığının hakkını veren pek çok âlim dillere destan olmuş, adları günümüze kadar yaşamıştır. Ebu Hanife, bu alanda muhteşem bir örnektir. Bizim ise bir alanda bile uzmanlaşmada sıkıntımız vardır. Gerçeklerle emeller arasında kendimize iyi bir yer bulmaktan başka bir yolumuz kalmamış gibi durmaktadır. Bu yer bulmamız da fıtri yapımızla önümüzdeki imkânlar arasında iyi bir denge ile mümkündür.

İlim meraklısının ilk yapacağı şey, kendisine samimi bir danışman bulması ve onun sözünü dinlemesidir. Hangi alanda yetişmesinin daha uygun ve kolay olacağını bilebilen birisi onun için en az ilim kadar önem arz etmektedir. Sadece istiyor, özeniyor olmak elde etmek için yeterli olmuyor. İstenene münasip olmak da şarttır.

Diğer yandan da ilim, Allah'a ulaşmak için elde edilirken kalp hayatımızı riske atan bir neden olarak karşımıza çıkmamalıdır. İlim yüzünden ibadeti ihmal eden, haramlardan birine bulaşan yanlış iş yapmış olur. Bu, tam bir dengesizliktir.

Zehebî'den Altın Sözler

İlim ve âlim konusunda en etkili isimlerden biri olan İmam Zehebî, Kûfeli âlim Mis'ar bin Kidam'ın: "Bırakın şu hadis ilmini; sizi Allah'ı zikirden, namazdan alıkoyuyor!" sözünü naklettikten sonra şu tespiti yapmaktadır:

"Tartışmalı bir meseledir bu; ilim tahsili mi üstündür yoksa nafile namaz, zikir ve Kur'an okumak mı? İlim tahsilinde Allah için samimi olan, zihni de iyi ise onun için ilim evladır ama namaz ve diğer kulluklardan da geri kalmayacak. İlim tahsilinde gayretli fakat ibadetlerde eksikse o basit bir tembeldir. Niyetinin samimiyetinde doğru değildir o. Hadis ve fıkıh tahsilini bir özenti ya da temenni olarak gören için ise ibadet daha üstündür. Hatta çok daha üstündür. Böyle bir özet yapabiliriz. Vallahi ben, ilim tahsilinde ihlaslı olanı çok az gördüm. Bütün bunları bir kenara bırak. Günümüzdeki hadis ilimlerinin tahsili o ilk zamanındaki gibi değildir. Unvanlar, daha iyi hocalar peşinde koşulmaktadır. İlim şuursuz hocalardan öğrenilmekte, oyun eğlencedeki çocuklara, emzikli olması gereken, ağlar çocuklara ilim verilmektedir... İlim bunlardan uzaktır. Ben ilim göremiyorum. Bilakis kötü işler görüyorum. Allah yardımcımız olsun." (Siyer, 7/163)

Zehebî'nin bu sözleri yedi asır öncesinin Bağdat'ında söylediğini de dikkate alarak bir kere daha okumamızda fayda vardır.

İlim tahsilinin, kişinin aile düzeni kurmasına da engel olmaması gerekmektedir. Buna evlilik adını da verebiliriz. Evliliğin geciktirilmesinin getireceği sakıncalarla ilimden elde edileceklerin yararları karşılaştırıldığında önümüze çıkacak sonuç kişinin lehinde olmayan sonuçlar olacaktır. İlimle meşgul olacakların gerek evlenme kararında ve gerekse evlendikten sonraki aile yaşantılarında itidali elden bırakmamaları gerekiyor. Nasıl ilim tahsilimiz, ibadette bir gevşemeye, ihmale neden olmuyorsa ya da olmaması gerekiyorsa hayatın diğer alanlarında da bu muvazene kurulabilmelidir.

Dün ile Bugünü Karşılaştırma

Selefi salihinin ibadet ve benzeri alanlardaki büyük başarısını imrenmeden izlemek mümkün değildir. Bize aktarılan bilgilerin yarısını hatta üçte ikisini mübalağa kabul etsek bile selefi salihinin himmeti bizim standartlarımızı aşmaktadır. Bir yandan beş on çocuk büyütürken bir yandan da ülke ülke cihat veya ilim yollarında yürüdüler. Gündüzlerini bir işte gecelerini seccadede geçirdiler. Zahit ama tok yaşadılar. Sılayı rahimde kusur etmediler. Biz ise onca teknolojik fırsatlara rağmen ne ibadette ne de sosyal ilişkilerimizde bir mesafe katedebiliyoruz. Onlarla aramızda bir kıyaslama yapmamız bile çok zordur. Onlarla bizim aramızda bir kıyaslama yapmamız durumunda şu tespitler karşımıza çıkacaktır:

a- Onların iş dünyası bizim iş dünyamızdan farklı idi. Onlar yaşamak için çalışıyorlardı ve yaşayacak kadar gerekli olan işleri yapıyorlardı. Biz ise âdeta iş için yaşıyoruz. Biriktirme ve kullanma arzumuz çok yüksektir.

b- Onların zamanlarında bir bereket vardı. Bu bereketi de hissediyorlardı. Biz ise bereketi kitaplarda okuyor, sohbetlerde dinliyoruz.

c- Hayat tarzımızın getirdiği sıkıntılar onların bilmediği, duymadığı şeylerdi. Bugünkü Müslüman'ın çocuk yetiştirme, çocuğunu çevreden koruma sıkıntısı onlar açısından bu oranda yoktu. Onların çocuğu sokakta durduğunda, bizim çocuğumuzun sokakta durmasına göre daha rahattı. Medyadan reklama kadar pek çok alan Müslüman'ı daraltmaktadır.

Bunun sonucu olarak da o zamanın Müslüman'ının akşam evine dönüşü ile bugünün Müslüman'ının akşam evine dönüşü aynı şartlarda olmamaktadır. Kadınların o zamanki dünyası ile bugünkü dünyası arasında büyük farklar vardır. O zamanın kadını doğurmak ve eşlik kalitesinde yarışmak için mücadele ederken bugünkü Müslüman kadının doğurmama, eşini kendine karşı en azından denk hâle getirme mücadelesi vardır. Sadece bu bile, durumumuzla durumlarını kıyas etmek için iyi bir örnektir.

O şartlarda gelecek düşüncesi taşımakla bu şartlarda gelecek düşüncesi taşımak arasında ölçülemeyecek seviyede bir farklılık olması da tabiidir.

d- Bir başka sorun da bilhassa bu asırdaki Müslümanların mesailerinin çok önemli bir bölümü, "Bir İslam devletimiz olsun." şeklinde ifade edilebilecek alana kaymıştır. Yani evsiz barksız durumda gibidir Müslümanlar. İyi veya kötü bir İslam devleti içinde yaşayan bir Müslüman ile bu durumdaki bir Müslüman arasındaki bu fark da normal görülmelidir.

İbadette Denge Esastır

Camide yuvarlanıp gitme tarzında bir ibadet telakkisini İslam'ın bizden beklentisi olarak anlamamız yanlıştır. İbadet, köhneleşme, itilmişliği benimseme olmamalıdır. İbadette de bir program olmalı, öncelikliler, önemliler ayrımı yapılmalıdır. Her şeyden önce farzlar gözetilmelidir. Ardından da kabiliyet ve imkânlar gözetilerek nafile ibadetlere yer verilmelidir. Nafilelerin farzların yerine oturtulması hata olduğu gibi nafilesiz kalmak da hatadır. Güçlü bir irade ile ibadete süreklilik kazandırılmalı, ibadeti aksatmayı mazur görme yerine "İbadetsiz olmaz!" anlayışını benimsemelidir Müslüman.

İbadet ciddiyeti ve istikrarı da hiçbir şekilde aile ilişkileri başta olmak üzere, maişet temini, sosyal görevler ve cihat gibi alanları da kısmamalı, mazeret üretme nedeni olmamalıdır. Elbette, herkes için aynı düzeyde ibadet beklentisi içinde olmamız da mümkün değildir.

Ashabı kiram başta olmak üzere Müslümanlar, kabiliyetleri ve önlerindeki imkânlar üzerinden Allah'a kulluk yapma azmi içinde olmuşlardır. Bir kere daha Zehebî'nin altın sözlerine müracaat edebiliriz. İbadet ve ticaret birleşimini Ebu'd Derda radıyallahu anhın dilinden bir arada tutmaktan söz ederken diyor ki:

"Efdal olan ikisini bir arada tutmaktır. Bu da seleften bir grubun uygulamasıdır. Şüphesiz insanların mizaçları bu konuda farklıdır. Sıddık ve Abdurrahman bin Avf gibi bazılarının bunları bir arada tutma kabiliyeti vardır. İbni Mübarek de böyle biri idi. Bazıları da yetersiz kalıp kendini ibadete verir. Kimisi baştan dayanır sonradan yılar. Ya da bunun aksi olur. Bunların hepsi gerçektir ama hepsinin yanında ailenin ve eşin hukukuna dikkat etmek şarttır." (Siyer, 2/335)

İbadetin namazla, oruçla sınırlı olmadığını da bilerek davranmak gerekmektedir. Allah'ın rızasını kazandıran her şey ibadettir. Sılayı rahim de bir ibadettir. Emribilmaruf bir ibadettir. Cihat bir ibadettir. Bunların bütününü kuşatan bir idrak içinde bulunulmalıdır ki İslam'ın kapsamlılığı yaşanmış olsun.

Allah'a Davette Çizgiler

Allah'a davet ifadesi bizim dilimizde dernekçilik, vakıfçılık, hocalık, yazarlık gibi isimlerle anılıyor olabilir. Adı ne olursa olsun biz bununla Müslüman'ın dinini dert edinmesi, dini için bir şeyler yapmasını kastediyoruz. Bir Müslüman, dinini "din görevlileri" diye bir kadroya devredemez. Din herkesindir, herkes dininin görevlisidir. Aksi takdirde imanımızın en tabii gereklerinden birinde ihmalkâr duruma düşeriz.

Dinimiz için bir şeyler yapma arzumuz yani vakıfçılığımız, hocalığımız, yazarlığımız veya her neyi dinimize hizmet için yapıyorsak o, bizim aile düzenimizde, ibadetimizde, sosyal şahsiyetimizde aksamaya neden olmamalıdır. Bir yapıp bir yıkmayı, bir kaldırıp bir indirmeyi dine hizmet adı ile yapamayız.

Allah'ın dinine hizmetle ferdî ibadetlerimizi birbirine ezdiremeyiz. Tâbiînden Muaviye bin Kurre'nin şu sözüne dikkat edelim: "Bana, gece gözyaşı akıtan gündüz de tebessüm edeni gösterin." (Siyer, 5/153)

Allah'a davet adamı olmak, hiç gülmemek değildir. Dünya nimetlerinden kopmak değildir. Bilakis ahiret ile dünya arasında dengeli olmaktır. İnsanlara din hizmeti ulaştırırken onların içinde erimeyecek bir çizgi tutturmak da önemlidir. Aynı şey, insanlara önder olmakla şöhrete kurban gitmek arasında vardır.

İmam Şafii'nin talebelerinden Yunus bin Abdüla'la'ya nasihatlerinden birinde bu ince çizgi vardır: "Yunus! İnsanlara karşı kapalı olmak düşmanlık çeker. Onlara açılsan bu sefer kötü arkadaşların olur. Sen ikisinin arasında ol." (Siyer, 10/5)

Cihadı cihat olarak anlamak elbette ölümü gördüğün her yere koşmak olamaz. Bilakis cihat, Allah için yapılması gerekeni yapmaktır. Bu, yeri gelir söz olur, yeri gelir infak olur, yeri gelir eylem olur, yeri gelir buğzolur, yeri de gelir vuruşma olur. Neyin ne zaman ve nerede gerekeceğini bilememek çıkılması zorunlu bir cehalet bataklığıdır.

Mal Dengesi

Müslümanların yeryüzünün kronik fakirleri olarak bilinmelerinin hiçbir gerçekliliği yoktur. Gerek Ümmet olarak ve gerekse fertler olarak fakirliğe mahkûm değiliz. Topraklarımız zengin topraklardır. Biz de en az başkaları kadar kazanmayı bilebilecek niteliklere sahibiz. Fakirlik bizim vazgeçilmezimiz olamaz. Bizden beklenen fakirliğe rıza değil zühde meyletmektir.

Mal ve Müslüman bir araya gelmelidir ama Müslüman malı kullanmalı, mal Müslüman'ı kullanmamalıdır. Ya bitkin bir fakir ya da mala esir olmuş bir Müslüman görüntüsünün alternatifi, malı olan ama ona esir olmayan bilakis malını Allah yolunda infak için kullanan seviyeli ve onurlu Müslüman'dır. Mal, yeryüzünde Müslüman'ın elindeyken hayrın kapısıdır. Müslüman da hayır insanıdır. Müslüman, malını cebine, kasasına koymalı ama kalbine koymamalıdır. Malı elde edebilmek için iffetinden taviz vermemeli, dinini verip mal almamalıdır. Malın en ağır imtihanlardan birini oluşturduğunu bildikten sonra mal ne büyük bir nimettir.

Hızlı Kalkışlar

İyi niyetle veya kasıtlı olarak yapılan aşırılık, aşırılıktan doğacak olumsuzluğu iyi duruma getirmiyor. Annelerin babaların çocuklarını hemen yetiştirmeyi arzulayan tutumları bir aşırılıktır. İki nasihatle ahlakı düzelmiş çocuk, beş oturumda matematikte dehalaşmış çocuk, dedesini iki kere ziyaret etmekle ecdat kültürünü özümsemiş çocuk nerede görülmüş, kim görmüş? Çocuk da ağaç gibi yetişecektir. Bahar görecek kış görecek, budanacak, çiçek açacak, dökülecek...

Çocuk da böyledir. Acelecilik, hayâlleri gerçek yerine koymak hatadır.

Dün, bugün batıl /yanlış olarak yorumladığı bir hayat tarzı üzere iken bir nedenle dönüş yaptığı yeni düzeninde her düşündüğünü, duyup beğendiğini, okuduğunu tatbik etmeyi arzulayan, bir ömürlük yolu birkaç günde katetmeyi hayâl eden de aşırılık üzeredir. Hızlı kalktığı için çabuk oturabilir.

Kurallar

Dengeli bir hayat, dengeli bir Müslümanlık için bazı kurallardan söz etmemiz mümkündür:

Allah'a itimat, O'nun kaderi ile nefes aldığımıza itimat birinci ve en önemli kuralımızdır. Bu itimat sarsıldıktan sonra hiçbir sözün kıymeti kalmayacaktır.

Din de dünya da ilimle elde edilmektedir. Dininin cahilleri, dünyasının bilmezleri olamayız. Tek kanatlılığa da talip değiliz.

Fıtratlarımızı, Allah Teâlâ'nın bünyemize yerleştirdiği yeteneklerimizi ihmal etmeyiz, abartmayız da.

Vakit önemlidir ancak düzenle ve titizlikle kullanılırsa bereketlenir.

İslam'a kendisi gibi bakmalıyız. Sadece bir tarikat penceresinden, bir vakıf bülteninden, bir önderin izinden bakılacak kadar küçük bir alanda değiliz. İslam, olduğu gibidir, Kur'an kadar geniştir. Hayatı kuşatmak için vardır.

Muhakkak önceliklilerimiz, önemlilerimiz olmalıdır.

İmkânlarımızla hayâllerimizi karıştırmamalıyız. Gerçekçi olmakla da ürkek olmayı birbirine sokmamalıyız.

Uzmanlaşmaya saygılı olmalıyız. Sadece tıpta değil hayatın her alanında bir uzmanlaşmadan söz etmek mümkündür.

İnsanlarla kaynaşmakla onların içinde kaynayıp gitmek arasındaki uçurumu tespit etmeye mecburuz.

Bilhassa Kur'an okumak gibi ruhumuzu doyuracak işlere önem verilmelidir. Başkalarını doyurup aç kalma tarzına yanaşılmamalıdır.

Bedenlerimizin insan bedeni olduğunu unutamayız. Melek de değiliz cin de... Acıkırız, yoruluruz, terleriz. İhtiyarlarız, hastalanırız. Bu bizim gerçeğimizdir. Sabaha kadar ibadet, bu bedenlerle yapılamaz. Aylarca orucu bu beden kaldırmaz. Ekmek kadar su kadar morale muhtacız. Moralsizin dini için yapabileceği bir şey yoktur. Neden bir mü'mine selam vermek büyük sevaplardan biri sayılmıştır? Neden mü'mine tebessüm etmek sadakadır? Neden eşler birbiriyle ilgilenirken sevap kazanıyorlar? Bunlar düşünmeye değmez mi?

Allah'ın Şeriat'ına aykırı olmamak kaydıyla eğlenmek, dinlenmek dindendir. Eğlenmek ve eğlendirmek de bu pencereden bakıldığında sevap işlerdendir.

Müslüman'ın eşini, çocuklarını eve hapsetmesi bir ibadet değildir. İffetimizi koruyarak, israftan kaçınarak, yorganla ayak arasında denge kurarak; onların da dünyanın yeşilliklerini görme, deniz kenarında derin bir nefes alma hakları vardır.

Babaların evde çocukları ile oturma saatleri düzenlemeleri görevleridir. Evlerinde özlenen babalar ya da evlerini otel olarak kullanan babalar, Sünnet eğitimli, Sünnet'e uygun yaşayan babalar olamazlar. Allah yolunda cihat etmeyi, hizmeti, ashabı kiramın hicretlerini örnek göstermeye yeltenmeyelim. Durumumuzla durumlarını kıyas bile edemeyiz.

Spor bile bir denge unsurudur. Göbekli Müslüman görkemli Müslüman değildir. Hareketli, sıhhatini koruyan, yarın dağlarda Allah için yürümeye hazır Müslüman, Allah'ın daha çok sevdiği Müslüman'dır. Merdiven çıkamayan Müslüman'dan uzayı fethedecek Müslüman mı beklenir?

Büyük muhaddis, fakih, tarihçi Zehebî, Siyer'inde sahabeden Abdullah bin Amr bin As radıyallahu anhümanın üç günde bir Kur'an'ı hatmetme uygulamasını anlattıktan sonra İslam'ın bütünüyle kuşatılarak yaşanmasının, her şeyin hakkının verilmesinin bu kadar çok Kur'an okumaktan daha iyi olacağına işaret ederek diyor ki:

"Vallahi, bir gece namazında Kur'an'ın yedide birini okumak, müekket Sünnet olan nafilelere, duha namazına, tahiyyetülmescide, sahih Sünnet'te sabit olan zikirlere, yatarken kalkarken, namazlardan sonra ve sabah vakti okunacak dualara dikkat ederek, Allah için ihlasla faydalı bir ilimle meşgul olmak, emribilmaruf yapmak, cahile bir şeyler anlatmak, fâsıkı uyarmak gibi işleri yapmak, namazları huşu, huzur ve güçlü bir iman ile cemaatle kılmak, farzları yerine getirip haramlardan kaçınmak, çok dua edip istiğfar etmek, sadaka vermek, sılayı rahim yapmak, tevazu sahibi olmak...

Bunların hepsini ihlasla yerine getirmek büyük bir iştir. Ashabıyeminin, Allah'ın muttaki evliya kullarının işleridir bunlar. Bunların hepsi de istenen şeylerdir. Kul, her gece bir hatim yapmakla meşgul olunca kolay olan dine aykırı davranmış olur."

Vasat Ümmet Olmanın Gereği

Bu Ümmet, kitabı olan Kur'an'da "vasat ümmet" olarak adlandırılmıştır. İslam, itidal ve adalet dinidir; vasat olmanın en tabii gereği ifrat veya tefritten kaçınmaktır. Kişinin kendisine veya çevresine zarar veren ve aşırılık olan her şey yasaklanmıştır. Bu zarar verme ifrat da olabilir tefrit de. Aşırılık olan şey tabii değildir. İslam ise fıtrat dinidir. İslam; kolaylığı, insanlara kaldıramayacağını yüklememeyi yeğlemiştir.

Tutum ve sözleriyle Müslümanlara zarar verenler, bir de verdikleri zararı "Allah için, din için" gibi mukaddes kavramlarla bezeyerek yapanlar, iyi niyet taşımış olsalar bile iyi sonuçlara sebep olamazlar. Ali bin Ebu Talib radıyallahu anh gibi bir ismi öldürenlerin de "Allah için, Allah'ın dinine hizmet için" öldürdüklerini hiç unutamayız. Bizim bir işimizi "Allah için" standardında görmemiz, meleklerin de onu Allah için yapılmış görmelerini ve öyle kaydetmelerini gerektirmiyor. Önemli olan da bizim nasıl adlandırdığımız değil, onların nasıl kaydettiğidir. Kendi ürettiğimiz koşullar ve sonuçlar üzerinden kulluk yapmakla Allah'ın rızasını nasıl kazanabiliriz?

Tarihi seyir içinde aşırılığın temelinde ilk neden olarak siyasi düşüncelerin yattığını, en büyük kanın ve zayiatın o alanda verildiğini söyleyebiliriz. Müslümanları kimin yöneteceği ya da yönetebileceği konusu neredeyse İslam'ın ilk günlerine kadar uzanan bir tartışma ve sürtüşme konusudur. Allah Teâlâ kullarını bu meydanda sınamayı murat etmiştir. Meselenin özü budur.

Bu yarayı kaşıyarak öne çıkanlar ve onlara tepki için karşı cepheyi oluşturanlar, Müslümanları yönetmek için iyi bir iş yaptıklarını zannettikleri sürecin sonunda Müslümanların düşmanlarına yardım ettiklerini, İslam'ı medeniyet ve devlet olarak geri bıraktıklarını maalesef göremeden bu dünyadan gitmişlerdir. Belki onların bu sonucu görmelerini beklemek de gerekmez ama onlardan sonra gelenler, aynı hataları tekrar edecek işlerin içinde olurlarsa, bu hatanın sahiplerini basit bir yanılgı içinde göremeyiz. Bedelini Ümmet'in ödediği hiçbir hata basit hata değildir.

Asrımızın da en ağır aşırılıklarından biri bu yönetim tarzı, yöneten isim etrafındadır. Pek ağır bedeller ödenmiştir bu alanda. Meseleyi sadece, ödediğimiz siyasi bedeller, dökülen kan olarak da göremeyiz. İslam'ın bulunması gereken nokta ile bulunduğu noktanın arasındaki uçurumda bu iç sürtüşmemizin önemli bir sebep olmadığını asla iddia edemeyiz.

Aşırılığın bir başka boyutu -ki o boyut da siyasi boyuttan aşağı kalmayan sonuçlara neden olmuştur- intisaptaki aşırılık boyutudur. Müslümanların intisap ettikleri tarikatların, mezheplerin, cemaatlerin niteliğini dinin kendisinden daha üstün noktalara taşımakla düştükleri hata pek ağır sonuçlara sebep olmuştur.

İslam'ın kendisine eşit cemaat anlayışı büyük yaralar açmıştır. İslam gitse de cemaat, arkadaş kalsın anlayışı olarak da özetleyebileceğimiz bu aşırılık bazen cemaatin ilkeleri etrafında bazen de cemaatin önderi etrafında kendini göstermiştir. Masum olmayan birinin yazdığı ve vahiy ürünü olmayan bir kitaptaki ifadeler Kur'an gibi telakki edilebiliyorsa çizgi çok aşılmış tehlikeli bir seviyeye gelinmiş demektir. Bu durum, bu işin kendi adına yapıldığı isimleri bile ezip geçecek kadar abartılı hâle getirilmiştir kimi zamanlarda.

İçinde Kur'an'dan başka bir kitabın, hüccetin kabul edilmeyeceğini yazan bir kitap, Kur'an'dan daha muteber tutuluyorsa kim neyi ne ile izah edebilir? Bu sadece aşırılıktır ve sonuçları kulluğumuz lehine yazılabilecek sonuçlar asla değildir. Biz buna fitne de diyebiliriz.

Netice olarak şunu tespit edebiliriz ki Allah için Allah'ın mü'min kulunu öldüren, Allah için Allah'ın dininden soğutan, dinden atan ne kadar doğru bir iş yapmış olabilir? Ne zamandan beri, ne kadar çok insan cehenneme atılırsa o kadar çok sevap beklenir olmuştur?

İnsanların bünyesinde var olan aşırılığa meyletme kabiliyeti, genelde iki nedene bağlı olarak yeşermektedir. Bunların birincisi, Müslümanların çaresiz kaldıkları, düşmanlarının binbir hileyle onları ezdiği, iç düşmanlarla dış düşmanların beraber zulmettikleri dönemlerdeki reflekslerin sonucu olarak ortaya çıkan durumdur. İkincisi de insanlar üzerinde etki edebilecek imkân ve yeteneklere sahip olanların, akıbetini düşünmeden sarf ettikleri sözlerin ve yazdıkları yazıların, bıraktıkları eserlerin sürüklediği kitlelerin oluşturduğu durumdur.

Bilhassa İslam topraklarında dini hayattan dışlayan anlayışın siyasi otorite hâline gelmesi ile bu aşırılık âdeta makul gerekçelere dayanarak büyümeye çalışmıştır. Sonunda da Müslümanlar, düşmanlarına kızıp kendilerine, öz ailelerine zarar vermeye kalkışmışlardır. Camisine küsen, bedenine zarar veren Müslüman, bu mantığı yansıtan Müslüman'dır.

Başkalarına Karşı İnsaf Göstergeleri

Her insanın sözünün, işinin doğru da olabileceğini, yanlış da olabileceğini kabul etmek, körü körüne kimsenin doğrulanamayacağını, Peygamber aleyhisselam dışında kimsenin masum olmadığını kabul etmek bir insaf göstergesidir.

Başkasını da dinlemeye hazır olmak, gerektiğinde dinlemek bir insaf göstergesidir. Karşımızdakinin de doğru olabileceğini kabul etmek, doğru onda ise onu itiraf etmeye hazır olmak insaftır.

Karşımızdakinin yanlışını konuşurken doğrularını itiraf etmek bir insaf göstergesidir.

Aşırılık Örnekleri

En önemli aşırılık, Allah'ın azametine ve kudretine inanıldığı hâlde, her şeyin O'nun izni ile ve iradesi ile tecelli ettiği, dilediğinde Firavun'un sarayına Musa'sını yerleştirmeye muktedir olduğu bilindiği hâlde, küfrün karşısında teslimiyet pozisyonudur. İslam'ın bir daha devlet olamayacağını, Halifeli bir toplumun mümkün olmayacağını düşünmek bir aşırılıktır.

Bu aşırılığın tefrit şeklinde yansıması sonucu değiştirmiyor. Bu aşırılığa karşı bir aşırılık da üzerinde yüz binlerce minarenin bulunduğu, ezanların okunduğu, insanların imanlarına göre nikâhlar kıyıp evlendiği toprakların "kâfir toprağı" olarak görülmesidir.

Zaten var olan uçurumu biraz daha derinleştiren ve uçurumu kapatma umudunu eriten bu anlayış, pek çok insanın yıllarının heba olmasına, büyük bir enerjinin boşa gitmesine neden olmuştur. Aynı camide namaz kılanlar, birbirlerinin imanından şüphe etmişlerdir. Bir grup da yanı başlarındaki camilere kilise gibi bakmışlar, camiye gitmemeyi ibadet olarak görebilmişlerdir. Öyle veya böyle kaybeden şeytan olmamıştır. Neticede ortaya, ılımlı İslam, aşırı İslam, orta hâlli İslam gibi safsatalar çıkmıştır.

Aşırılığın en bariz örneklerinden biri, cemaatler arasındaki kardeşliğin düşmanlık olarak yansımasıdır. Şucu bucu üzerinden ibadet yapılmaya kalkışılmıştır. Allah'ı zikretmek için bir mecliste toplanan tarikatlardan bir tarikatın oradaki büyüğü, o mecliste bulunulan mesela bir saatin önemli bir bölümünü, onlardan olmayan tarikatların eksikliklerine ya da tarikattan olmayanların nasıl bir sapıklık içinde olduklarını izahla geçirebilmiştir. Onların yerdiği taraf da onları yerenlerin yanlışlıklarını zikrederek âdeta tesbihat yapmışlardır. Bir tür, Müslümanların hatasını yakalama avına çıkılmıştır. "Kim ne kadar hatalı Müslüman bulursa..." kampanyasına dönüşmüştür sorun. Zaten siyasi bir zafiyet içinde kıvranan İslam toplumu biraz daha erimiş, biraz daha enerjisini boşa harcamıştır.

Elbette İslam'ı daha iyi yaşama, daha iyi cihat etme gibi bir yarış olacaktır, olmalıdır da. Allah'a daha yakın olma üzerinden bir yarış, Kur'an'ımızın emridir; bu yarış, daha iyisini yaparak ortaya konmalıdır. İtham ederek, çirkinleştirerek veya Müslüman'ı Müslüman olmayanlar düzeyinde görerek olmamalıdır. Bir değerin ihyası, değersizin üzerinden olamaz.

Müslümanlardan bir grubun, bir servet harcayarak gittikleri Mekke'de, imamların mezhebini beğenmedikleri için Kâbe'de namaz kılmamaları ya da kıldıkları namazın olmayacağını düşünerek o namazı yeniden kılmaları kimin yüklenebileceği bir vebaldir. Ortadaki gerekçe ise oradaki imamın onlardan olmayışından başka hiçbir şey değildir.

Öte yandan, Kâbe'sindeki namazı bile koruyamamış bir din kompleksi, orada bile bir arada olamayanların, namazda bile birleşemeyenlerin insanlığı birleştirmek için geleceklerine karşı ne denebileceğini düşünen yoktur. Ayrıca, arkasında namaz kılınamaz denen imamın kalbini yarıp bakan var mı onun da cevabı yoktur önümüzde. Dinimiz İslam, bu kısır düşüncelerle ölçülemeyecek kadar büyük bir dindir. Kimsenin vazifesi de İslam'dan olanlarla olmayanları ayırmak ve şüphelileri yurt dışı etmek değildir.

Cemaat Putu

Keşke "cemaatin putu" diyebilse idik! Cemaatin put olması ile cemaatin bir putunun olması, sonucun hayra tebdil edilebilmesi açısından çok farklıdır. Put, cemaatin kendisi olduktan sonra bütün kurallar o cemaate göre belirlenecek, her türlü taviz mübah hâle gelecektir. Dine göre cemaatten cemaate göre din vadisine dalınacaktır. Olan da budur maalesef. Cemaatten ayrılmanın dinden ayrılmak gibi anlaşıldığı, öyle gösterildiği anlayış putlaşmanın/putlaştırmanın nedenidir. Ebu Cehillerin de temel felsefesi bu değil mi idi? Babalarının geçmişini silememek!

Bu putlaşmanın getirdiği sel kütüklerinden biri de asıl cemaatin yani Ümmet'in bütününü kuşatacak olan meselelerin bir hedef olarak görülmüyor olmasıdır. Hilafet geldikten sonra diğer cemaatler için piyasa sönüp, aslında kişisel menfaatler eriyeceğinden Hilafet, peşinde koşulması gereken bir hedef değildir. Bu nedenle de o cemaat, zatında Hilafet'i de barındıran bir kutsiyetle korunur olmuştur. Diğer cemaatler "boş" veya "boş gibi işlerle kaim cemaatler olmuştur. Bu aşırılık değilse hiçbir şey aşırı değildir. O zaman doğrular yanlış, hatalar bereket kaynağıdır!

Satır Başlarıyla Örnekler

Mezhepleri taklitte, mezhebi din olarak görme ile Ümmet'in ilim ve cihat serveti olan mezheplerin yok sayılması, zararlı görülmesi arasında ifrat ve tefrit düzeyinde aşırılık vardır. Kişinin kaldıramayacağı yükün altına girmesi olarak tarif edebileceğimiz bir tutum da aşırılıklardandır. Bedenî yapısı müsait olmayan birinin kendisini teheccüt namazı için zorlaması, yiyeceklere gereksiz sınırlamalar getirmesi, insanlarla ilişkilerden, akraba bağlarından soyutlanması, uyku gibi ihtiyaçlarda abartılı sınırlar koyması bu tür aşırılıklardandır.

Sanki fıkıh yokmuş gibi, tek bir ayet veya hadis üzerinden bir hükme kilitlenerek insanların ya o hükme göre yaşamaları ya da dinden çıkmış mürtetler olmalarını emreden anlayış aşırılıktır. Bir insanın kâfir olduğuna dair sabit bir hüküm vermede serbest davranmak bir afettir. Kâfirlerle ölçüsüz bir şekilde kaynaşmakta sakınca görmeyenlere karşı bir tepki olarak onları şirin gören anlayış da aşırılığın renklerinden bir renktir.

Bireysel kanaatlere dayanarak üç beş gencin, Müslümanların kanları ve değerleri pahasına da olsa devletlere isyan hareketleri içine girip zarar vermeleri aşırılıktır.

Eğitimdeki gayrişer'ilikleri öne sürerek, insanların okullardan uzaklaştırılıp onun yerine bir eğitim getirilememesi, merdiven altı eğitimlerle gençlerin kadın kız cahil bırakılmaları bir aşırılıktır.

Camilerdeki sistemin işleyişinden ya da kuruluşundaki mantıktan kaynaklanan tersliklere bakarak namaza ve cemaate karşı gösterilen tepkiler, papaza kızıp oruç bozma olarak adlandırılabilecek tutumlar aşırılıktır.

Mekke dönemi veya şu dönemi yaşıyoruz gibi yorumlara dayanarak, haramlar ve helalleri zorlayan tutumlar içinde olmak aşırılıktır.

Müslümanları, Selefî, tarikatçı, radikal gibi vasıflarla vasıflandırmak, böyle bir ismi benimsemek, Allah'ın bize göbek adı olarak taktığı Müslüman ismi dışında bir isimle anılmaya razı olmak aşırılıktır.

Çaresiz Değiliz

Mevcut bu durum düzelmez değildir. Ebedî kalıcı asla değildir. Bilhassa, hepimizin muhakkak içine düşeceği bir bataklık da değildir. Ahiretini düşünen ve İslam'ı Ümmet'in ortak değeri olarak gören bir mü'min, bu bataklıktan kendisini ve ailesini koruyabilir. Önder durumunda olanlar, çalışmalarını bu anlayış etrafında yoğunlaştırabilirler. Ulemanın ve önderlerin vasat olmayı becermesi bir nesil sonra bile olsa olumlu sonuç verecektir. Yeter ki büyükler, giydikleri gömleğin rengini bile kutsal hâle getirmemeyi becerebilsinler.

Kur'an ve hadis ilimlerinin aile düzeyinde ele alınabilen bir kültüre dönüşmesi de önemli bir çalışma alanıdır. Kur'an yerine, Kur'an gibi okunabilen kitaplar yerine, Kur'an'a hizmetin ötesine geçirilmeyecek kitaplar bulunmalıdır kitaplığımızda.

Âlimlerin konumu güçlendirilmelidir.

Mühendis de olsa, çocuklarımızın öğrenmeleri gereken zaruri dinî bilgiler, yaz tatillerinde, ara kamplarda verilen geçiştirilmiş bilgiler düzeyinden kurtarılmalıdır. Evlerimizde ilim meclisleri oluşturmak da bunun ilk basamağı olabilir.

Aşırılığın Nedenleri

1- En büyük neden Kur'an ve Sünnet'in yanlış, eksik anlaşılmasıdır. Ayetlerin inceliklerini, diğer ayetlerle bağlantısını bilmeden bir ayetin meali üzerinden çıkarılmış hükümler aşırılığın nedeni olabilmektedir. Böylece de şeytan bir taşla birkaç kuş vurabilmektedir. Fıkıh hükümlerinin bilinememesi, farz ile mendup arasındaki sıralamanın takdir edilemiyor olması, hükümler arasında bir öncelikli-önemli tasnifinden habersiz olmak önemli bir nedendir.

2- Kör taassup olarak adlandırabileceğimiz, cemaat ve klik bağlılığı da aşırılığı bir başka boyutuyla önümüze koyuyor. Kişilerin düşünceleri, sözleri din hâlini alıyor, insanlar Allah'a itaat eder gibi bir beşere itaat edebiliyorlar. İtaat edilen kişi de hata etmez görülünce, onun yanlışları doğru gibi uygulama buluyor.

3- Müslümanlara yapılan zulümler, ölçüsüz ve düşüncesiz tepkilerin nedeni olabilmektedir.

4- Yanlış okumalar ve yönlendirmeler de bir neden olarak karşımıza çıkabilmektedir. Genç yaşlardan itibaren dar bir konu etrafında okumalar, yapılan dersler aşırılığa çekebilmektedir. Başka bir konu yokmuş gibi sadece cihat, sadece tepki içerikli okumalar ve konuşmalar böyle bir zemin hazırlamaktadır.

5- Şüphesiz Müslümanların başsız olmaları en önemli nedendir. Başsız Müslümanlara herkes baş olmak istemektedir ve herkes kendisini baş zannetmektedir.

6- Bunların yanında siyasi, kişisel ekonomik nedenler, medyanın yanlış ve kasıtlı yönlendirmesi de ayrı bir neden olarak ele alınabilir. Düşmanların sinsi tuzakları ise ayrı bir tehlikedir.

Umreye Hücum mu?

Müslümanlar arasında artan bir yoğunlukla yükselen değerlerden biri de umredir. Bir zaman sonra umrenin bile kura ile gidilebilecek bir yolculuk olacağı söylenebilir.

Umrenin bir ibadet olarak değeri üzerinde söz söylemek kesinlikle mümkün değildir. Umre için küçük bir hac benzetmesi bile yapılabilir.

Umrenin bir ibadet olarak vermesi gerekenler olduğu da şüphesizdir. Umrenin, "dindarların gezisi" şeklini alması ise bir tehlike işaretidir. Bu, umrenin maksadı dışına kaydığını göstermektedir. Peygamber aleyhisselam ve ashabının yaptıkları umre sayısını kesin rakamlarla olmasa da izlemek mümkündür. Bugünkü kadar yoğun bir umreden söz edemeyeceğimizi dillendirebiliriz.

Umrenin, bir arınma ibadeti olmaktan çok, İslam adına üzerimize yüklenmiş bulunan hizmetlerden sıyrılma ve böylece teselli ibadetine dönüşmesi tehlikenin sonuç boyutudur. Orada harcanan paralar kadar, ailece umre yerine ailece "ensar mantıklı" bir iş yapmanın tercih edilmeyişi iyi irdelenmelidir.

Umre ziyaretleri kadar bir de "Kudüs ve Mescid-i Aksa ziyareti" gündeme geldi. Ne zaman ve neden gibi sorular bir kenara itilmemek şartıyla gerek umre ve gerek Kudüs ziyaretlerinin elbette caiz olmaz yönü yoktur. Yapmamız gereken umre midir, Kudüs ziyareti midir? Yoksa yapmamız gerekenleri örtbas etmek için umreye mi sığınıyoruz? Herkesin niyeti Allah'a malum olmakla beraber aklın ve olayların gösterdiği yön bu yön müdür? Gözümüzü yummaya gerek yok, her şey ortadadır.

Sadece Örnek Olarak Ele Alınsın Diye

Yahya bin Said şöyle rivayet eder:

Ebu'd Derda, Selman Farisi'ye yazıp dedi ki:

"Mukaddes mekânlara (Kudüs'e) davet ediyorum seni, gel."

Selman ona şöyle cevap yazdı:

"Toprak kimseyi mukaddes yapmaz. İnsanı ancak ameli mukaddes yapar." (Muvatta, Vasiyet, 8)

Benzememeli İdik

Ümmet olmanın en tabii gereklerinden biri kesinlikle imandan giyime kadar hayatın her alanında kendi boyasıyla boyanmış olmaktır. Akidesi şuradan, giyimi buradan, ibadet stili başka yerden bir ümmet tasavvur edilebilir mi?

İslam'ın, Yesrib'i Medine hâline getirmesi ile beraber, mü'minlere de evlerinde, camilerinde, çarşılarında göze çarpan bir kendine mahsusluk kazandırmıştır. Aynı dönemin paylaşıldığı toplumdan beğenilenler alınmış gerisi de reddedilmiştir.

Müslümanlar, ashabı kiram döneminden itibaren farklı dinler ve milletlerin içinde yaşadılar. Azınlık oldukları oldu, azınlıkları idare ettikleri oldu. Her hâlükârda Müslümanlar akidelerini de korudular, onları farklı yapan değerleri de korudular.

Yakın yıllara kadar Cuma hutbelerinin veya vaazların her miladi yılbaşına rastlayan haftadaki gündemi, Müslümanların Hristiyanlara mahsus bir iş olan "Yılbaşı" tatbikatına uymamaları olurdu. Elbette faydalı da oldu.

Pek çok Müslüman, yılbaşı rezaletine uymamayı öğrendi fakat bir de görüldü ki hocaefendiler, insanlara yılbaşından kaçınmalarını öğretirken öte yandan muharref Hristiyanlık akidesi, ayrık otu gibi topraktan uç vermeye başladı. Onların düşünceleri, Müslüman'ın da düşünebileceği şeyler oluverdi.

Müslüman, Müslüman olarak kalmalıdır. Müslüman'ın Müslüman olarak kalması da sadece kadınların başörtüsü ile üniversite okumasında izlenebilecek bir talep değildir. Kadınların başörtüsü takmasını bir mücadele konusu olarak takip eden erkekler, kendilerinin de ne kadar başörtülü olduklarını takip etmeli değil midirler? Elbette onların başörtülü olmaları mesela "takke" kullanmaları olarak anlaşılmamalıdır. Kafalarının ne kadar yabancı değerlere açık olduğu, en azından kadınların başörtüsü kadar önemli bir soru işaretidir.

Nereden Nereye?

İslam'ın Medine'de devlet olarak ses getirdiği dönemlerde kimsenin sakalından, kıyafetinden dolayı işten atılmadığı tartışılamayacak kadar açık bir gerçektir. Herhâlde hiçbir kadın, tesettüründen dolayı horlanmamıştır da. Ne var ki İslam, devlet olma gücünden geriledikçe şu veya bu isimle mü'mini ayrıcalıklı yapan değerler üzerinden taviz veren bir toplum tarafından sahiplenilir hâle geldi. Osmanlı hanedanının "fes" inkılabı bunun en açık örneklerindendir.

Sarığın yerini alan her ne olursa olsun asla sarık değildir, sarık gibi de değildir. Ehven veya ona yakın olmasının da bir anlamı yoktur. Değil midir ki bize ait olan bir değerin yerine getirilmiştir; ondan iyi bile olsa iyiliği yoktur onun aslında. Mesele sadece sarık meselesi olarak anlaşılmamalıdır. Basit bir bez parçası olarak sarığın bir değeri olmayabilir, sarığı temsil ettiği değer, simgelediği şey farklı kılar.

Bir kararla sarığı değiştirebilenlerin daha sonra akideden amele kadar pek çok şey üzerinden tavizi kolay gördüklerini maalesef izledik. Sarığı değiştirmeyi kabul edenlerin, hilalle haçı yan yana koymakta da beis görmeyecekleri tarihle sabit bir vakıadır. Ne yazık ki önce sarıkla başlayan süreç daha sonra Şeriat'la sürmüştür. Sarığın yerine fes getirenler, Şeriat'ın yerine de meşrutiyet veya başka bir şey teklif edebilmişlerdir. Çorap bir kere sökülüverince de eldeki her şey gidivermiştir.

Dünyanın dönüşünü izleyemeyen, maddi kalkınmada geri kalmış bir ulus, geri kalışının nedeni olarak Şeriat'ı göstermekten çekinmemiştir. Ne yazık ki Şeriat'ı bulundukları konum gereği temsil etme durumunda olan "Şeriat âlimleri" arasından önemli bir bölümü de bu taleplerdeki sinsi hakikati anlamakta gecikmişlerdir.

Geri kalmayı İslam'a ve onun Şeriat'ına fatura edenler, keşke o kadarla kalabilselerdi!

İlk kıvılcımı tutuşturanlar, Şeriat'ı geri bırakan faktör olarak ileri sürdükten sonra, ilerlemeyi sağlayacak kaynak olarak da -öncesinde Hristiyanlığa geçiş olmasa da- Hristiyanları taklit etmeyi görüp bize uçurumun davetiyesini de hazırladılar. Sürecin bu bölümünü idrak eden Şeriat erbabının bir kesimi, uçurumun vahametini idrak etti. Bir kesim ise bir şey anlayamadan bu dünyadan ayrıldılar.

Kesinlikle meselemiz, yılbaşında Hristiyanlara benzeyerek yılbaşı kutlama meselesi değildir. O, çocukların bile yanlış olduğunu anlayabileceği bir taklitti. Daha değişik alanlarda, daha ağır sonuçları olan taklitler çıktı ortaya. Bugün Müslümanlar, "ibadet ve kulluk" olarak namaz kılmayı, oruç tutmayı, Ramazan sonunda bir iki lira fitre vermeyi anlıyorlarsa, işte uçurumun sonu buydu.

Eğer İslam, muharref Hristiyanlıkta olduğu gibi, siyasetten uzak, ticaretten anlamaz, hayata küs bir din gibi sunulur hâle geldi ise bu, o benzeşme sürecinin vahim akıbetinden başka bir şey değildir. Şeriat'ın geri bıraktığı, sanayileşmeye mâni olduğu iddialarının doğal akıbeti bu olmuştur.

Gayba imanın, gitgide artan bir eğilimle zayıflaması buna neden olmuştur? Bir yandan Müslümanlık iddiası bir yandan da gaybı ve gaybın hayatımıza etkisini yok sayan anlayış neyin ürünüdür?

Batılılaşmanın nedeni olarak onlardaki sanayileşme gösterilirken yıllarca iktibas edilen sanayi yerine fikirler ve felsefeler olmuştur. İhtiyacımız sanayide idi kanunlar devralındı. İslam'ın en üstün değerleri, İslam ahlakı ve İslam anlayışı onların rezil tatbikatı ile karşılaştırıldı. Tesettürden ev kültürüne kadar onlarda olan her şeye kapılar sınırsız bir ölçüyle açıldı. Âdeta körden yardım istendi, kelden merhem beklendi.

Bir Ölçü

Müslüman'ın Müslüman olmayan birine benzemesi belli ilkelere zarar verdiği zaman sakıncalıdır. Yoksa insan insana, iş işe benzeyebilir.

Benzeşme konusu Müslümanlar arasında bozulmaya sebep olmamalıdır. Akidede, ahlakta, muamelatta bozulma nedeni olan bir benzeşme kabul edilmemelidir. Hatta Müslümanlarda bir bozulma olmasa da kâfirlerin güçlü görünmelerine, veren el, ayakta duran kişi olarak görünmelerine neden olsa bu Müslümanlar açısından stratejik bir gerekçe olarak görülmeli ve o alandaki benzeşme engellenmelidir.

Bir benzeme, taklit etme gereği kadar ve ölçüleri aşılmamak kaydıyla kabullenilmelidir. Sınırsız bir benzeşme olamaz.

Konu ne olursa olsun, dinimiz açısından ayet veya bir hadisle ters düşmemize neden olmamalıdır.

Bir Ağır Sonuç: Din Anlayışında Daralma

İslam, hayatı kuşatan bir din olarak geldi. Ekmekten yağa, evden sokağa, camiden çarşıya, devletin başından dağdaki çobana, imamdan cemaate kadar herkese söyleyeceği sözü olan bir din olarak geldi. Camiler yaptı, şehirler kurdu. Ordular yönetti, ülkeler fethetti. Evliliğe müdahale etti, boşanmaya müdahale etti.

İnsan nerede varsa orada bulunmayı kendine uygun gördü. İslam, önceki dinlerin hepsinin kuşatıcısı, hayatın her alanını dolduran bir din olarak akidesini getirdiği kadar Şeriat'ını da getirdi. İnsanları ikinci bir sisteme muhtaç bırakmadı.

Din de bu olmalıydı. İnsanların ahiretine hitap edip o ahiretin kazanılacağı yeri ahireti inkâr edenlerin eline bırakarak insanlara din sahibi olmalarını emretmenin ne mantığı olabilirdi? Elbette yaratılış gayesi ahirettir ancak ahireti elde etmenin tek imkânı da dünyadır. Kesinlikle dünyanın, ahireti elde etmek isteyenlerin elinde olması gerekmektedir. Bu da dinin paraya, insana ve toprağın üstündeki her şeye yön vermesini zorunlu kılmaktadır.

Ortaya çıkarılmış olan ve aslı, papazlardan bıkan Avrupalı Hristiyanlara dayanan dünyayı dünyadakilerin yönetmesi ilkesi, "ahiret için dünya" hedefine aykırıdır.

Din anlayışındaki bu daralmayla, Müslüman için hayata anlam katan, hayatı renklendiren en önemli faktör "gayba iman" da daralmıştır. Gayba imanın daralması da vahiyle ayakta duran dinin iki kaynağı Kur'an ve Sünnet üzerinde olumsuz tesirler göstermiştir. Ayet ve hadislerin konuşulduğu zeminlerde "bana göre ise" diyerek konuşmaya başlamakta sakınca görmeyen Müslümanlar türemiştir. Belgelenebilen, bilimselliği ispat edilebilen ibadetler diğerlerinden daha tutulur hâle getirilmiştir. Bir meselenin Kur'an kaynaklı olması, onun tartışılamaz olmasını sağlayamaz duruma gelmiştir.

Bir Ağır Sonuç: Din Kardeşliği Bağı Zayıfladı

İslam'ı, dışındaki güçlere karşı ayakta tutan ve farklı kılan, insanların arasında tesis ettiği iman kardeşliği idi. Medine'de tesis edilen bu kardeşlik, insanlara gösterilen büyük bir ufuktu. Irkçılık başta olmak üzere pek çok cahiliye hastalığı da Müslümanlar arasında yer bulamaz olmuştu. Irkları ve coğrafyaları birleştiren bir anlayışla İslam, insanlara yön vermişti. Siyahla beyaz aynı safta namaz tutmuş, zenginle fakir arasında bir ayrım yapılmamıştı.

Başkalarına benzemenin akıbeti olarak önümüze çıkan en önemli sorunlardan biri de ırkçılığın, kendi yağınla kavrulmanın yeniden taraftar bulabilmesi olmuştur.

Bir Ağır Sonuç: Aramızda Fark Kalmadı

"İman edenler" ve "kâfirler" ayrımındaki sözlük bile bu benzeşmeden etkilenmiş durumdadır. "İman edenler" yerine "inananlar", "kâfirler" yerine de "gayrimüslim" isimlendirilmesi getirilmiştir. İman etmekle inanmanın aynı şeyler olmadığı bilindiği hâlde ne yazık ki bu ayrıma gerekli tepki gösterilmemiştir. Gitgide, kâfirlerle aramızda kütük bilgileri dışında bir fark kalmayacak bir yolda yürüyoruz. Hâlbuki onlarla biz aynı kulvarın adamları kesinlikle değiliz, olmamalıyız da.

Bizim fazilet yüklü ahlakımız gitti onların rezillik taşıyan ahlakı geldi. Benzerken teknolojinin adı kullanıldı sonuç ahlak ve dine dayandırıldı. Müzikten kıyafete kadar bizim kültürümüzden uzak ne varsa, iyi ve gerekli şeyler arasında gündemimizde yer bulabildi.

Bir Ağır Sonuç: Arapça İhmal Edildi

Arapça ile Kur'an'ın birbirine bağlı olduğu kadar iki kavram birbirine bağlı olmaz herhâlde. Neredeyse Arapça Kur'an, Kur'an da Arapça demektir. Bunun için Kur'an, unutturuldukça Arapça unutulacağından ve aksi olduğunda da yani Arapça unutturuldukça Kur'an unutulmuş olacağından Arapça ile savaşılmıştır. Bu savaş, bizim topraklarımızda Kur'an alfabesi ve ezan şeklinde tezahür ederken, Arapça konuşması gereken topraklarda da Arapçayı, Arapçadan başka her şey olabilecek lehçelere ve kalıplara koyarak konuşturma şeklinde tezahür etmiştir.

Neticede de Cuma hutbesini anlamayan Araplar camileri doldurup Cuma namazı kılmışlardır. Kudüs ve benzeri yerlerin işgali gibi Arapça da işgal edilmek istenmiştir. Esefle gördük ki Kudüs'ün işgali yankı bulmuş ama Arapçanın işgal ve tahrifi yankı bulmamıştır. Kur'an Arapçasını ihya etmek de Arap olmayan Müslümanlara düşmüştür.

Bir Ağır Sonuç: Yönetim Tarzı Benzediklerimizden Alındı

Siyaseti dinden uzaklaştırırken, kanunların kaynağı da siyasetsiz din talebinin merkezi olsun istendi. Bu süreç Avrupa'ya özenme serüvenine dönüştü. Önceleri bu ittibanın sakıncaları konuşulabilirken artık, herkesçe kabullenilmiş bir değerin tenkidi bile yapılamaz durum oluştu.

Acil Gerekliler

Batıla benzeşmeye karşı ne yapılabileceği hususunda şunlar önerilebilir:

a- İslam, Kur'an ve Sünnet eksenli olarak anlatılıp konuşulmalıdır. İslam'ın uygulanan ve beğenilen şekli olarak da ashabı kiram birinci ve tek kesin geçerli örnek olarak tanıtılmalıdır.

İslam ve önceki dinler ilişkisi, önceki dinlerin neshedilmiş olduğu hakikati, İslam'ın kıyamete kadar korunmuş olacağı, İslam'ın Şeriat'ının tartışılamayacak kapsamlılıkta meziyetlerinin bulunduğu gibi hususlar ilim meclislerinden çay sohbetlerine kadar her yerde gündemimiz olmalıdır.

b- Ümmet şuuru gündemde tutulmalıdır. Ümmet kelimesi sıradan kelimeler arasında kullanılabilmelidir. Bu Ümmet'in insanlık için çıkarılmış en hayırlı Ümmet olduğu gerçeği vurgulanmalıdır.

c- Resûlullah sallallahu aleyhi ve sellem efendimizin ayrıcalığı gündemden düşmemelidir. Onu sevmenin ve ona ittiba etmenin İslam demek olduğu şuuru aşılanmalıdır.

d- Kur'an'ın güç ve izzet kaynağı olarak gösterdiği hususlar ders konusu olmalıdır.

Hangi Ahlak?

Ahlak, herkesin iddia ettiği ve yokluğundan herkesin muzdarip olduğu bir kaybımızdır. Bizim içimizde ahlak konusunda gereksizlik iddia eden olmamıştır.

Ahlak konusunda iki çelişkiden kurtulamıyoruz. Birincisi, "Hangi ahlak?" sorusuna herkesin neredeyse "Benim ahlakım." diyebileceği tutarsızlıklar. İkincisi ise ahlak konusunda herkesin becerebildiğini zorunlu, beceremediğini de taviz verilebilir görmesidir. Hâlbuki ahlak, herkes için ve tavizsiz bir konu olmalı idi.

Ahlak, ders olarak okutulması yeterli bir ihtiyaç değildir. Kan gibi damarlarda dolaşmalı, hava gibi solunmalıdır. Biz ise ahlakı eskilerin kitaplarında, yenilerin de reklamlarında görüyoruz.

Bizim için ahlak, rabbanî kaynaklı ve ibadet maksadı ile uygulanır bir şeydir. Hayâlci bir ahlak peşinde de değiliz. Yapılabilir şeyler, hayatın içinden ve hayatı kuşatan şeyler bizim için ahlaktır. Dengeli bir ahlak telakkimiz olmalıdır. İbadeti ezen veya şahsiyetimizi küçülten bir tavır da ahlak değildir.

Ahlak için mücadele etmek şarttır. Çünkü ahlak bir fazilettir. Bütün faziletler gibi bir bedelle elde edilir ve muhafazası da bir bedel gerektirir.

Bizim ahlakımız örnek üzerindendir. İlk örneğimiz de Resûlullah sallallahu aleyhi ve sellem efendimizdir. Ahlakı felsefe üzerinden yürütme ya da ahlakın felsefesini yapma yerine ahlak üzere olmayı yeğleriz.

Bir başka husus da şudur:

Ahlak, kesinlikle kötülük yapmamak ya da yapmamış olmakla sınırlandırılamaz. Bilakis ahlak, iyilik yapmak, iyilikte yarışır olmaktır. Kimseyi henüz başkasını öldürmediği, hırsızlık yapmadığı için övemeyiz. Sadaka vereni, hakka riayet edeni övebiliriz. Ahlak, bir şey yapamamak değil bir şeyler yapmak veya yapmaya gayret etmek olmalıdır.

İnsanların günümüzde ahlaktan ne anladıkları yerine bizim hangi ahlakı yaşamak istediğimizi ispat etmemiz görevimizdir. Bugün ahlak, üç beş fazilet üzerinden anlaşılıyor olabilir. Biz ise daha köklü ve ahiret kazandıran bir ahlak için mücadele etmeliyiz.

Bir:

Ahlak, Allah'a güvenmektir. Allah'ın kendisine iman edenleri yalnız ve çaresiz bırakmayacağına itimat etmek ve bu itimat üzere yaşamak bir ahlak kuralıdır. Rabb'ine itimat etmekte sıkıntısı olanın insanlardan itimat beklemesi veya itimat telkin etmesi ne kadar mümkün olacaktır. Ahlaklı bir mü'min, günlük olaylar ve haber akışı içinde eriyip gitmeyen bilakis kendisini daha büyük bir ideal için hazır tutan mü'mindir. Ahlaksızlığın hükümran olabileceğini ve ahlakın bir daha dönmeyeceğini düşünmek bile mümkün değildir.

Yeni doğan bebeği bile bir sandığın içinde nehre bırakabilen anlayış ahlak üzere olan anlayıştır. Hesaplar bugünün üzerinden değil ümmetin geleceği üzerinden yapılmalıdır. Azlık çokluk yerine hak- batıl göstergelerine bakarız.

Bütün çeşitleri ile cihada hazır olmak, ölümü beklemek yerine şehadeti temenni etmek bu gerçek ahlakın gereklerindendir.

Sürekli müjdeleyen olmak, kolaylaştırmayı tercih etmek bu ilkenin gereklerindendir.

İki:

Tek bir ümmet olma, ümmet içinde kaynaşma ve yardımlaşma, ahlaktır. Resûlullah sallallahu aleyhi ve sellemin hadisinde ifadesini bulan "zalim veya mazlum herkese yardım etme" düzeyi, ya da "kendin için istediğini kardeşin için de istemenin" esas alındığı bir ahlak için ahlak denebilir.

Mü'minin derdi ile ilgilenen, mü'mine yardım için aktif görev alan ve bu yardımda imanı temel ölçü olarak gören ahlak üzeredir.

Üç:

Şecaat bir ahlak ilkesidir. Şecaat yürekliliktir. Sadece savaş meydanında ölümden korkmamayı şecaat olarak göremeyiz. Doğruyu dillendirmek, hakkın adamı olmanın bedelini ödemeye razı olmak ödlek olmamaktır. Şecaatin aksi olan, ödlekliğin temel nedeni dünya sevgisi, menfaat düşkünlüğü ahlakı geriye iten sıkıntılardandır.

Dört:

Sabır, ahlakın temellerindendir. Haramlara kaymaya karşı sabır, ibadetlerdeki zorluklara karşı sabır ve musibetlere karşı sabır bir ahlaktır. Sabrı, pısırıklık ve ezilmişliğe rıza gösterme olarak anlamak kesinlikle ahlak dışıdır. Sağlık, geçim ve aile içi meselelerde sabrın gereğini yapabilmek; bunu birbirimize tavsiye etmek mü'minin gayesi olmalıdır.

Beş:

Sevilen insan olmak ve bu sevilmişliği de Allah'a davette kullanmak da ahlak üzere olmaktır. Resûlullah sallallahu aleyhi ve sellemin siretini tarih bilgisi olarak değil de örnek almak zorunda olduğumuz şahsiyetin bize intikal eden bilgileri olarak görmenin gereği budur.

İnsanlar tarafından sevilebilmek için Allah'ın gazabını çekmek doğru değildir. Allah'ın rızası ile insanların sevgisini bir dengede tutabilmeyi önemsemeliyiz ama tercih yapılacaksa o tercihimiz kesinlikle Rabb'imizden yanadır.

İnsanların sevgisini elde etmek asla şahsiyetimizi incitmek değildir. Vakarımızı ve nezaketimizi koruruz. Gariplere öncelik tanırız. Mütevazı yaşarız ve biliriz ki kalpler Allah'ın elindedir. O'nun sevin dediği sevilir, başkası için sevgi kapısı açılmaz.

Altı:

Savunmak, hak aramak da ahlak gereğidir. İyiliğe iyilik, kötülüğü savmak, savarken en uygun ve en güzeli kullanmak karakterdir. En güzel olanla, iyiyle, en tatlı sözle yapmak; mü'minin üslubudur.

Bu karakter, bağışlama, kini gömme, nefse esir olmama, kızmama ve kötülük yapana hayır duada bulunma gibi özellikleri devreye sokmaktadır.

Kur'an'ımızın bize öğütlediği yöntemlerden biri de hikmet sahibi olmak, hikmetle hareket edebilmektir. Belki hikmet, eğitimle elde edilmez ama Sünnet'e ittiba ederek, ilim ehlini izleyerek hikmetle amel etmek mümkündür. İnsan, kendi tecrübelerinden yararlanarak da hikmet sahibi olabilir. Bir delikten iki kere sokulmamak bir hikmettir. İsabetli konuşan, pişman olmayacağını yapan hikmetli iş yapmaktadır. Yerli yerinde iş yapmak, Allah'ın rızasını kastederek iş yapmak, iyiye teşekkür etmek, kötüye uyarıda bulunmak, hikmetle amel etmektir; ahlak gereğidir.

Yedi:

Mü'min, taşıdığı imanı gereği onurludur. Onurunu korumakla da imanının gereğini yapar. Pasifleşmez, bitip tükenmiş bir görüntü vermez. Allah'ın huzurunda boynu bükük, insanlar arasında ise izzet sahibidir. Azimetle amel eder. Büyük düşünür, büyük emeller taşır. Asla tembel olmaz. Tembellik getiren ortamlardan ve işlerden uzak durur. İş bitirmek, hizmet adamı olmak onun için yorucu olmaz. Sözünün esiri olarak yaşar. Süreklilik onun yaşam tarzıdır. Bir yapan bir bozan olmaz. Zamanının kıymetini bilir. Beceremeyeceği, bitiremeyeceği işlerin altına girmez. Allah'tan beklenecekleri kullardan beklemez. Sözlerinde ve davranışlarında mübalağa yoktur. Zorlama ile konuşmaz. Bu, onun ahlakıdır.

Sekiz:

Allah için sevmek, Allah için buğzetmek de bizim ahlak ilkelerimizdendir. Sevdiğimizi severken, buğzettiğimize buğzederken de kazanmayı dileriz.

Allah için sevmenin gereklerini yapmak iddiada sadakat sahibi olmaktır. Kendin için istediğini mü'min kardeşin için de istemek, gıyaben dua etmek gibi ifadelerin anlamını iyi düşünür mü'min. Bütün mü'minler sevgi ağımızın içinde olur.

Yakın akrabadan başlayarak genişleyen bir daire içinde sevgiyi ve kardeşliği yaşatmak Sünnet'e uygun olandır. Bu sevgiyi şeytanın fitnesinden korumak ise herkesin görevidir.

Allah için sevmenin gereklerinden biri mü'minlerin birbirlerinin kefili olmalarıdır. Herkes birbirinin kefili olduğunun şuurunda olur. Bu şuur gereği de kefaleti zedelememe gayreti içinde olurlar.

Allah için birbirlerini sevenler, nasihat görevlerini iyi yaparlar. Birbirlerinin dertlerine ortak olur, acılarını hafifletmeye çalışırlar.

Dokuz:

Açık ve sarih olmak, ahlak gereğidir. Yağcılık kadar ağız açmazlık da doğru değildir. Ashabı kiram Resûlullah sallallahu aleyhi ve selleme bile açık sorular sordular ama edeplerini korudular. Mü'min, arkadan konuşmaz, gıybet etmez, üzüp incitmez. Hataya karşı özür dileyebilmek de bir açıklıktır. O açıklıktaki güzellik kadar da özür kabul etmek güzelliktir.

Hadisteki ifadesiyle mü'min, "geçinebilen ve geçinilebilen" insandır. Bu geçinme, eğer bir fedakârlık gerektiriyorsa mü'min ona da hazır olmalıdır. Geçinmenin gereklerinden olan, hediyeleşme, selamlaşma gibi görevlerde ihmalkâr davranmaz. İnsanların ellerindeki şeylere göz dikmemek geçinebilmenin en önemli gereklerindendir.

Mü'minler, aralarındaki fıkhi ihtilafları kardeşliklerine zarar verecek şekilde kullanmazlar.

Mü'minlerin arasında şerefli bir yarış olur ama asla haset olmaz.

On:

Mü'minlerin ahlakı örnek üzerinden kökleşir, uygulanır.

En büyük örnek de Resûlullah sallallahu aleyhi ve sellemdir. Onun dışında mü'minlerin yegâne örneği yoktur. Çünkü kimse masum değildir. Herkesin hata etme ihtimali vardır. Bunun için de Sünnet'e uygun iş yapanların işi alınır, hatalı olanların hatası atılır.

Örnek durumunda olanlar da kendilerine çok dikkat ederler. Titiz bir seçimle konuşurlar. Yürümelerinin bile örnek alınacağını düşünerek vakarla yürürler. Mübahlarda aşırı gitmezler ki kendilerini örnek alanlar çizgileri aşmasınlar. Nimet azgını olmamaya gayret ederler. Allah'ın nimetlerini kullanırken O'na şükrü ihmal etmezler.

Örneklik, sözden önce davranışla iyiliğe çağırmaktır. Şüpheli pozisyonlardan uzak kalmaktır. Dünyaya tenezzülsüzlüktür. Doğruluğu ilke edinmektir. Ruhsatlardan önce azimetle amel etmektir.

On Bir:

Adalet, İslam ahlakının en temel ilkelerindendir. Mü'min, sadece devletin adil olmasını savunan biri olamaz. Herkes, sözünün geçtiği yerde adaleti uygular. Evlerinde adil olmayanların devletlerinden adalet beklemeleri makul olmaz. Adaletten yana olmanın en önemli gereklerinden biri, adaletsizlik görenin yanında olmaktır.

Bunun adı mazlum veya başka bir isim olur ama mü'min, adalete olan inancı gereği olarak adalet istediği kadar adaletsizlikle de mücadele eder. Bu isteğini de kendi dindaşları kadar adalete muhtaç herkes için istemelidir ve bu adalet anlayışı karakter hâlini aldığı zaman sahibini adil şahsiyet sahibi yapar. Gergin anında da adaletten yana olabilen için adil denebilir.

On İki:

Mü'min, Allah'ın emirlerinden biri olan, "araştırmadan, belgelemeden konuşmama, tepki göstermeme" ilkesine sadıktır. Bu da onun ahlakıdır. Tereddütle, varsayımla, ihtimalle iş görmez. Bu nedenle de aceleci değildir. Asla suizan yapmaz. Dedikoduya kulak asmaz. Mü'minlerin haberi ile kâfirlerin haberini bir tutmaz. İki tarafı dinlemeden karar vermez.

On Üç:

Mü'minler, hiç ihtilaf etmeme, sürekli içine gömme ile emredilmiş değildirler. Haklarını arar, hak bildiklerini savunurlar. İhtilaf mümkündür hatta kaderdir ama ihtilafı, imanlarının içinde tutmaya mecburdurlar. İhtilaf konularını imanlarından daha üstün tutamazlar. İhtilaf ederler. Sonra da ihtilafın sonucunu Kur'an ve Sünnet'ten öğrenince ona teslim olurlar. İnatlaşmazlar, dünyevi çıkarlarını imanî şahsiyetlerinin üstüne çıkarmazlar. Nerede ve nasıl bulunursa bulunsunlar insaf onların karakteridir. Mü'minin anladığı ahlak bu ahlaktır.

On Dört:

Mü'min ahlakının vazgeçilmez şartlarından biri de "iyi ile dost olmak, iyiden başkasını kabul etmemek" olmalıdır. Kötünün yanında iyi olmak zordur. Allah Teâlâ'nın emri de budur: Doğrularla beraber olun!

İyiliğin en bariz işareti ilim, takva ve salih amel sahibi olmaktır.

İstişare edilebilen, Allah korkusunu esas alarak konuşan bir arkadaş iyi arkadaştır.

Mü'min, özür kabul ederek dostlukların kalıcılığını sağlar. Bu hususta hüsnüzan sahibi olmayı yeğler.

İkaz mü'mini üzmez, bilakis memnun eder. Mü'min, hatasını ikaz edene teşekkür eder, onu kardeşliğin gereğini yapmış biri olarak görür. Kendi de bu görevi yapmakla Allah'tan ecir umar.

On Beş:

Fitnelerden uzak durmak, fitne sebeplerine karşı uyanık bulunmak ahlakta İslamiliktir.

Kötülüğü araştırmaz, açıp yaymaz. Kötülüklerin örtülmesi için uğraşır.

On Altı:

Mü'min, dengeli insandır, abartmaz, aşırılığa kaymaz.

Onuruna dikkat eder, alan değil veren el olmak için uğraşır.

Sosyal insandır, içine kapanık yaşamaz. Sosyallik adına şahsiyetini de yıpratmaz.

İbadette bile aşırı gitmez. Her taşı yerli yerinde tutmayı önemser. Ramazan gününde onun hakkını vermeye çalışır, hac zamanında da haccın değerini üstün tutar. Siyaset vaktinde siyasetten, cihat vaktinde cihattan geri kalmaz. Bir eli tespih tutar diğer eli alet tutar, mesleğinde uzmanlaşır.

Hakkı söyleyen, hakkını arayan bir dil sahibidir. Gereken yerde susmaktan sakınır. Vebal olacak bir sözü de konuşmaz. Dilinin sahibidir, dilini o kullanır, dili onu kullanmaz. Dilinden ve elinden bütün Müslümanlar güvendedir.

Yumuşaklıkla şecaat arasında dengede kalmayı bilir. Allah için gerektiğinde cesurdur, merhamet gereken yerde de merhamet örneğidir. Borç verirken, borcu tahsil ederken, bağışlarken, tartışırken, evlat terbiye ederken, eşi ile yaşarken pek müsamahakârdır.

Âlime, ebeveyne, iyiliği geçene saygılıdır. Kendisinden yaşlıya hürmetkârdır. İyiliğe iyilikle muamele eder, teşekkür etmesini bilir, dua eder, dua bekler, hediye verir hediye kabul eder. Malıyla ve duygularıyla cömerttir. Asla cimrilik etmez. Dili ve eli emindir.

Dünya ile ahiret arasında dengeli olmak mü'min ahlakının bariz özelliklerindendir. Ahiret öncelikli yaşar ama dünyayı başkalarının hükümranlığına terk etmez. Esir olmadan dünyaya hükmetmek, mü'minin cihat dediği şeydir. Nimetler içinde yüzer ama harama asla kaymaz, şüphelere bulaşmaz. Helal yer, helal içer.

Mü'min ahlak sahibidir. Ahlak sahibi olduğu için de hayâlıdır ama Rabb'ine karşı hayâlıdır, kardeşine karşı hayâlıdır.

Temizdir. İçi dışı, bedeni, seccadesi, elbisesi, işi temizdir.

Mütevazıdır. Alçak gönüllülüğü zillete düşmesine neden olmaz.

Kanaatkârdır, iffetlidir.

Onurludur, şuurludur.

Kitaplar ve Biz

Kitaba ulaşmak insanoğlunun tarihi boyunca hiçbir zaman bu kadar kolay olmamıştır. Kitap, arandığından fazlasıyla bulunur olmuştur.

Kitabın ve okumanın önemine vurgu yapmada da çok önemli bir mesafe katedilmiştir. Herkes okumaktan, kitaptan söz etmektedir.

Kitabın vitrin ve süs olarak kullanılması da bu zamanda yaygın görülür olmuştur. Raf genişliğine göre kitap satın alınması, yayın evlerinin okuyucunun ilgisini çekecek seviyesiz görüntüleri kitapların kapakları olarak belirlemeleri de bu asırda ortaya çıkmıştır. Kitabın muhtevasından önce kapağı ve maalesef fiyatı gelmektedir.

Çocuk kitaplarından, her derde deva kitaplara kadar, okuyucunun tuzağa düşürüldüğü kitaplar, saman alevi gibi geçici umutlarla insanları oyalamaktadır. "Şu konuda şu kolaylık!" isimli kitabın içeriğinden, hiçbir şey bulamayan şaşmamaktadır.

Bizim Ümmet'imiz, ikra' ümmetidir. Okumak ve kitap, bizim kadar hiçbir ümmetle iç içe olamaz. Buna rağmen okuma alanında yeterli seviyeyi katettiğimizi söylemekte zorlanırız.

Okuma konusunda hem neyi okuyacağımızı hem de nasıl okuyacağımızı tespit edemiyoruz.

Kur'an gibi bir kitap elimizde iken okuma aşkı ve kitap seçme sorunumuz olmamalıydı.

Hangi kitap okunmalıdır, nasıl okunmalıdır sorularının cevabını tahlil etmeye mecburuz. Bilgi çağında bilgisiz ümmet olamayız. Kitap ihtiyacımızdan ötürü de sınırsız ve sansürsüz bir okumaya da ışık yakamayız.

Bizim okuyabileceğimiz kitapların, gündemimizi oluşturacak bilgilerin ana karakterini tespit etmeliyiz.

Kütüphanemizdeki Kitapların Fihristi / Kültürümüzün Fihristi

Kütüphanemizdeki kitaplarda aşağıdaki konular bir bütün olarak bulunmalı ya da içindeki kitaplardan birinin muhtevasında bu konular bulunmalıdır.

Ailemizde, sohbet ortamında öğrenmemiz, pekiştirmemiz gereken konular olarak da bunları ele alabiliriz. Ne konuşacağız, nasıl yaşayacağız gibi soruların cevapları da bu fihristten alınabilir. Bu fihriste kültürümüzün muhtevası da diyebiliriz.

Bir:

Kitabın müellifi önemlidir. Mü'min, muttaki bir müellifin kitabını okumakla kimliği bilinmeyen birinin kitabını okumak aynı tutulamaz. Kitabın mü'minin imanıyla ve ameliyle alakası olmayan bir konuda olması durumunda ise bu şartı aramayabiliriz. Yine de öncelikli şartımız iman ehlinin kitabını okumaktır.

Mesela sağlık hakkındaki bir kitabın müellifinin mü'min olmasını tercih ederiz. Fakat sağlıkta ehil bir isimse onun birikiminden istifade etme arzumuz, müellifin iman ehli olmaması ile ortadan kalkmaz. Fakat sosyal konularda bilhassa imanımızla doğrudan veya dolaylı konularda iman ehli olma şartı aramalıyız.

Kimse hatadan masum değildir, hepimiz kuluz, yanlışa müsaitiz. Bu hakikat, yazar için de geçerlidir okuyucu için de... Okunacak kitabın müellifinin meşhur olması, çok kitap sahibi olması hatasızlık garantisi olarak görülmemelidir.

Bir kitabın eskiliği, önceki dönemlerde yazılmış olması ona ilim açısından artı bir değer katmaz. Kitabı değerli kılan muhtevasının Kur'an ve Sünnet'e hizmetidir ancak bir Gazalî'nin, bir Kurtubî'nin geçmiş şöhreti de basit görülmemelidir. Ümmet olarak sahiplenilen isimlerin eserleri elbette takdir edilecek, alaka görecektir. Yine de bu, onların hatasız, her yazdıklarının kesin doğrular olduğu anlamına gelmez.

İki:

Kütüphanemizdeki kitaplar veya elimizdeki bir kitap, ilimden ne anlamamız gerektiğine ışık tutmalıdır. Şeriat ilimlerini, layık oldukları noktada tutmalıdır. Dini anlamak ve yaşamak için yön vermelidir. Din üzerinden tartışma üretmeyen, dini yaşanmaz göstermeyen konular ihtiva etmelidir. Bu kitabın bütün açılımlarından sonunda ana kitap olan Kur'an anlaşılmalıdır. Resûlullah sallallahu aleyhi ve sellemin Sünnet'i asla ihmal edilebilir olmamalıdır.

Bizim okuyacağımız bir kitapta kulluk, nübüvvet, tevhit, şirk, tevekkül, sabır gibi önemli konular bulunmalıdır.

Hâkimiyet konusu doğrudan veya dolaylı olarak işlenmelidir. İslam, bütün kapsamlılığı ile anlatılmalıdır. Ümmet'in büyüklüğü işlenmelidir. Gayba imanın önemi vurgulanmalıdır. Cennet ve cehennem zikredilmelidir. Kadere iman gündeme getirilmelidir. Resûlullah sallallahu aleyhi ve sellem ve sevgisinin gerçek yönü ortaya konmalıdır.

Kitaplarımız, dünya hayatının bir imtihan yeri olduğunu, fâni dünyaya ebedîlik verilmemesinin doğru olacağını ispat etmelidir. Asıl hayatın ahiret hayatı olduğunu izah etmeyen kitap olmamalıdır.

Kitaplarımızda namaz, oruç gibi ibadetler esası teşkil etmelidir. Sadakaya teşvik bulunmalıdır. Bayramın anlamı açıklanmalıdır. Duaya teşvik etmeli, Allah'tan beklemesini öğretmelidir.

Bizim okuyacağımız, etkileneceğimiz kitap, evliliği cihat gibi görmelidir. Evlilik üzerinden Allah'ın rızasının kazanılabileceğini ispat etmelidir. Çalışmanın da kazanıp yemenin de sadaka olabileceğini öğretmelidir.

Kitaplarımız siyaseti dinden dini siyasetten ayırmamalıdır. Sosyal kimlikli Müslüman, aktif düşünen insan yetiştirmelidir. İslam'ın istikbalini göstermeli, eninde sonunda galibin Allah tarafı olacağına inandırmalıdır. Umut dolu Müslüman olarak yaşamayı okuduğumuz kitaptan öğrenmeliyiz.

Kitaplarımızdan İslam kardeşliğinin içeriğini öğrenebilmeli, örnekleri üzerinde doyasıya bilgi alabilmeliyiz. Ahlak bilgisi ve uygulaması ihtiyacımızı, kitaplarımız gidermelidir.

Hayattan kopuk olmayacağımızı, gülerken düşünebilmeyi, dünya ile ahireti aynı terazide tartabilmeyi, haramlardan uzaklaşabilmeyi, Kabil ile Habil arasındaki farkı, İbrahim'i yakmayan ateşi, kadını, erkeği ve Rabb'imizi öğrenebilmeli, ikna olabilmeliyiz.

Bizim için kitap budur, kitap okumanın gereği de bunun içindir.

Bunun dışında kitap koleksiyonundan ibadet ecri bekleyecek hâlde değiliz.

Üç:

Kitap isimleri:

Özellikle ismi zikredilerek edinilmesi ve okunması gereken bir kitap listemiz bulunabilir. Zamana ve şartlara göre gerekliliği değişmeyecek, her zamanın ve her mekânın kitabı, tatile çıkarken çantada bulunması gereken, hastanede tedavi esnasında başucunda bekleyecek kitaplarımız olmalıdır.

Birinci kitap:

Şüphesiz birinci ve yegâne kitabımız Kur'an'ımızdır. Onu okumak, onunla amel etmek, ona göre yaşamak için varız zaten.

Evimizde bir Kur'an okuma programı olmalıdır. Bu okuma programı için şunları zikredebiliriz:

1- Kim ne kadar ezber biliyorsa bildiği ezberleri sürekli tekrar etmelidir. Bu tekrar, asgari olarak bildiği ezberleri ayda bir defa tekrar etme şeklinde belirlenebilir. Bu kesinlikle her ay tekrar edilen bir okuma olmalıdır ki bildiği ezberi unutanla ilgili tehdide muhatap kalmasın. Kur'an'dan bir cüz ezber bilen onu, on sayfa ezber bilen on sayfasını, tamamını ezber bilen de tamamını bu şekilde tekrar etmelidir.

Kur'an okuma meselesinde şunu karıştırmamalıyız: Kur'an, sadece okunmak için değildir, onunla amel etmek de gerekiyor. Hatta amel etmek okumaktan önemlidir.

Evet, bu söz esas itibariyle çok doğrudur. Fakat doğru olan bir hakikat daha vardır. "Kur'an'ın okunması kendi başına bir ibadettir. Onu okumayı da Allah Teâlâ emretmektedir. Namazı kılmayı emrettikten sonra orucu da emretmesi gibidir bu. Namazla orucun ortak paydası ayrı birer ibadet oluşlarıdır. Bu iki ibadetin birbirlerinden etkilenmelerinin imkânı yoktur. Ne namaz orucun yerini alır ne de oruçtan ötürü namaza yer kalmama sorunu olabilir. Müslümanlar, asıl hedef Kur'anlı bir toplum oluşturmaktır gibi bir mantık üzerinden Kur'an okuma lezzetini öteleyemezler. Programlı bir şekilde olmak şartıyla günde beş satır bile olsa muhakkak günlük bir programla Kur'an okunmalıdır.

Kur'an okumayı Ramazan aylarına sıkıştırmak sadece bir avuntudur. Tıpkı kendi çocuklarını kolejlere yerleştirip, Müslümanların fakirlerinin çocuklarını barındıracak kurslarda, yurtlarda yöneticilik yaparak avunan insanlar gibi bir hataya düşülmüş olur.

2- Ezber bilinmemesi durumunda ise başından itibaren bir hatim indirme şeklindeki okuma yararlı olur. Bu durumda da bir yılda Kur'an'ı hatmedecek bir okuma planı yapılmalıdır.

3- Kur'an okumayı, ailenin her ferdi kendisi yapabileceği gibi, bir okuma meclisinde bir kişinin okuduğu gerisinin huşu içinde dinlediği tarz da olabilir. Bu durumda da okuma sırayla yapılır ki bereket herkesi kuşatmış olsun.

4- Kur'an okumalarına yer yer kısa mealler ve kısa tefsirler de ilave edilebilir.

İkinci kitap:

Evimizde bulunması gereken ikinci kitap tefsirlerden biridir. Bu tefsirde iki özellik bulunmalıdır. Birinci özellik yazarı ile alakalıdır. Yazarı, Kur'an'ı hayat görüşü olarak gören ve mü'minler arasında aykırı görüşleri ile bilinmeyen biri olmalıdır. İkincisi de tefsirin dili sade olmalıdır. Ağır bir dil ya da ilmî bir üslupla yazılmış tefsirin bize yararı olmayabilir. Belki de vakit harcamamıza, aklımızın karışmasına neden olacaktır.

Üçüncü kitap:

Riyazussalihîn, evimizin üçüncü kitabıdır. Bu kitap, Müslüman bir evin ilim, ahlak, bereket ve feyiz kaynağıdır.

Türkçe olarak tercüme edilmiş ve şerhi yapılmış pek çok nüshası vardır. Tereddütsüz bir şekilde tavsiye edilebilecek olan en güzel baskısı Erkam Yayınları arasında çıkmış olan sekiz ciltlik baskısıdır. Türkçesi ve konuların işlenişi bakımından şu ana kadar yazılmış şerhlerin istisnasız en güzelidir.

Riyazussalihîn, içinde bin sekiz yüz civarında hadis bulunan bir kitaptır. Bu hadisler genellikle ahlak konuları ile alakalıdır. Takva ve Sünnet üzere yaşamayı öğreten konular da kitapta vardır. Haftanın muayyen üç günü ikişer hadis okunarak da yararlanılabilir, her gün bir hadis ve şerhi okunarak da yararlanılabilir. Şerhleriyle beraber yılda yüz hadis okunması bir aile için idealdir. Bu rakam, ailenin özel durumuna, yoğunluğuna bakılarak yükseltilebilir de. Bir roman gibi okunması ise asla tavsiye edilmez.

Dördüncü kitap:

İlmihâl dördüncü kitaptır. Bir ailede herkes büluğ çağından yirmi yaşına kadar bir kere ilmihâl okumuş olmalıdır. Evlenirken de aile ile alakalı bölümleri tekrarlanır. Ondan sonra her beş yılda bir kere bir ilmihâl kitabı okunması, bilerek yaşama bakımından önemlidir. İlmihâlin, evi bir okul mantığına sokarak okunması yararını artırır. Seri bir okuyuş ilmihâl için yarar oranını düşürür.

Ömer Nasuhi Bilmen ilmihâli, güvenilirlik açısından bir numaradır ancak yeni nesillerin o kitaptan yararlanma oranı oldukça düşüktür. Zamanında avam için yazılmış olan kitap şimdi müftüler üstü gibi durmaktadır. Ayrıca ailede bilinmesi gerekli belli konular da kitabın fihristinde yoktur.

A. Fikri Yavuz ilmihâli daha kapasiteli ve dili daha kolaydır. Anlaşılırlığı da daha güzeldir. Kitaplıkta bulunmalıdır.

Prof. Dr. Hamdi Döndüren'in Aile İlmihâli adlı eseri de yararlıdır.

Başka ilmihâller de alınabilir. Özellikle yazarı ve dili üzerinde titiz davranılmalıdır. Evimizde birden fazla ilmihâlin bulunması durumunda bir konudaki kapalılık diğerinden açıklanabilmesi açısından faydalıdır.

Beşinci kitap:

İmam Gazali'nin İhya adlı eseri veya onun özetlerinden biri ilaç gibi kullanmak şartıyla evimizde muhakkak bulunsun. Ölçüsüz bir şekilde içine dalınması durumunda baş ağrısı yapabilir.

Altıncı kitap:

Türkçe sözlük kullanmaya alışmak gerekiyor. Bildiğini zannettiği kelimeler için bile belli bir döneme kadar sözlük kullanmak, anlayarak okumak açısından zorunludur.

Yedinci kitap:

Siretinebiyi anlatan bir kitap da başucu kitabımız olarak bulunmalıdır. İyi bir siret kitabının bir kere okunması yeterli olabilir. Fıkhussire şeklinde yazılmış olan kitaplar bu açıdan en güzelidir. Buti ve M. Gazali'nin kitapları yararlıdır.

Uyarı Gibi Bir Not

Bizim evlerimizde ekonomik değeri, raflarındaki kitaplardan daha üstün olan bir kitaplık çelişkidir. Kitap için edinilen sunta parçaları kitaptan daha sempatik olmasın. Süslü bir kitaplık çelişkidir.

Çeşit çeşit nakışlı seccadelere rağmen namaz vakti namaz kılınmayan evdeki seccadelerin garipliği kitaplara yaşatılmasın. Kitapların garip olduğu bir ev, ikra' ümmeti karakteri ile yaşayan bir ümmet olur mu?

Kitaba ve Kâtibe Dair

Hiç kimse masum değildir, herkes hata edebilir. Hata edemez bir kişi vardır. O da Peygamber aleyhisselamdır. Biz, kimseyi hatasız görmediğimize göre, bir yazarın kitabında hata bulunabilmesini de tabii görmeliyiz ancak her hata ihbarını ilişkileri koparma gerekçesi olarak da anlamayalım. Önce "Hata gerçekten var mı?' ona bakacağız. Sonra da "Hatada kasıt var mı?" onu inceleyeceğiz.

Kasten hata etmekle hata ile hata sahibi olmak, aynı değildir. Hataları da affedilebilirler, affedilemezler olarak ikiye ayırmaya mecburuz. Ulemayı sadece ulema olarak görmek gerekir. Onlara peygamberler gibi bakmak hatadır. Sıradan biri gibi görmek de başka bir hatadır.

Önümüzdeki hata, Ümmet'in söz birliği ettiği bir alanda ise hata sahibini ikaz ederiz, hatasını savunursa ondan uzaklaşabiliriz. Dinimize ait bir meselede hoş görecek bir şeyimiz olamaz. Bunun dışında müsamahamız olmalıdır.

Kitap okumakla fetva ehli olmak mümkün değildir. Kitaplar bilgi verirler ama usul vermeyebilirler. İnsan okudukça olgunluğu ve tevazusu artmalıdır. Okudukça cüreti artandan korkmak gerekir. Kitaptan ve ilimden anlayan bir mürşidin danışmanlığında okuyanlar daha kazançlı bir okuma yaparlar.

İnsan iki gözle gördüğü gibi fıkıh ve hadis de ikisi bir arada iken dengeli görüş imkânı sağlar. Sadece fıkıh veya sadece hadis okunması tek gözlülük sonucu getirebilir.

Karışık okumalar kültür verebilir ama ilim vermez. Bilhassa fıkhî boyutu bulunan konularda bir kitabı enine boyuna okumalı, okuduktan sonra da bilginin tashihini ehli ile paylaşmalıdır.

İlim, Allah'a götürmelidir; grupçuluğa ve uzlete götüren ilimde hayır yoktur.

Okumak ve kitap, tartışma gücü ve cesareti vermemelidir. Mü'min hikmetin peşinde iken nefsinin peşine takılmamalıdır. Kendine öğüt çıkarmayan, okuduğunu hep başkalarını yararlandırmak için okuyan mum gibidir; ışık verir ama kendi erir gider.

Müslüman'ın Demokrasi ile Sınavı

Müslüman, hayatı iman ve cihat olarak gören insandır. Hiçbir gün, iman ve cihadın yok sayılabileceği gün olamaz onun gözünde. Bir çeşit cihat muhakkak onun gündeminde olacaktır çünkü cihat, Allah Teâlâ'nın kulunu imtihan etmesi demektir. Ya da cihat, kulun hayatın bütün renklerine karşı ne yapacağının belgelenmesinin adıdır.

Ashabı kiramdan itibaren ümmeti Muhammed, farklı cihat badirelerinden geçerek gelmektedir. Önce müşriklerle yapılan mücadele, ardından iç ihtilaflar, onun ardından da dünya nimetleriyle ortaya çıkan bir cihat bandı üzerinde yol alındı. Abbasiler döneminden itibaren ise dünya nimetleri önünde erimeme cihadı en önemli alanlardan biri olarak hep gündemde kalmıştır. Bu cihadın adına bazen tasavvuf bazen de selefileşme denmesi bir şey değiştirmiyor. Kâh kâfire kâh nefse karşı ama hep cihat hâlinde yaşanageldi.

Resûlullah sallallahu aleyhi ve sellem efendimizin vefatıyla beraber Ümmet'i kimin yöneteceği ve nasıl yöneteceği konusu da hiç gündemden düşmemiştir. Hilafet müessesesi yok hâle getirilinceye kadar bu mücadelenin adı "kimin Halife olacağı" üzerine kuruldu. Büyük bir enerji sarf edildi bu meselede. Âlimin de cahilin de gündemi olarak kaldı kimin Halife olacağı. Hilafet gidince kavga, o meydanda sona erdi.

Hayat devam ettikçe ve Müslümanlar da "Biz de bu hayatta varız." dedikçe, nasıl yönetileceğimize dair tartışma da elbette var olacaktır. Böyle bir tartışmayı yok saymak mümkün değildir. Biz bu hayatı Müslümanca yaşamak istiyorsak, başkalarının bize Müslümanca bir hayat sunmayacağı besbelli bir hakikattir. Kimse kimseye ne din ne de iyi bir dünya vermez.

İslam topraklarını fiilen ve şeklen işgal edenler, topraklarımızdan şeklen çekilirken, sistemlerini bulunmaz bir nimet olarak allayıp pullayarak gittiler. Laiklik, demokrasi, çoğulculuk, haklar gibi kavramları dokunulamaz, erişilemez kavramlar olarak içimize sızdırıp gittiler. Önce bu kavramlara karşı bir iki ağzı yansıtan tepkiler oluştu. Yaklaşık bir asır sonra, Müslümanların nasıl ve kim tarafından yönetileceği hususunda geldiğimiz sonuç şudur:

a- Ashabı kiramdan itibaren asırlarca "İslami Yönetim Tarzı" olarak benimsenen Hilafet müessesesi tarihe terk edildi. Müslümanların yazarçizerleri bile "bir zamanların yönetim tarzı" olarak gördüler onu; hatta tarihten bir konu olarak bile gündeme gelmesini fitne olarak görenler oldu. Sonraları, Müslümanların içinden sesler yükseldi ve "Zaten kötü bir tarzdı." yorumları yapıldı. Mevcut realiteye yakın durma uğruna başında Ebu Bekir ve Ömer bulunan bir kurum kökten yanlış, hatalı görülebildi.

b- Yeni isimler önceleri dışımızdan, ithal görülürken ürkek adımlarla onlara doğru yüründü. Kimi tereddütle yaklaşırken kimi de mübah bir seçenek olarak görüp içine dalmaya çalıştı. İş meselenin din boyutuna gelince "amaç değil araç" olarak görüldüğü söylendi. Asıl maksat uğruna kullanılsın dendi. O niyetle büyük kitleler, hilafet dışındaki sistemlerde aktif görevlere davet edildi ama ısrarla "amaç değil araç" ilkesi vurgulandı. Zaruretten ve geçici olarak, bize ait olamayan bir tarz olarak görüldüğü yazıldı çizildi. Bu uğurda infaklar, himmetler tüketildi.

c- Sonunda gelinen noktada hâlâ bize ait olmayana karşı tavır içinde olan Müslümanlar bulunmaktadır. Onların yanında ise maalesef büyük kitleler ise nereden nereye gelindiğini, neyin kaldırılıp neyin konduğunu idrak edemedikleri bir sürece dalmışlardır. Artık iyi demokrasi, gerçek laiklik ancak Müslümanların yapabileceği bir iş olabilir iddiaları bile ortaya atılır olmuştur. Dün "Bu bize uygun mudur, amaç mıdır araç mıdır?" dediğimiz şeyler bugün neredeyse ibadete dönüştürülecek duruma taşınmıştır. Geç geldik ama pür geldik denecek bir durum vardır ortada. Bir de şüphesiz konuyu "amaç değil araç" zaviyesinden görenler de bulunmaktadır ama gidişatın ortaya koyduğu tablo, kaos ortamında yeni sistemlerin sakıncasız görülür olduğunu göstermektedir.

Müslüman olarak bizim, Kur'an ve Sünnet ölçülerine uymayan bir şeyi benimsememiz asla mümkün olmaz. Kur'an ve Sünnet'in mübah göreceği bir şeyi de yasak saymamız mümkün olmaz. Müslüman'ın parlamenter bir sistemde aktif rol alması ne kadar mümkündür, demokrasinin demokrasi adına ıslahı ve yükseltilmesi mücadelesinde "bir oy düzeyinde de olsa" etkin bir rol alıp alamayacağı konusu bizim için dinle ilgili bir konudur.

Evet, Kur'an ve Sünnet, bu tür meseleleri ayrıntıları ile ihtiva eden kaynaklar değildir ama Müslüman'ın karşılaşacağı her meselenin temel ilkeleri Kur'an ve Sünnet'te vardır. O temel ilkeler üzerinden neyin bize uygun olduğu neyin de olmadığı öğrenilebilir. Müslüman da bunları öğrenmek zorundadır. Çağın getirdiği yenilik olması, küfrün hükümran olduğu bir ortamda insanlığın ortak değeri hâline gelmiş olması, Müslüman'ın şu veya bu sistemi benimser insan olmasına ruhsat oluşturmaz.

Müslüman, oy vermekle oyalanmak arasında duramaz. Demokratik bir araç olarak oy vermeye itikadında bir yer bulmaya mecburdur. Bu da bize bir ses verme tarzı olarak vatandaşın oyunun Müslümanca bir gözle nasıl görüldüğünü sorgulama görevi yüklemektedir.

Seçmeye Bakan Bir Göz

Müslüman için bir sandıkta oy vermek şahitlik etmektir. Oy verirken, oy verdiği kişinin, Müslümanları yönetmeye ehil biri olduğunu kabul etmiş olur. Bu da oy veren Müslüman'ın, mahkemede şahitlik eden biri gibi olmasını gerektiriyor.

Yaptığı iş, yalan veya ihmalkârlık üzerine olması hâlinde vebale girmiş demektir. Yöresel ve kişisel menfaatler dikkate alınarak oy kullanılamaz çünkü oy, bir şahitliktir ve bu şahitlik Müslümanların menfaatleri adına yapılmalıdır. Dinini, kendinden önce görememek bir Müslüman için düşünülebilir mi?

Yusuf Kardavi'nin, Fıkhu'd devle isimli kitabı bu hustaki içtihatları kaynaklandıran önemli bir çalışmadır. Konumuz için önemli bir eser olarak incelenmelidir.

Seçim ve Seçilmenin Bizdeki Tarihi

Yerel yönetimler, parlamento ve referandum şeklinde bir oyla ses alma sisteminin dünya üzerindeki geçmişi ancak 1.200'lü yıllara dayanacak bir geçmişe sahiptir. Bugünkü şekle gelinceye kadar da pek çok gelişme göstermiştir. Aday olma ve seçme ya da aday gösterip ona destek isteme üzerine kurulu bir seçilme sistemi bugünkü tarzda olmasa da İslam'ın ilk günlerinden itibaren uygulanmıştır.

Ensar'ın Resûlullah sallallahu aleyhi ve selleme bey'at ettiği zaman onlara "Bana kavmini temsil edecek on iki kişi çıkarın." dediği bilinmektedir. (Ahmed, 15798) Birinci ve ikinci Halife'ye mescitte bey'at alınmıştır yani insanların onları destekleyip desteklemediği sorulmuştur. Üçüncü Halife'nin belirlenmesinde Abdurrahman bin Avf radıyallahu anh, üç gün insanların kanaatlerini öğrenerek Halife'nin ismini belirlemiştir. Ali bin Ebi Talib radıyallahu anh, insanların desteği ile Halife olmayı istemiş ve mescitte kendisine bey'at edilmiştir. Bu ve benzeri örnekler üzerinden, demokratik bir seçim sisteminin yüzde yüz İslamiliğini belgeleyemeyiz. Bugünkü anlamında bir seçimle tarihimizden verdiğimiz örnekler arasında bariz farklar bulunmaktadır.

Her şeyden önce bugünkü sistemde nüfus cüzdanı bulunduran herkesin aynı güce sahip bir oy hakkı bulunmaktadır. Din ve fazilet ayrımı yapılmadan herkes aynı güce sahip bir oy hakkını kullanmaktadır. Hâlbuki bizim tarihimizdeki örnekler Ehlihâlvelakd olarak bilinen toplumun önde gelen kesiminin oy kullandığı bir sisteme aittir.

Herkesin oyunun eşit sayılması mesela yıllarını siyasete vermiş yaşlı bir vatandaşla ilk defa oy kullanacak bir gencin oyunun aynı değerde olması Ömer'i Ali'yi seçen mantıkta yoktur. Zaten o örneklerde "en çok oyu alan" diye bir anlayış da yoktur. Ali radıyallahu anh, insanların önüne çıkmış ve "Beni lideriniz olarak görüyor musunuz?" demiş onlar da bey'at etmişlerdir. Bu manada bizim tarihimizdeki seçim, kimin seçileceği üzerine değil, mevcudun benimsenip benimsenmemesi üzerine kuruludur.

Burada bir husus dikkatten kaçmamalıdır: İlk Halifelerin böyle seçilmiş olmaları tek başına bugünkü sistemin batıl olmasının delili değildir elbette. Bugünkü demokratik sistemin, seçme ve seçilme tarzı dışındaki bazı sorunları nedeniyle Müslüman'ı redde zorlamaktadır. Yoksa bir sistem olarak seçim üzerindeki itirazlar çok yoğun değildir.

Bey'at ve Oy

Bey'at, İslam'ın ilk günlerinden beri kullanılan bir kavramdır. Bey'at, görevlendirilmişe itaat etmeye söz vermektir. Bey'at ve oy, hür insanların iradelerini beyan etmede aynı sonucu yansıtmaktadır. Her ikisinde de hür bir insan "Ben şu kişiyi benimsiyorum." demektedir ve her ikisinin de sonucu bir kişinin yönetici olarak ortaya çıkmasıdır.

Öte yandan, oy sisteminde genelde birkaç kişinin yarışına yön verme varken bey'atta seçilmişe onay verme vardır. Oy verme, bir lidere ve kurula evet demekken; bey'at, bir şahsın liderliğini onaylamaktır. Oy, bir vatandaşlık hakkı iken bey'at a'yan kadrosunun hakkı olarak kullanılmıştır. A'yan kadrosu günümüzdeki, bilim adamları, sivil toplum örgütleri önderleri, ticari kuruluş yöneticileri gibi şahsiyetler için kullanılan bir kavramdır.

Şûra Farkı

İslami idarenin en bariz farkı şûra üzerine kurulu olmasıdır. Bu fark da Kur'an ayetleri ile sabittir. Bizzat Peygamber aleyhisselamın vurgulamaları ile örneklendirilmiştir. Âl-i İmran suresinin 159. ayeti Peygamber aleyhisselama şûrayı emrederken, Şûra suresinin 38. ayeti de şûrayı mü'minlerin özelliklerinden biri olarak göstermektedir. Bu iki ayet, şûranın İslam'ı farklı kılan özelliklerden olmasının teminatlarındandır.

Muasır yazarlar arasında yaygın olan görüşe göre şûra, günümüzdeki seçim sistemini teyit etmektedir. Bununla da şunu ispat etmeye çalışıyorlar: Müslümanların seçimlere iştirak etmeleri, oy kullanmaları değil caiz olup olmadığı şüpheli olan bir iş olması bilakis Kur'ani bir emirdir.

Bu görüşü benimsemek mümkün değildir; zira şûra, Kur'ani bir emir olarak seçimle kıyas edilemeyecek bir uygulamadır. Seçimler günümüzde demokrasi ve ona yakın sistemlerin aracı durumundadır. Seçimler, demokrasinin kuralları ile yürütülmektedir. Şûra, yöneticinin kendi görüşlerini aşmasını, daha geniş bir alanda düşünmesini sağlama üzerine kuruludur. Şûradaki amaç da budur.

Her Müslüman şûraya muhatap değildir; ehliyeti olan, istişare edilecek konuda deneyimi veya bilgisi olan ona muhatap olur. Seçme ve seçilme ise daha farklı bir alanı yansıtmaktadır. Şûra, hayatın daha geniş bir alanı için kullanılırken seçme ve seçilme tek bir alana aittir. Seçimlerin caizliği için şûra dışında bir dayanak bulunması daha doğru olacaktır.

Esasen seçimler kesin sonucu kabul etmeyi gerektiren kurallarla bağlıdır. Şûra ise onu kullananın fikirlerini, daha geniş bir alana yayma, alternatif üretme amaçlı olarak yapılmaktadır. Tarihimizdeki bilhassa Asrısaadet'teki örnekler bunu teyit eder.

Seçim Üzerine Sözler

Seçime dayalı sistemlerde yaşayan Müslümanlar için seçim güçlü bir silahtır. Bu silah aynı zamanda da tek silahtır; vatandaşın itiraz edemeyeceği sonuçları kendi eliyle belirlemesi ve onaylaması şeklinde önümüzde durmaktadır.

Bu açıdan Hilafet sisteminden yoksun yaşayan Müslümanlar olarak seçme silahını kullanmamızın ne kazandıracağı ne kaybettireceği konusu uzun yıllardan beri tartışılmıştır. Sert bir şekilde karşı çıkanların yanında şartsız teslim olanlar vardır. Biz ise daha makul bir çizgide bunun ortasını bulmanın, kullanılabilir bölümünü kullanmanın akidemizle ters düşeni de itmenin yararlı olacağını düşünürüz. Asrımızda bu konu etrafında yazıp çizen ulema ve mütefekkirlerimizin görüşlerini orta bir çizgide derleyen bir isim olarak Yusuf Kardavi'nin Fıkhu'd devle adlı eserini esas alarak şu tespitleri yapabiliriz:

a- Şeriat'ımız açısından dünya hayatına ait işlerde esas olan mübahlıktır. Bir hususta haramlık hükmü bulunmadıkça yani o hususun Şeriat'ın temel umdelerine tersliği görülmedikçe yapılmasında bir sakınca yoktur. Seçimlerin konusu haramlardan bir haramı ihlal etmiyorsa seçimler için sakıncalı demenin dayanağı yoktur. Hayır, bir haram üzerinden mesela Allah'ın hükümlerinden bir hükmün kaldırılması üzerinden bir seçim yapılacaksa bu zaten mümkün olmaz.

İlk Halifelerin seçimi dikkatle izlendiğinde Şeriat'ımızın devlet başkanlığı ve diğer birimler için yapılacak seçme sistemine muayyen bir kalıp getirmediği ama sabit, değiştirilemez kurallar getirdiği görülecektir. İnsanların, Allah'ın hükümlerini değiştirme, bir kenara bırakma gibi sonuçlar doğurmadığı sürece şu veya bu sistemden yararlanmaları bu açıdan mümkündür. Yeter ki bu yararlanma içine dalıp erime ile sonuçlanmasın. Bunu biz, maslahatı mefsedetinden yani umumi yararı zararından çok olan işi yapma kuralına oturtabiliriz. Şu anda bu en makul ise bunu, yarın daha makulü keşfedilirse onu kullanabiliriz.

b- Seçimler, çoğunluğun kanaati üzerinden sonuçlandırılmaktadır. İslam ise çoğunluk azınlık değil hak-batıl üzerinden karar vermeyi emretmektedir. Bu durum, maslahatın gerektirdiği yerlerde çoğunluğun görüşünün alınmasına da mâni değildir. Çoğunluk hakka uygun olanı tercih ediyorsa o uygundur. Batıl bir işin ise azınlık veya çoğunlukça benimsenmesi hâlinde sonuç değişmez.

c- Demokratik seçimlerin en önemli gereklerinden biri cahille âlimi, masumla suçluyu, hak sahibi ile batıl sahibini sandıkta eşit tutmasıdır. Devletin büyükelçisi olarak görev yapan biri ile köyünden çıkmamış sade bir vatandaşın bir referandumdaki oyu aynı oydur. Oyların aynı ağırlıkta olması önemli bir meziyet olarak görülmektedir. Demokrasinin onca katettiği söylenen mesafesine rağmen bu sorun olarak çözülebilmiş değildir. Bilim adamı ile film izleyen adamın oyunun eşit olması yorumlanamamaktadır.

Bu da bizim seçim sistemini mevcut hâliyle mükemmel görmemizin önemli bir engelidir. Alınabilir bölümleri olan bir sistem olarak görülmesi en doğru olan olsa gerek.

d- Böyle bir zeminde Müslüman'ın seçmesi veya seçilmesi, sistemi kullanma maksadına göre değişecektir. Islaha hizmet maksadı güdülüyor ve bir sonuç umuluyorsa katılma yönü tercih edilebilir. Bıçak sırtında bir mesele olarak bu durumun, bir zaman sonra düzeltilecek şeyler tarafından eğriltilme ile sonuçlanacağı da dikkatten kaçırılmamalıdır.

Bilhassa devlet olmanın nimetleri ile yüzleşilince ortaya çıkacak sonuçlar iyi niyetlerle kötüye ulaşma gibi bir akıbete sürükleyebilir. Durum, Müslümanların basiretine ve dünyevileşme hastalığına karşı uyanık bulunmalarına kilitlenmektedir. Allah'a davet ve ıslah görevini üstlenmiş olanlar bu hususta herkesten daha önce aktif olmalıdırlar. Bu uygulamada yararın mı zararın mı üstün olduğuna da fertler değil Ümmet'i temsil etme salahiyetine haiz ulema ve mütefekkir kadrosu karar vermelidir.

Kadın ve Oy

Kadınların oy kullanmaları hususunda iki uç fikirden söz edebiliriz. Şiddetle menedenlerle hiçbir sakınca görmeyenler arasında orta bir yol da vardır.

Müslüman kadının şahitlik anlamında bir oy kullanmasını menedecek hiçbir delil yoktur. Kadının lider olmasını meneden naslar vardır. Oy kullanmak ise liderlik değildir. Bilakis bir şahitliktir. Kadın ise şahitlik ehliyetine haizdir. Bunun siretinebide örnekleri vardır. Evet, kadının evinden çıkmasının getirdiği sakıncalar yok değildir. Oy kullanmakla kadının aktif siyaset içinde olmasını aynı tutacaksak o durumda kadının oy kullanmasının sakıncasından da siyasete aktif katılmasındaki sakınca kadar bir sakıncadan söz etmek mümkün olur. Kaldı ki kadının aktif siyasetin içinde olması da kadınlığı ve anneliği ile çelişen, harama davetiye çıkaran çizgilerde kaldığı zaman sakıncalıdır.

Oy Verecek Adam

Şimdi bizim, mevcut sistemlerde kimin oy hakkına sahip olması gerektiğini belirleme imkânımız elbette yoktur. Böyle bir araştırma da yararlı değildir. Bize ait bir sistem olsaydı, Şeriat kanunlarının büyük bir ihtimalle koyacağı bazı ilkelerden söz etmemiz mümkün olacaktı. O kuralları yani kimin oy verebileceğini, bir tahmin olarak tespit etmemiz mümkündür.

Evvela Müslümanları yönetecek birinin seçiminde oy kullanacak herkesin Müslüman olması şart olurdu. İyiyi kötüyü temyiz edebilecek akıl, şart olurdu. Muayyen bir yaş şart olurdu. Belli bir düzeyde siyaset ve maslahat bilgisi şart olurdu.

Müslüman Kadın ve Siyaset

Ümmet'imizin düşmanlarının fikrî ve siyasi ablukası altına girdiği zamanların en sorunlu konularından biri kadın konusu olmuştur. Pek çok açıdan kadının durumu tenkit edilmek istenmiştir. Ne yazık ki kendi zevklerini ve bilgisizliklerini de İslam olarak tatbik etmek isteyenlerin faturası da İslam'a kesilmiş ve Müslüman kadının ezilmişliğinden söz edilmiştir. Müslüman kadının siyasetle iştigali de bu konulardan biridir.

Bizim, dinimizden ar edeceğimiz hiçbir şey yoktur. Kur'an'ımız ve Sünnet bizim için tek haktır. Kadın ve siyaset konusunda iki şeyi vurgulamakta yarar vardır.

Birinci vurgulama:

İslam, evinde anne ve eş olan bir kadın istemektedir. Kadının yaratılışına en yakın tarz da budur. Kadından maden ocağında işçi istemediği gibi ilaç firmasının pazarlamacısı da istememektedir. Kadın, eşliğini ve anneliğini kullanamaması hâlinde, kaybeden bütün insanlık olacaktır. Kadının haricinde kimse de ondan doğan boşluğu dolduramayacak, doğan bu boşluk nesilden nesile büyüyerek devam edecektir. Yani kadının anne ve eş olarak kalması, bu iki görevin içini doldurması bir insanlık sorunudur. İnsanlık diye bir dertle yola çıkmayanların böyle bir şeyi anlayamamış olmalarını normal görürüz.

İkinci vurgulama:

Resûlullah sallallahu aleyhi ve sellemin sahih bir hadisinde kadının birinci lider olması yani devlet başkanı olması akıbeti kötü bir durum olarak bildirilmiştir. Bu konudaki hadis Buharî'de 4425 ve 7099; Tirmizî'de 2262; Nesaî'de 5388. hadistir.

Bu iki vurgulamanın tabii sonucu şudur: Dinimiz kadını, siyasetin en üst noktasında görmek istememektedir. Bunu tartışmanın bir anlamı olmaz. Biz, Batılı değerlere esir düşüp Peygamber'imizin sözünü uygunluk testine tabi tutamayız.

Siyasi liderlik dışındaki görevler konusunda ise böyle bir söz birliği yoktur. Uygun olmayacağını söyleyenlerin yanında olabilir şeklinde kanaat kullananlar da vardır. Yine en öncelikli şartımızın annelik ve eşlik fonksiyonunun zarar görmemesi olduğunu kaydetmiş olalım. Özellikle de kadının, toplum açısından bir ahlak kaymasına neden olması durumunda kadın için siyasetin bir kere daha sakıncalı olacağı besbellidir.

Bizim açımızdan kadın, sadece bir kadın değildir. O bir annedir, eştir. Kadını siyaset alanında görmek istemeyişimizin mantığında, onu evde asli görevinde görmek isteyişimiz vardır. Yoksa kadının liyakati ile alakalı bir endişe taşımıyoruz.

Kadınlarımızın aktif siyasetin içinde olmaları, Allah'ın haramlarını çiğneme pahasına olacaksa eğer buna katiyen razı olamayız. Bu, İslam adına yapılıyor olsa bile bizim için olurluğu olmayan bir iştir. Kadının bulunmasının zorunluluk olduğu alanlarda ve kadınlara ait kurallara dikkat edilmesi kaydıyla kadının evinden çıkması mümkündür. Biz annelerimizi ve eşlerimizi Allah Teâlâ'nın koyduğu yerden daha iyi bir yere koyamayız.

Samimiyet Nerede?

Kadın konusunda Müslümanlara akıl pazarlayan batılı ve batıl odakların kadın konusundaki tutumları asla samimi değildir. Avrupa ve Amerika'da onca kadın çığırtkanlığına rağmen sembolik rakamları aşmayacak bir kadın siyasetçi ya da idareci çıkarılabilmiştir. Kadınların oralardaki parlamentolarda bulunması yüzde on beşleri, bakanlık koltuklarını işgalleri de yüzde altıları bulmamıştır.

Göreve Talip Olmak

Bizim için esas olan, görev için aranıyor olmaktır. Görev aramak ise tali bir konudur.

Görev, başkasının yapamayacağı bir şekilde bir şahıs üzerine kalmışsa onun da ortaya çıkıp "Ben bu görevin adamıyım." demesi gerekir.

Görev isteyenler ve görev verenler "iyi" yerine "en iyi" standardı ile hareket etmelidirler. Bu "iyilik" veya "en iyilik" de görev alacak kişi ve görevin kendisi ile kurulacak bağlantının ortalaması dikkate alınarak tespit edilmelidir. Çok iyi birinin, o görev için iyi olmaması mümkündür. İyi düzeyinde birinin de görev bağlantısında en iyi olabileceğini dikkate almaya mecburuz.

Resûlullah sallallahu aleyhi ve sellemin Ebu Bekir'i hac için, Ali'yi Hayber, Ebu Ubeyde, Amr bin As, Cerir bin Abdullah'ı farklı savaşlar için, Üsame bin Zeyd'i de ömrünün son günlerindeki en büyük askerî harekât için görevlendirmesi iyi düşünülmelidir. Bu görevlendirmelerde bir kere "en iyiyi' tespit ederek görevlendirdiği kesindir. Bir de aynı kişilerin birbirlerinin üzerine görevlendirildiğine de dikkat etmek gerekiyor.

Bu görevde emir olan, öbür görevde üzerine amir durumda olduğu kişinin memuru durumunda olmaktadır ve bu durum Peygamber aleyhisselamın emriyle, yönlendirmesiyle gerçekleşmektedir.

Görevdeyken riya, menfaate yönlendirme gibi bir yanlışa düşme ihtimali olan için görev talebi sakıncalıdır.

İkinci bir geçim kaynağı bulamayan biri için, geçim kaynağı olarak değerlendirmek maksadı ile bile olsa görev talep etmek mübahtır.

Her şeyin üstünde olması gereken ister siyasi bir görev olsun isterse ticari olsun; görevi Allah için, O'nun dinine hizmete vesile etmek için almaktır. Görevlerin görevi de budur. Böyle bir görevden helal ve maruf ölçülerinde rızık temin etmek de mübahtır.

Referandum

Kur'an ve Sünnet ile sabit bir konuda referandum yapılması asla mümkün olmaz. Müslüman, Allah'ın helal veya haram dediği bir meselede görüş belirtemez. Böyle bir konu istişare bile edilemez ki referandum konusu olsun. Ahzab suresinin 36. ayeti; Nisa suresinin 65. ayeti böyle bir düşünceyi dahi menetmektedir.

Sadece dinî bir meselede ise işinin erbabı arasında böyle bir soruşturma yapılması mümkündür. Avama, Ebu Hanife mi İmam Malik mi diye bir soru sorulursa din ne hâle gelir?

Mübah olan konularda ise insanların görüşlerinin alınması mümkündür, gerekli olan da odur.

Seçim Soruları

Bir Müslüman olarak seçimlerin elan yürüyen şeklini sorgulamalıyız. Seçimler ne kadar şeffaf olursa olsun iki noktanın aşılması zor görülmektedir. Bunların biri harcamanın israf boyutuna ulaşmasıdır diğeri de adayların kendilerini reklam etmeleridir. Yalansız bir reklam, kaynağı ve sınırları belli bir harcama ne kadar garanti edilebilir? Yalan ve israf iki illet olarak seçimlerin önünde durmaktadır. Başka bir mâninin olmadığını var sayarak bunu söylüyoruz ki ortada birden çok mâni vardır.

Bilhassa kadın figürünün seçimde kullanılması önemli bir mâni olarak önümüzdedir.

Seçimlerin büyük harcamalarla kazanılabildiği sistemlerde seçme gücünün de aslında seçilecekler tarafından yönlendirildiğini, galibin genelde parası olanlardan veya onlarla iyi ilişkilerde olanlar olacağını söyleyebiliriz.

Rüşveti önlemek için görev talep edenin rüşvetin en ağır çeşitlerini ödemesi olarak da adlandırabileceğimiz bir yapıyı buna örnek verebiliriz.

Bir başka sorun ise insanların iradelerinin yönlendirilmesi, aslında hür düşünme kabiliyetlerinin köreltilmesi sorunudur. Taassubun ve hizipçiliğin de körüklendiğini, yalanın belli bir ölçüde makul görüldüğünü ve buna siyasetin gereği denebildiğini, övmede ve yermede aşırıya gidildiğini de ilave etmemizde bir sakınca yoktur.

Evet, seçimlerin insanlar açısından getirdiği faydalar da vardır. İdarecilerin despotluğuna karşı güçlü bir koruma sağlaması tek başına iyi bir yarardır. Ayrıca yukarıda zikrettiğimiz örneklerin yanında yabancı sistemlerin gitgide din hâlini alması, insanların düşündürülmek istendiği şekilde düşünmeye sevk edilmeleri, Müslümanların kendilerinden olmayanlarla da iş birliği gibi sonuçlarla karşılaşmaları, kişiler üzerinden taassubun yaygınlaşması vb. sonuçlara da seçim yüzünden katlanılmak zorunda kalınmaktadır.

Netice

Müslümanlar olarak önceki ulemanın görmediği ve üzerinde içtihat etmedikleri bir dönem yaşıyoruz. Çare olarak kullanmak istediğimiz şeyler kendi özünde sorun durumundadır. Birbirimizi incitmeden, içtihat farklılıklarını saygıyla karşılayarak bu dönemi geçirmeye mecburuz. Keskin kararlar yerine ciddi tavırlarla Allah rızası için çalışmak en iyi tavrımız olacaktır.

Müslümanlara Önder Olmak, Ömer Gibi Lider Olmak

Hangi sistemle gelirse gelsin, Müslümanların başına geçen, onlara ait bir göreve getirilen Müslümanca iş yapmaya mecburdur. Müslüman memur veya amir ne vasıfla bulunursa bulunsan bulunduğu yerde imanıyla bulunur bu da Müslümanca iş yapmanın gereğidir. Bu idrak onu kibirden, gururdan, yalandan, kendini ve işini beğenmekten uzak tutar.

Allah'a karşı bilmeden konuşmaktan, anlamayacağı işten anlar görünmekten kaçınır.

Tek adam görüntüsünden ateşten kaçar gibi kaçar. İstişareyle iş yapmayı resmî belgeyle iş yapmak gibi görür. Lider olmayı en iyi kul olmak olarak değil de en sorumlu kişi olmak şeklinde anlar. İnsanların işi ile uğraşırken kendini ve ailesini ihmal etmez.

Belki biz bir Müslüman lider profili çizmek durumunda değiliz ama Müslüman liderin hacmi ne olursa olsun dikkat edeceği ilkelerden söz edebiliriz.

Evvela lider olmak risktir, lideri olduklarından sorumlu olmaktır. Her lider bizzat Peygamber aleyhisselamın ifadesiyle bir çobandır ve güttüklerinden mesuldür.

Lider, şüpheden uzak kalmaya mecburdur. Şüphe üretmeyeceği gibi şahsını ve kimliğini de şüpheli zeminlerde bulundurmayacaktır. Meseleye imanımız zaviyesinden bakıldığında bu kural, bir sınıftaki öğrencilerin sınıf başkanından Ümmet'in en üstündeki Halife'ye kadar her lider için geçerli ilkelerden söz ediyoruz.

Lider, Müslümanların mal hassasiyetine karşı dikkatli olacak. Mal beyanı ibraz etmenin ötesinde mal üstü bir yaşantı içinde olacaktır. Bilhassa Allah yolunda harcanmak için ayrılmış mallar onun için tam bir fitne olarak bilinmelidir. Elindeki yetkileri şahsi işi ve çevresi için kullanması da bu açıdan ele alınmalıdır.

Kadınlar Ne İş Yapar?

Batılı kültür, erkekle kadını her alanda eşit tuttuğu için erkeğe açtığı iş alanlarının tamamını kadına da açmıştır. Kadının giremediği ya da girmesi yasak olan bir alan yoktur. Batının bunu neden yaptığı ayrı bir konudur. Bu tutumlarında ne kadar samimi oldukları da bir başka sorudur? Batı, bunu kadını gerçekten erkeğin eşiti gördüğünden ötürü mü yoksa erkeklerin karşısında ucuz iş gücü oluşturmak ve benzeri menfaatlerinden ötürü mü yapmaktadır. Bu konu tartışılmaya bile gerek kalmayacak kadar açıktır.

Müslümanlar olarak dünya hayatını önümüze çıkan fırsatların yönlendirdiği şekilde yaşama hakkına sahip değiliz. Erkeğimizle kadınımızla, bizi yaratanın yaratma maksadına göre yaşamaya mecburuz. Ne erkeği bir adım öne çıkarabiliriz ne de kadını... Herkes Allah'ın koyduğu yerde durmalıdır.

Allah Teâlâ kadınları, erkeklerin sekreterleri olarak yaratmadı. Erkeklerin ve kadınların anneleri olsunlar diye yarattı. Böyle olduğundan kimsenin şüphesi yok. Buna rağmen anneliği aksatacak tutumlara gelince sessiz kalabiliyoruz. Kadın, evinden çıktıkça annelik değer kaybediyor. Kaybedilen her annelik ve anne, insanlığın kaybıdır. Allah Teâlâ'nın yaratma maksadına aykırı bir tutumdur.

Son yıllarda Müslüman ailelerin kızları büyük bir okuma iştahı göstermişlerdir. Özel okullarda, dershanelerde Müslümanların kızları büyük ücretler karşılığında diploma ve meslek sahibi olmanın hırçınlığıyla kendilerini feda etmektedirler. Meydana çıkan herkes genelde şu gerçeği öne sürmektedir: Doktor olup hizmet etmek! Neredeyse hasta sayısından fazla doktorumuz olacak! Bu taleple dershanelere yığılan kızlarımızın sonra ne kadar doktor ne kadar hasta olduklarını incelemek istemiyoruz. Bizim cevabını merak ettiğimiz sorular var: Ne verip ne alıyor kızlarımız? Sadece bir başörtüsü müdür taviz konusu olan? Ahlak da sahiplenilmesi gereken bir fazilet değil mi? Annelik heyecanının doktorluktan daha kutsal ve daha kadınca olması gerekmiyor mu?

Böyle bir soruşturmada, kızı dershanelerde yorulan her ailenin yaklaşık üç cevabı vardır:

a- Gerçekten büyük bir kadın doktor boşluğu vardır. Biz hep geri kala kala meydan başkalarına terk edildi. İşte durum ortada, filan branşta Müslüman doktor bulunamıyor. Filan hocaefendi de "Kızlarınızı okutun." diyormuş, o da hoca değil mi?

b- Biz, çok özel şartlarda okutuyoruz. Özel okul, özel hoca... Bizim kız çok yetenekli, sanki doktor yaratılmış!

c- Sözümüz geçmiyor; tutturdu "Okuyacağım." diyor. Ne yapabiliriz?

Kimin neyi neden yaptığını Allah Teâlâ'dan başkası bilemez. Kimse de kimsenin kalbindeki için yorum yapamaz. Biz, sadece asıl gayenin unutulmasına karşı ikaz vazifesi yapabiliriz.

Kadınlar Açısından Önemli Hakikatler

1- Kadınlarımızın ilim tahsil etmelerine mâni hiçbir ayet veya hadis yoktur. Sözüne itibar edilen hiçbir müçtehidin de böyle bir içtihadı yoktur. Zira ilim, erkek kadın her mü'min için ilahi bir emirdir keşke erkeğiyle kadınıyla bütün Ümmet, İkra' emrinin hakkını verebilsek, keşke! "İlim" nedir bizim için? Her diploma ilim midir ya da ilim diploma mıdır?

Müslüman kızlarımızın ilim tahsil etme arzuları, ilmin mukaddesliğinden kaynaklanıyorsa bu mutluluk verici bir gelişmedir. Eğer bu arzu ilmin ardından elde edilen diplomanın vereceği güç için arzu ediliyorsa sıkıntı buradan kaynaklanmaktadır. Bu durumda ilim kelimesi, dinimizin ilme biçtiği değer suistimal edilmektedir. Bazıları ilmi; evden, annelikten, eş olmaktan kaçmak ya da bu işlerdeki yükü hafifletmek için bir araç olarak kullanmaktadır.

2- Kadınlarımızın çalışmalarına, iş sahibi olup zenginleşmelerine de engel getiren hiçbir ayet, hadis yoktur. Müslüman kadın çalışabilir, zengin olabilir, zekât verecek hâle gelebilir.

Kadının çalışması, erkeğin çalışması gibi değerlendirilmemek şartıyla dinin himayesindedir. Çalışılan iş mübahsa, kadının fıtratına uygun bir iş ise, kadının eşi bu işe izin vermiş ise iş kadın/erkek açısından fitne oluşturmuyorsa, kadının kadınlığı ve anneliği bu işten etkilenmiyorsa kadının bir işte çalışmasının ne sakıncası olur, elbette mübahtır. Müslüman kadın sadece "kadın" değildir. O, Allah'ın kurduğu düzende önemli bir rol sahibidir. O role mâni olabilecek her davranış sakıncalı davranıştır. Bu sebeple, kadının çalışması için oluşması gereken ön şartlar vardır.

3- Kadınların tercih ettikleri iş alanları hangi alanlardır? Kadın ve erkek için önemli bir ihtiyaç olan doktorluk, kadın ve erkek için önemli bir boşluk dolduracak olan kadınlara din/ilmihâl öğretme ve onun yan dalları ise kadının çalışması mübahlıktan farzıkifayeliğe yükselecek demektir. Bu bir ihtiyaç gidereceğinden teşvik bile edilir. Bunun aksine kadınlar, sekreterlik veya tekstil alanında çalışacaklarsa bu çalışmanın sorgulanması gerekiyor.

Tekstilde makine başına oturan ya da bir büroda bilgisayarın başında duran her kadın, Ümmet'imiz adına kayıptır. İnsanlık adına kayıptır. O, para kazandıkça kadınlık erimektedir. Annelik bir kaynak daha yitirmektedir.

Kadının çalışması bekârken fitne ağırlığı itibariyle sorundur. Evlendikten sonra ise yine fitne itibariyle sorun olmaya devam ederken buna ilave olarak, evli olduğu erkeğin ihtiyacı olan kadınlıkta yetersizlik göstereceği için er veya geç eşinin tatmin olmamış kadın ihtiyacı hissiyatını kamçılayan durumunda olacaktır. Asıl sorun da burada başlamaktadır. Kadın evin bütçesine katkıda bulunurken aynı evin huzurunun azalmasına neden olacaktır. Eriyen kadınlığın ve anneliğin bedelinin bütün toplum tarafından ödeneceğini bilmek durumundayız.

4- Kadının çalışması kadının kadınlığı olan bedeninin kullanılması ile olacaksa yani erkeklerin gözünde kadının bedeninin cazibesi ile mal kazanılacaksa bu kazancı kimse helalleştiremez. Kadın namustur. Namus eksenli kazanç, nasıl helal olur? Bunun adını kabaca cinselliği kullanarak para kazanma koyabiliriz. Evet, burada cinselliği kullanma deyiminin ilk anda verdiği hissi kastetmiyoruz ama tezgâha kadın konması hâlinde müşteri daha az pazarlık yaptığı için orada kadın bir tezgâhtar kullanılmasının nihayetinde varacağı yerin adı budur. Aynı şekilde kadının sesinin kullanılması da bu uca çıkar. Bir kere, erkeklerin kabul etmeyeceği basit işlerin kadınlara havale edilmiş olmasında kadınlara karşı hakaret vardır. Buna rağmen, yeter ki kadınlar çalışsın zihniyeti ile bakılıp buna bile ses çıkarılmamaktadır. Aslında bu bir Firavunluktur. Firavun da aynısını yapmış ve kadınları ezici işlerde çalıştırıp zevkini tatmin etmiştir.

5- Kızlarımızın iş olarak ilahiyat tahsili seçmeleri için de söyleyecek sözümüz vardır. İlahiyat, bir ilim merakından kaynaklanıyorsa bu merakı çelişkiye düşürecek davranışlar cevapsız kalmaktadır.

İlahiyat tahsili, kadın için engel teşkil eden ortam giderildikten sonra dini emirler açısından nereye oturtulabilir, onu inceleyelim. Farz, vacip, sünnet... Bunlardan birine karşılık gelecektir muhakkak. Sonra da kadının anne ve eş olmasının nereye oturduğuna bakalım. Farz, vacip, sünnet... Ardından da iki konumu karşılaştıralım. İlahiyat tahsili farz ise bir sakınca yok fakat evlenip annelik, eşlik noktasında olması bir kadın için farzdır.

Doğurmak ve kadınlık mevkisini doldurmak düzeyinde hangi ilahiyat tahsili olabilir. Eğer ilahiyat, kadınların eğitimi, onların din yönünün geliştirilmesi gerekçesine dayandırılıyorsa, kadının kendisinin doğurup yetiştirmesi ile kıyas edilebilir mi bu?

Kesinlikle kadınlarımızın okumaları, iş sahibi olmaları kökten reddedilsin diyemeyiz. Ne veriyor ne alıyoruz, şunu bir hesap edelim diyoruz. Farzlarla nafileleri hatta farzıayınla farzıkifayeyi karşılaştıralım diyoruz.

6- Kadınlar çalışsın çalışmasına da Allah'ın haramlarını çiğnemesinler, eşleri dışındaki erkeklerin hizmetçisi olmasınlar. Bedenlerini kullanmasınlar çalışırken. Tıp için de böyle ilahiyat için de.

Duanın İçi

Aciz ve çaresiz insanın kendisini yaratan Rabb'i Allah'a yalvarması, dilekte bulunması olan dua, kulun Rabb'ine karşı edebinin en yüksekte olması gereken zamanlardan biridir. Kul, boynu bükük, gözü yaşlı, umudu yüksek olarak dua etmelidir. Dua asla, edebiyat yeri değildir. Dua asla, becerip kandırma değildir.

Dua acizliğimizi, çaresizliğimizi ve kimsesizliğimizi itiraf etme fırsatı iken kulun, mikrofonik seslerle, reklamcı mantıkla dua etmesi büyük bir çelişkidir. Duayı ve dua edileni tanımamak bu olsa gerek!

Duanın ne olduğunu, duanın nelere muktedir olduğunu bilmeliyiz. Bebeğimizden en yaşlımıza kadar herkesin en büyük ihtiyaçlarından biri olan duayı, mevsimlik kulluk olarak görmek yani kandil gecesi icra edilen işlerden görmek doğru değildir. Doğru olmayan bir şey de duanın ancak "din adamlarının" yapabileceği bir ibadet olduğunu vehmetmektir. Dua kulun ihtiyacıdır. Kul olan herkes dua edebilir/etmelidir de. Duayı önemsiz görmekle değerlendirememek aynı sonuçlara götürebilir.

Kur'an ve Sünnet'e dönüldüğünde duanın büyük bir silah olduğunu, ibadetin özü niteliğinde olduğunu göreceğiz. Günlük hayatımızın içinde duanın büyük bir ibadet olarak kaybolup gitmesine karşı endişelenmemiz gerekiyor. Felaket zamanlarında ya da cenazeler gibi başka yapılacak bir şeyin kalmadığı zamanlarda dua edenlerden olmamız utandırıcıdır.

Dua edenlerimizin, "dua edebiyatı" oluşturmaları ne kadar üzücüdür. Ne anlama geldiğini bilmedikleri cümleleri, duymayan birine duyuracak üslupla bağırıp duran, beklentisini yansıtan duygusallığı gözlerinden bile okunabilen birinin yaptığı duanın "dua" olması melekleri nasıl inandıracak? Dua bir ibadetse ona ibadet ciddiyeti kazandırmamız gerekmez mi?

Duadaki hâlimiz neye göre ölçülsün? Camilerdeki debdebeye göre mi yoksa tıbbın umut kestiği hasta için "İşi Allah'a kalmış!" diyen anlayışa göre mi? İş, neden tıbbın çaresi bittiği zaman Allah'a kalıyor da tıbbın bir şeyler yapabileceğine inanılırken tıbba kalıyor?

Yoksa "Allah razı olsun senden!" diye dua eden bir yaşlının duasını bir çeşit teşekkür gibi görüp o duadan bir hayır ummaya yanaşmayan anlayışımıza göre mi? Duanın bizdeki karşılığını neye göre ölçeceğiz?

Ramazandaki dualarımız mı, hacca gidenlerden istediğimiz dualar mı, türbeleri hacet karşılama merkezleri olarak kullanan anlayışa göre mi?

Elbette bize duayı emredene göre değerlendireceğiz. Dua bizim icadımız değildir. Bizi yaratan dua etmemizi emretti. Bizi dua etmeye mecbur bir şekilde yarattı. Sonra da bize "Dua edin." dedi. Yapabileceğimiz başka bir şey yok, duanın aslına döneceğiz.

Allah Kime Yardım Eder?

Allah'ın yardımına layık olmak, bir Müslüman'ın imandan sonra gözleyeceği en önemli hedeflerinden biridir. Allah'ın yardımı olmadan katedilebilecek bir yol yoktur. Namaz kılmak da cihat etmek de O'nun yardım etmesi hâlinde yapılabilir işlerdir. Masa başı hesaplarla kazanmak başka şey, Allah'ın yardımına layık olup o yardımla yol almak başka şeydir. Allah'ın yardımı ile aşılabilecek şeyler, aşmak istediğimiz şeylerin tamamıdır.

Sabah namazına kalkıp Allah'ın rızasını kazanmak, cehennem ateşinden kurtulmak ancak O'nun yardımı ile mümkündür. O'nun yücelttiği yücelir, O'nun alçalttığı alçak kalır. Çocuk yetiştirmek, salih çocuk babası olmak O'nun yardımı ile gerçekleşebilir. Çocuk yetiştirmek için pedagojik bilgi desteği gerekli olabilir; gereklidir de ama sonuç, Allah'ın yardım etmesi veya etmemesi ile tahakkuk edecektir ve O'nun yardım ettiği kazanacaktır.

Müslüman'ın elindeki malı, beynindeki bilgiyi, çevresindeki imkânları tek başına yeterli görmesi aldanışın başlangıcı olur. Kazanması için yeterli gördüğü o imkânlar, onun kaybetmesinin nedeni olarak onu iki kere zarar ettirmiş olacaktır.

Allah'ın yardımının kura ile dağıtılmadığı da herkesçe bilinebilecek bir hakikattir. Allah Teâlâ, kullarının dış şekillerine, kuru iddialarına bakmıyor; salih ameller ve salih niyetler, Allah Teâlâ'nın kulunda görmekle razı olacağı ve yardımını çekecek işlerdir.

Allah'ın kuluna yardım etmesi, razı olacağı işleri yapacağı imkânları ona lütfetmesi, Şeriat'ının ölçülerini esas alarak yaşamak isteyen biri olmasını sağlaması şeklinde ortaya çıkar. Kulun haramdan nefret etmesi, ibadetten lezzet alması böyle bir iradenin sonucudur. Bu anlayış, kulun cennet arzular gibi

Allah'ın yardımını arzular heyecanda olmasını doğurur. Çünkü kul bilir ki her şey O'nun yardımı ile mümkündür. O'nun rızası ancak O'nun yardımı ile kazanılmaktadır.

Sıkıntıların Nedeni, Kurtuluşun Yolu

"Kimin gayesi ahiret ise Allah, zenginliğini kalbine koyar, işini düzeltir. Dünya kendiliğinden ona gelir.

Kimin gayesi dünya olursa Allah, fakirliği kalbine koyar, işini dağınık yapar. Dünyadan da sadece kaderine yazılan gelir ona." (Tirmizî, Sıfatülkıyame, 30-2465)

Yardım Arayışları

Beden, mal ve sözle gerçekleştirilen salih ameller yardım arayışlarıdır. Salih amel dosyası kabarık olan mü'minin yardım talebi ile yardımı temenni olarak anlayan mü'minin yardım talebi aynı olamaz. Üzerinde düşünülmesi gereken hadislerinden birinde Resûlullah sallallahu aleyhi ve sellem, kulun Allah tarafından yardım görmesinin nasıl gerçekleştiğine şu şekilde işaret etmektedir:

"Allah bir kulu için hayır dilediğinde o kulunu kullanır." "Onu nasıl kullanır ya Resûlellah?" diye sordular. Buyurdu ki: "Ölümünden önce onu salih amele muvaffak kılar." (Tirmizî, Kader, 9-2143)

Hadiste, özellikle bu kullanmanın, ölümden önce gerçekleştiğine vurgu yapıldığına da dikkat edilmelidir. Daha önce gerçekleştirilmiş iyi bir iş, iyi bir dua, iyi bir niyet veya Allah Teâlâ'nın bilebileceği bir sebeple kulun sonunun iyi olması için gerekli olan salih bir amele muvaffak kılınmasına dikkatimiz çekilmektedir.

Cehalet Engel

Şeriat ilimlerinden bir ilimde diz çürütmek, göz nuru akıtmak da Allah Teâlâ'nın yardımını aramaktır. İbni Abbas radıyallahu anhümanın rivayet ettiği bir hadiste Resûlullah sallallahu aleyhi ve sellem efendimiz, Allah'ın yardımına açılan yolu çok açık bir ifadeyle şöyle anlatmaktadır: "Allah kime hayır dilerse onu dinde fakih kılar." (Ahmed, 2791)

Allah'ın bir kulu için hayır dilemesi ve o kulu dinde fakih yani bilgi sahibi kılması birleştirildiğinde, din konusunda bilgi sahibi olmanın -eğer nimet olarak heba edilmemiş ise- Allah'tan yardım görmek olduğu anlaşılmaktadır.

İmkân Çok

Allah'a davet yollarından birinde bulunmak, cihat çeşitlerinden biriyle cihat etmek, Peygamber aleyhisselamın mirası olan ilim halkalarından biri ile meşgul bulunmakla kulun, Allah Teâlâ tarafından yardım gördüğü ortadadır.

Müslüman günah işlemeyen insan demek değildir. Müslüman da günah işleyebilir. Ama günahlarından kurtulma mücadelesi Müslüman'ın ilkesidir. Günah işleyip, işlediği günahı yok sayan, günahına üzülüp endişelenmeyen, Allah'ın yardımına layık olmaz.

Günah işlemiş olsa bile, o günahtan kurtulmak için tevbe yollarını aşındıran Müslüman ise Allah'tan yardım görür. Allah'ın böyle bir kuluna en büyük yardımı ise tevbesini kabul etmesi, onu günah işlememiş saymasıdır.

İnsanlara faydalı olacak bir iş içinde bulunmak da Allah'tan yardım görmenin nedenleri arasındadır.

İman ehli olmaktan, mü'minlerle bir arada bulunmaktan, ibadet yapabilmekten mutluluk hissetmek, başarmaya sevinmek hayır alametidir.

İyilerle bir arada bulunmak, salihlerle yiyip içmek, muttakilerle arkadaş olmak hayır yolunda olmak, Allah'tan yardım görmeye aday olmaktır.

Güzel ahlak sahibi olmak yardım görmektir.

Saliha bir eş sahibi olmak bir nasiptir; Allah'ın yardımını hissetmektir.

Yüz yüze konuşur gibi dua edebilmek, duanın cevabına kani olmak yardım görmektir.

Yol O'nun, varlık O'nun olduktan sonra, O yardım etmeden nasıl yol alınır, nasıl başarı elde edilebilir ki?

Velev ki istenen dünya olsun. O da O'nun mülkü değil mi?

Dua Eden Bilsin:
Dua, Allah'a Kulluktur, O'na İtaattir

Dua, imandır. Allah'ın uluhiyetine ve rububiyetine imanın yansımasıdır.

Dua eden, isteğine kavuşmamış olsa bile Rabb'ine itaat etmiş olur. Muradına ermenin ötesine geçer. Rabb'ini, O'nun rızasını kazanır çünkü Allah, kendisine dua edilmesini emretmiştir. Dua edenin duasını kabul buyuracağını söylemiştir. İhlaslı bir şekilde kendisine dua edilmesini kullarından beklemektedir. Allah'a itaat etmekten, O'nun emirlerine uymaktan büyük bir kazanç var mıdır?

Allah'a itaat etmek, O'na ibadet etmek bir lezzettir. Kul, dua ile o lezzete ulaşır. Duasının kabulü geciktikçe de daha bir iştiyakla duaya sarılır. Geciktikçe ondaki iştiyak artar, duasındaki heyecan yükselir. Kulun, Rabb'ine el açması, O'nun huzurunda boyun bükmesi ne büyük bir lezzettir. Kul, yalvarırken, isterken sevgili hâle gelmektedir.

Dua, Kibir İlletinden Kurtuluşun En Güvenli Belgelerindendir

Ğâfir suresinin altmışıncı ayetinde Allah Teâlâ, kendisine dua edilmesini emredip, duaları kabul buyuracağını söyledikten sonra, "Kendisine ibadete karşı kibirlenenlerin yüz üstü cehenneme gireceklerini" bildirmektedir. Bu da şu gerçekleri gösterir: Dua bir ibadettir. Dua etmekten imtina eden ibadetten imtina etmektedir ki bu bir kibirdir. Kibirlenen ise kaybetmektedir. Duaya sığınan ise kibretmekten kendini korumuş olmaktadır. Bir kul, kendisini yaratan, rızkını veren, onu yaratıp öldürme kudretinin sahibi olan Allah'a el açmaktan nasıl imtina eder? Bu bir deliliktir.

Dua, İç Açar, Kalbe Huzur Verir

Dertlerin içinde boğulurken bile dert hissetmemek ancak her şeyi yaratan ve her çareyi elinde bulunduran Allah'a el açan için vardır.

Allah İstenmeyince Gazap Eder

Kimden bir şey istesen o, gazap eder. Herkes almak ister, vermek isteyen olmaz. Allah ise kulu istemedikçe gazap eder. Kulu ne kadar isterse o kadar razı olur. İstemeyen kullarını kibirli görüp onları cehennemle tehdit eder.

Duanın kabul olmayanı yoktur ancak dua, kulun beklenti ve isteklerine göre değil de Rabb'inin, kulunun menfaatine daha uygun olana göre vermesi şeklinde gerçekleşir. Kimi zaman kulun beklentisinden daha büyüğü verilir ona. Kimi zaman da kulun istediğinin bir değişiği onun için daha hayırlı olacağından verilir. Bazen de kulun beklentisi menfaati doğrultusunda geciktirilir ama kul onu bilemez.

Dua Eden Tevekkülü Bilmektedir

Tevekkül, Allah'a güvenmek, O'nun her şeyi iyi ayarladığını, kulunu çaresiz koymayacağını, kulunu kulundan iyi bildiğini kabul etmektir. Bu ise en güzel duada vardır zira dua eden, dua ettiği Rabb'inin onu koruyacağını, isteklerine cevap vereceğini bildiği için dua etmektedir.

Bu nedenle su üstüne yazı yazar gibi dua edilmez. İşini Allah'a havale etmek budur. Tevekkül ancak sebepleri yerine getirdikten sonra tevekkül olacağına göre, dua da bir sebep olarak yerine getirildiğinde en güzel tevekkül şekli yapılmış olmaktadır.

Büyük Adamlık Yoludur Dua

Fâninin fâniden istemesi, çaresizin çaresizden beklemesi ile fâninin ebedîden istemesi, her şeyin sahibi ve malikinden beklemesi, varla yok arasındaki kadar açık bir farktır. "En büyük" olana, kudretinin sınırı olmayana, yapmayı dilediğini "ol" diyerek yapana el açmak, büyük olmaktır. Büyüğün kapısında küçüklük olmaz zira. İsteğin her çeşidine cevap verebilenle sayılı ihtiyaçları sayı ile karşılayabilen nasıl aynı olabilir?

En büyüğe dayanan acizlerin kapısından uzak kalır. Kula kulluktan kulların yaratanına kulluğa yükselir. Kurtuluş da budur zaten. Günah olan bir şey istenmedikçe her dua garantili olduğuna göre o kurtuluştur.

Dua, Belaları Defeder

Her şey Allah'ın kaderi iledir.

Dua da Allah'ın emridir, O'nun kaderindendir.

Dua eden kulun duası, kaderi geri çevirmiş olmaz. Kader, bir başka kaderle geri çevrilmiş olur.

Gelmiş belalar için de böyledir bu, gelecek belalar için de böyledir. Kul, belaya uğramamak için de dua edecek, gelmiş belaları defetmek için de...

Dua, Müslümanlar Arasındaki Sevginin Kaynaklarındandır

Müslümanlar birbirlerine dua ettikçe aralarındaki sevgi artar. Onlar birbirini sevdikçe de Allah onları sever. Bilhassa mü'minin mü'min kardeşi için arkasından yaptığı dua böyledir. İyi hâlinde iken de hastalığında da mü'minin mü'mine duası berekettir. Buna göre de dua, bir ameli salihtir. Zaten dua, muttaki kulların sıfatlarındandır. Mü'minlerin kâfirlere karşı Allah'ın yardımını görmelerinin sebeplerindendir.

Dua, Çaresizin Çaresidir

Gördüğü zulümde hakkını arayacak bir çare bulamayanların, kimsesizlerin, hastaların, her türlü mazlumun son ve kesin çaresidir.

Çaresi tükenen Nuh, dua ile çare buldu.

Musa da azan Firavun'a karşı duaya sarıldı.

Dua, hemen veya vakti gelince her mazlumun kurtarıcısıdır. Bu kurtuluş, istediği şekilde veya daha güzeli ile gerçekleşir.

Dua Eden, Duanın Edebine Uyacak

Duadan önce Allah'ı övecek, Peygamber aleyhisselama salat ve selam edecek.

Günahlarını, eksikliklerini itiraf edecek; boynu büküklüğünü yansıtacak.

Korku ile umut arasında duracak.

Duada ısrarcı olacak; bir dua edip kenara çekilerek değil, defalarca, yıllarca dua ederek duaya ulaşacak.

Her yer ve her zamanı dua için kullanacak.

Ailesine, çocuklarına, malına beddua etmeyecek. Kendi canına beddua etmeyecek.

Dua ederken ellerini kaldıracak.

Duadan önce bir ameli salih yapacak ki duası daha kolay kabul olsun. Yetim sevindirecek, hayır yapacak, ebeveyn duası alacak.

Güzel şeyler isteyecek. Gayesi üstün, hedefi büyük olacak. Âlihimmet olacak.

Ağlanacak yerde ağlayacak. Derdini anlatacak. Eyyub aleyhisselam gibi davranacak. "Ben şu hâldeyim." diyecek.

Yapabildiği kadar ayet ve hadislerdeki duaları kullanacak.

Kendinden başlayacak, ailesine, kardeşlerine de dualar edecek.

Duanın edebiyatını yapmayacak. Düzgün, şiirimsi cümleler kurmak için uğraşmayacak. Sesini yükseltmeyecek.

Büyük küçük ayırmadan dua edecek ve kendi duasına, başka dualara âmin diyecek.

İşte hâlimiz; dua silahımız değil mi?

Hayâl Değil Önümüzü Görüyoruz

Allah'a iman ederek mü'min olmak elbette, "imanın şartları" olarak bildiğimiz altı maddeye iman etmektir. Elbette bu böyledir. "Allah'a, meleklerine, kitaplarına, peygamberlerine, ahiret gününe ve kadere" iman etmekle iman gerçekleşiyor. Elbette cennete, cehenneme, sırata iman etmeyen mü'min olmaz.

Peki, Allah'ın vaadine iman etmek şart değil mi?

Kur'an'ın yarınla ilgili haberleri, küfrün sonunu imanın yükselişini bildiren ayetler Kur'an ayetleri ise biz, "Allah'ın kitaplarına iman etmek" diyerek bunları da kastetmiyor mu idik?

Peygamber aleyhisselama iman, onun dünyanın sonuna kadar olacaklara dair verdiği bilgileri de ihtiva etmiyor mu?

Şüphesiz iman, parçalanabilir değildir; bir bütün olan imanda geleceğe dair bilgilerin de bulunması gerekiyor. Yeter ki o bilgiler Kur'an ve sahih hadis kaynaklı olsun.

Saf suresinin sekiz ve dokuzuncu ayetleri, Allah'ın,

kâfirler istemese de nurunu tamamlamayı murat ettiğini, kâfirlerin ise ağızlarıyla Allah'ın nurunu söndürmeye çalıştıklarını haber veriyor.

Allah'ın nurunu tamamlaması, yeryüzünün her yerinde dininin hükümran olması demek değil midir? Şu hâlde mü'minler, ileriki dönemlerde kuzeyden güneye her yere hâkim olan İslam'a iman etmekle mükelleftirler. İslam'ın hükümranlığı bir siyasi vaat değildir. Bir sosyolojik tespit değildir. Güneş kadar açık bir hakikattir.

Rûm suresinin dört-altıncı ayetleri ise mü'minlerin sevineceği günden söz ederken bu sevincin Allah'ın yardımı ile olacağını ve bunun Allah'ın bir sözü olduğunu, Allah'ın sözünde bir değişiklik olmayacağını ama insanların çoğunun bu hakikati bilmediklerini söylemektedir.

Nûr suresinin elli beşinci ayeti ve Enbiya suresinin yüz beşinci ayeti de incelendiğinde Allah Teâlâ'nın salih kullarına yeryüzü hükümranlığı vaat ettiği görülür.

Bu hükümranlık, ayetteki şartları bulunduran her nesil için geçerlidir şüphesiz.

Şu anda bulunduğumuz hâlimiz, kesinlikle son hâlimiz olmayacaktır. Bu Ümmet, azizdir. İzzeti ile var olmaya devam edecektir. Ra'd suresinin on birinci ayeti incelendiğinde işaret anlaşılacaktır: Ümmet, değişim yönünü seçince Allah da değiştirecektir. Şimdi zillet içinde bulunduğumuz ebedî bir durum değildir; değişim hamlemizin akabinde Allah'ın yardımı gelecektir. Allah yardım ettikten sonra da kimsenin teknolojik üstünlüğü veya yaygın gücü, Müslümanların izzetine mâni olamayacaktır. (Âl-i İmran, 120)

Allah Teâlâ'nın yardımını hak edecek neslin özelliklerini, Kur'an ayetlerini esas alarak belirlememiz durumunda, ne yapmamız gerektiğini, hâlimizin bize nasıl bir vazife yüklediğini de anlamış olacağız. Şu ayetler üzerinde inceleme yapabiliriz: Nûr, 55; Maide 54-56; Enfal, 60; İbrahim, 13-14; Enbiya, 105-106; A'raf, 137; Secde, 24; Hûd, 49, 112-113; Bakara, 143; Tevbe, 38-39, 78; Hacc, 41.

Bu ayetlerde şu hususlar öne çıkmaktadır:

Allah, ihlasla kendisine kulluk edenlere yardım ediyor.

Sevgiyi Allah doldurmalıdır; dünya sevgisi yardımı öteleyen bir nedendir.

Allah korkusu, yaşam tarzı olarak belirginleşmelidir.

İbadet eden kullar yardım görür.

Mütevazılık yardım görmenin nedenlerindendir; kibir bütün çeşitleriyle bir engeldir.

Zühdü elde edemeyenler yani dünya nimetleri içinde eriyenler yardımdan uzak kalırlar.

Bütün anlamlarıyla cihat yapılmalıdır.

Sabretmek, sebat göstermek şarttır; acele edenler yardımı engellerler.

Mü'minler birbirlerinin kardeşleri olmayı becerebilmelidirler. Mü'minler bir cephe, küfür de bir cephe olarak bilinmelidir. Allah'a asi olanlarla bir arada olmak ağır bir engeldir.

Ümmet'in temel karakteri vasat olmaktır; her işinde itidalli olanlar daha çok rahmet görürler.

Bu Söz Bize de Değil mi?

Ziyad bin Lebid diyor ki:

Peygamber aleyhisselam bir şey anlatmış da "Bu, ilmin kalktığı zamanlarda olacak" demişti. Ben de dedim ki: "Ya Resûlellah, ilim nasıl kalkar? Biz Kur'an'ı okuyoruz, çocuklarımıza okutuyoruz. Çocuklarımız da çocuklarına okutacaklar. Kıyamete kadar bu böyle sürecek." Buyurdu ki: "Anan kaybetsin seni! Ziyad, ben seni şu Medine'nin en akıllı adamlarından zannederdim. Yahudiler ve Hristiyanlar da Tevrat ve İncil'i okumuyorlar mı? Ama içindekilerle amel etmiyorlar!" (İbni Mâce, Fiten, 26/4048)

Hâlimizi Test

Bir : Namaz ve vaktinde mi?

İki : Kur'an tilaveti?

Üç : Nafileler ne kadar, sürekli mi?

Dört : İslam anlayışımız nasıl; bir bütün mü, hoşumuza giden keyfimizi bozmayan kadar mı?

Beş : Allah yolunda infak var mı?

Altı : Zikir ehli miyiz?

Yedi : Allah'ın ayetlerini dinlerken ne durumdayız?

Sekiz : Ailemiz nasıl, dinde ailece miyiz yoksa bireysel miyiz?

Dokuz : Allah'a davette, kötülüğün engellenmesinde görevimiz var mı?

On : Arkadaş çevremiz kimlerden oluşuyor?

Tefekkür İçin Kaynaklar

Kasas suresinde Allah Teâlâ, Karun'dan söz ettikten sonra akıbetin muttakiler için olduğunu, siyasi zulümlerin geçici olduğunu haber vermektedir. Yunus suresinin seksen bir ve seksen ikinci ayetleri ise mücrimler istemiyor olsalar bile Hakk'ın galip geleceğini müjdelemektedir. Âl-i İmran suresinin yüz altmışıncı ayeti de "Allah'ın yardım ettiğini, kimsenin mağlup edemeyeceğini" haber veriyor.

Yusuf suresinin doksanıncı ayeti, takva üzere yaşayıp sabredenlerin ecirlerinin heba edilmeyeceğini bildiriyor.

Bu ayetlerin muhtevası, bütün insanlar içindir; bir nesilden diğerine değişecek kurallar değildir. İlahi kanunlar bütün insanlığın umumuna geçerli kanunlardır.